경기도 아파트 지도

경기도 아파트 지도

**수도권 구석구석에서 골라낸
알짜배기 아파트 특급 답사기**

이재범(핑크팬더) 지음

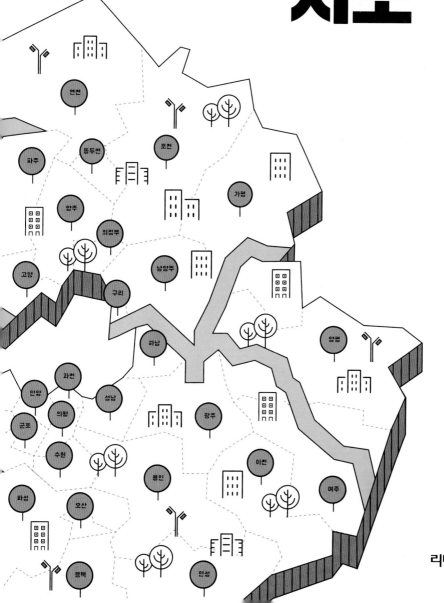

연천
동두천
포천
파주
가평
양주
의정부
남양주
고양
구리
양평
하남
과천
안양
성남
의왕
군포
광주
수원
이천
용인
여주
화성
오산
평택
안성

리더스북

PART 3 수도권 신도시

PART4 경기도 도시

PART5 인천광역시

PART 6 경기도 신설 철도 완벽 분석

들어가는 말

경기도 아파트를 찾아보는 시간

경기도는 인구가 꾸준히 늘어나고 있는 지역입니다. 전국에서 일자리를 찾아오기도 하고, 서울에 살던 인구가 보다 쾌적한 주거 환경을 찾아 경기도로 이주하기도 합니다. 2022년 2월 현재 인구가 100만 명이 넘는 수원, 고양, 용인 같은 광역시급 도시도 여럿 존재하지요. 어쩌면 경기도는 인구가 많으면서도 끊임없이 유입되는 유일한 지역이 아닌가 합니다. 경기도에는 무려 1,300만 명이 거주하는 만큼 수많은 아파트가 있습니다. 현실적으로 이 많은 아파트를 전부 파악하기는 힘들겠지요. 그래서 저는 각 권역별로 반드시 알아야 할 핵심 아파트만 파악할 것을 권합니다.

이 책의 제목은 '경기도 아파트 지도'입니다. 지도는 특정한 지역을 방문할 때 가장 먼저 찾아보는 자료입니다. 한 번도 가본 적 없는 지역을 방문하기에 앞서 지도를 보면서 동선을 확인하기도 하지요. 지도 한 장만 있으면 원하는 지역을 쉽게 찾아갈 수 있습니다. 특히 길을 찾을 때 제일 좋은 것은 지도에서 지역의 상징적 건물, 즉 '랜드마크'를 살펴보는 겁니다. 그렇게 찾은 랜드마크를 기준 삼아 원하는 장소로 향하는 것이 가장 확실한 방법이지요.

아파트 역시 그 많은 단지를 전부 찾아보는 것보다는, 각 지역에서 랜드마크 혹은 '대장 아파트'라 불릴 만한 단지를 먼저 파악하는 것이 좋습니다. 부동산 가격이 상승할 때 제일 먼저 움직이는 것이 이런 아파트들이니까요. 랜드마크 단지는 해당 지역에서 앞장서서 가격 상승을 주도하며, 그런 다음 상승 여파가 점차 퍼져나가지요. 이것이 바로 랜드마크 아파트를 늘 주시해야 하는 이유입니다. 랜드마크 단지들이 상승하기 전에 매수하면 좋겠지만, 그렇지 않다 해도 일단 상승한 것이 확인될 경우 주변 지역에서 그다음에 영향을 받을 만한 아파트를 매수한 후 기다리면 차례가 옵니다.

랜드마크 아파트는 아주 쉽게 찾을 수 있습니다. 각 동에서 제일 비싼 아파트라면 대부분 틀림없이 랜드마크 단지입니다. 그러니 가장 비싼 아파트를 찾은 후 인근의 다른 아파트를 주시하면 됩니다. 동별로 찾거나 구별, 혹은 도시별로 찾으면 됩니다. 또 하나, 가격대가 비슷한 아파트는 시간이 지나 가격이 변동되어도 유사한 가격대를 형성합니다. 따라서 특별한 일이 없다면 가격에 따른 아파트 순위는 유지된다고 할 수 있지요.

아파트의 가격에는 입지와 교통, 학군 등 거의 모든 요소가 반영되어 있습니다. 신축 아파트는 상품으로서의 가치가 극대화되면서 그 지역에서 가장 비싸게 거래되지요. 그럼에도 구축 아파트가 신축보다 비싸거나 가격이 비슷하다면 확실히 눈여겨봐야 합니다. 신축 아파트의 편리성이나 쾌적함을 뛰어넘는 무형의 가치를 인정받고 있다는 뜻이니까요. 다시 한번 강조하지만 아파트 가격에는 모든 것이 포함되었습니다.

이런 이유에서 『경기도 아파트 지도』에서는 가격별로 경기도 유망 지역 34개 도시의 아파트를 소개했습니다. 동별로 가격대가 높은 3개 내외의 아파트를 소개합니다. 아파트를 선정하는 데는 조건이 있습니다. 500세대 이상이면서 84㎡인 것이 기준입니다. 간혹 지역에 따라 500세대가 되지 않는 아파트인데 언급할 가치가 있는 경우 마찬가지로 소개했습니다. 될 수 있는 한 전형적인 아파트 위주로 소개했지만 주상 복합이 포함된 경우도 있습니다. 84㎡ 아파트는 3~4인 가족이 가장 선호해 '국민 평형'이라고 불리는 면적이지요. 하지만 현실적으로 59㎡ 면적도 각광받는 만큼, 선정한 단지에 59㎡ 면적이 있으면 함께 살펴보았습니다.

아파트 가격은 무엇을 기준으로 하느냐에 따라 천차만별입니다. 부동산 시장에서 가장 많은 사람들이 살펴보는 네이버부동산에 나온 매물의 평균 가격으로 따질 수도, KB부동산에서 나온 평균 매매가를 기준으로 삼을 수도 있습니다. 이 책에서는 좀 더 객관적인 판단을 위해 국토교통부에서 발표한 해당 지역의 실거래가 중 2021년 4분기까지 거래 완료된 실거래가를 기준으로 선정했습니다.

경기도에 수많은 아파트가 있는 만큼 권역별로 구분해 눈여겨봐야 할 아파트를 소개했습니다. 1장에서는 경기도에서 선호도가 가장 높은 1기 신도시를 다루었습니다. 1기 신도시는 경기도에 조성한 최초의 신도시로, 아파트 위주로 주거지역을 개발했기에 서울에 버금가는 거주환경이 형성될 수 있었습니다. 여러모로 이후에 등장하는 신도시들의 교본이 되었지요.

2장에서는 2기 신도시를 다루었습니다. 2기 신도시는 아직 개발이 끝나지 않았습니다. 그 때문에 지금보다는 향후가 더 기대되는 지역이라고 할 수 있습니다. 택지 조성을 통해 입주한 지 이제 겨우 10년 전후인 아파트라 쾌적한 편입니다. 아직은 교통편이 아쉽지만 추가로 전철 노선이 개통되어 서울 접근성이 개선되면 선호도가 더욱 높아질 도시들입니다.

3장에서는 수도권 신도시를 다루었습니다. 정부 차원에서 경기도에 조성한 신도시는 아니지만 엄연히 새로 개발된 도시입니다. 1·2기 신도시가 해당 지역에서 구도심과는 별도로 인식되는 지역인 것처럼, 수도권 신도시도 이전 구도심과 구분되는 택지 조성을 통해 개발된 도시입니다. 아파트 위주로 조성된 곳이라 주거 환경이 쾌적하고 교통도 갈수록 좋아지고 있지요.

4장에서는 그 외 경기도에 있는 여러 도시를 소개했습니다. 아파트 단지가 많으면서 꼭 알아봐야 할 도시 위주로 살펴보려 합니다.

수원, 고양, 용인처럼 인구가 많은 광역시급 도시는 물론이고 구리처럼 인구는 밀집되었지만 면적은 넓지 않은 지역까지 포함했습니다. 행정구역상 1·2기 신도시와 수도권 신도시들은 4장에서 다룰 경기도 각 도시에 속하지만, 1~3장에서 다룬 지역은 제외하고 구도심이라 할 수 있는 도시에서도 파악해야 할 아파트를 알려드립니다.

5장은 인천입니다. 엄밀히 말하면 인천은 경기도가 아닌 인천광역시입니다. 하지만 보통 '수도권'이라고 표현할 때 인천이 포함되기에 반쪽짜리 정보가 되지 않도록 함께 소개했습니다. 인천은 워낙 넓은 지역이라 구도심 위주로 생략해야 할 곳은 과감히 생략하고 꼭 알아야 할 동네만 선정했습니다.

6장은 경기 철도망 계획입니다. 경기도에는 자급자족 도시보다는 베드타운 성격을 띠는 도시가 많습니다. 따라서 서울로 출근하는 인구가 많지요. 아직은 서울 통근자들이 광역버스를 이용하는 경우가 많지만, 전철 노선이 새롭게 개통된다면 이전과 비교할 수 없을 정도로 출퇴근 여건이 개선되면서 해당 지역에 대한 선호도가 높아질 겁니다. 이런 이유에서 현재 수도권에서 착공 후 건설 중이거나 계획 중인 거의 모든 전철 노선을 소개했습니다. 지역별로 어느 곳에 어떤 노선과 역이 신설되는지 파악하는 데 큰 도움이 될 겁니다.

마지막으로 이 책에서는 '지도'라는 표현처럼 긴 설명 대신 핵심 아파트를 소개했습니다. 해당 지역에 대한 자세한 역사나 입지 분석보다는 책의 어느 부분을 펼치든 그 즉시 해당 지역의 핵심 아파트를 찾을 수 있도록 하는 데 중점을 두었습니다. 또 지역별로 아파트와 가격을 함께 살펴볼 수 있게 했으니, 이를 참고 삼아 관심 가는 아파트가 있다면 직접 상세하게 알아보시기를 권유합니다.

『경기도 아파트 지도』가 경기도에 있는 수많은 아파트 중 핵심만 빠르게 파악하는 데 큰 도움이 되었으면 합니다. 굳이 지도를 펼치지 않아도 이 책이 지도 같은 역할로 여러분을 지도하는 책으로 다가가길 원합니다. 숨겨진 보물을 찾기 위해 지도를 참고해야 하듯 이 책이 여러분 곁에서 즐겁게 경기도의 알짜배기 아파트를 찾도록 해주길 바랍니다. 그럼 함께 지도 속으로 여행을 떠나볼까요?

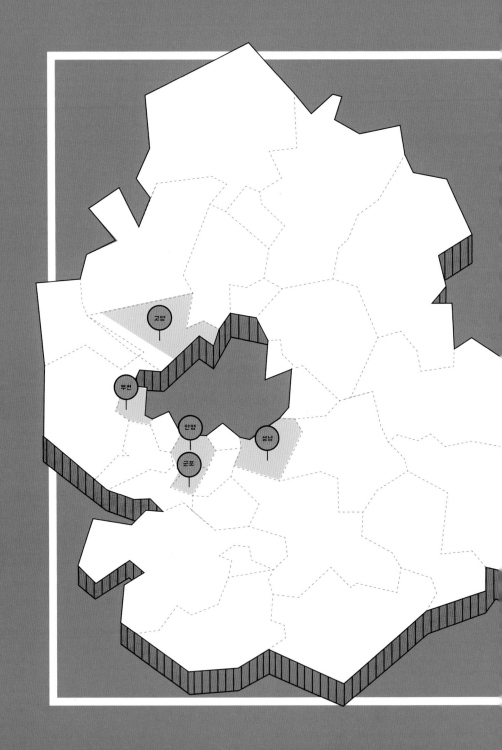

1기 신도시

분당
일산
중동
평촌
산본

1기 신도시는 200만 호 공급을 목표로 1990년대 초 조성된 신도시입니다. 제13대 대통령 선거를 앞두고 여당의 노태우 후보가 내세운 대선 공약 중 하나가 주택 200만 호 건설이었습니다. 당시 주택의 매매 가격은 물론 전세와 월세 가격까지 들썩이며 정부에 대한 불만이 높아져가고 있었습니다. 사실 어느 정부에서든 부동산은 무척 중요한 문제입니다. 재집권에 성공하기 위해서는 반드시 주택 가격을 안정화할 필요가 있기 때문이지요. 당시 대통령 지지율이 떨어지면서 여당에서는 반전이 필요했고, 이에 따라 일본의 도쿄 근처 다마 신도시를 참고해 서울 인근인 성남시 분당, 고양시 일산, 부천시 중동, 안양시 평촌, 군포시 산본에 택지를 조성하고 주택을 공급하기로 계획한 것입니다.

이처럼 1기 신도시는 들썩거리는 부동산 시장을 안정시키기 위해 다소 급하게 추진되었는데, 진행 속도가 워낙 빠르다 보니 건축 자재가 많이 부족했습니다. 그 때문에 당시 바닷모래를 충분히 세척하지 않고 건설에 활용했다는 비판이 뉴스에 나올 정도였습니다. 염분이 빠지지 않은 모래로 건물을 지으면 부식될 위험이 있습니다. 그럼에도 1기 신도시는 체계적으로 건설되어 다양한 편의를 함께 누릴 수 있다는 장점이 있었습니다. 널찍한 공원과 각종 상업 시설, 대단지 아파트 등이 조화를 이루어 도시 내에서 자급자족이 가능하도록 설계되었지요.

1기 신도시는 이후 한국에서 집값 안정에 무척 중요한 역할을 했습니다. 이때 공급이 넘쳐난 덕분에 우리나라는 안정된 주택 가격을 바탕으로 황금기를 누릴 수 있었죠. 아쉬운 점은 도시를 급격히 조성하다 보니 초반에는 제대로 된 인프라와 교통망이 부족했다는 것입니다. 1기 신도시의 경우 새로 조성된 지역인 만큼 자체적인 일자리가 많지 않았습니다. 1기 신도시에 거주하는 주민들은 대부분 서울처럼 상위 도시로 출퇴근하는 경우가 많았고, 이에 따라 교통망이 오랫동안 주요 관심사가 되었습니다.

앞서 언급한 여러 곳의 1기 신도시는 비슷한 시기에 출발했지만, 시간이 지나면서 서서히 가격 차이를 보였습니다. 관건은 역시 강남 접근성입니다. 강남에 얼마나 빨리 접근할 수 있느냐가 각 신도시의 가격을 결정하는 요소가 되었습니다. 도시 면적을 놓고 볼 때 분당과 일산은 산본, 중동, 평촌과 비교할 수 없을 정도로 넓습니다. 또 분당과 일산 모두 널따란 평지와 공원, 학군 등 좋은 실거주 환경을 자랑합니다. 차이가 있다면 강남까지의 거리와 소요 시간입니다. 그 때문에 두 도시는 초반에 가격대가 비슷했지만 지금은 차이가 매우 벌어졌습니다. 강남 접근성이 향후 입지에 가장 큰 영향을 미친 것입니다.

과거 우리나라에서 '집'이라고 하면 단독주택을 의미했습니다. 지금과 같은 아파트 문화가 자리 잡는 데는 1기 신도시의 역할이 컸습니다. 대규모로 공급된 아파트 단지에서 살아본 사람들이 편리함에 눈을 뜨게 된 것이지요. 한번 아파트에 거주해본 사람들은 그 이후에도 아파트를 선호하는 경향이 큽니다. 무엇보다 단지는 아파트를 외국과 다른 차원의 주거 형태로 이끈 핵심입니다. 1기 신도시에 이런 아파트 단지가 끊임없이 펼쳐지며 삶의 만족도를 끌어올려주었던 것이지요.

현재 1기 신도시는 생활 인프라와 상권, 대중교통, 학군 등을 골고루 갖춘 덕에 생활하는 데 별다른 불편함이 없습니다. 지난 30년 동안 꾸준히 개선을 거듭해온 덕분이지요. 그 덕분에 1기 신도시는 이후 다른 도시 개발을 진행할 때 큰 참고가 되었습니다. 우리나라는 세계 어디에서도 볼 수 없을 정도로 아파트 단지가 밀집되어 있습니다. 그 때문에 생활수준이 비슷한 사람들이 모여 사는데, 이는 사람들이 신도시를 더욱 선호하는 이유이기도 합니다. 이처럼 서울 접근성이 좋고 여러 인프라를 갖춘 1기 신도시는 향후에도 거주를 위한 선택지가 될 수밖에 없는 입지입니다.

물론 건축된 지 30년이 되어가면서 몇몇 문제점이 나타나고 있습니다. 대부분의 단지가 낡은 것도 문제지만 주차 문제가 심각하지요. 1기 신도시가 만들어지던 1990년대 초반은 지금처럼 집마다 자가용이 있는 시절이 아니었습니다. 여기에 대부분의 1기 신도시 아파트 단지들은 주차장이 지하가 아닌 지상에 있습니다. 그 때문에 좁은 지상에서 이중, 삼중 주차를 해야 하는 등 주차 문제로 골머리를 앓는 단지가 많습니다. 이런 문제를 해결하기 위해서는 재건축이나 리모델링을 해야 합니다. 그러나 규제와 용적률 등을 생각할 때 대부분의 1기 신도시는 재건축보다는 리모델링으로 방향을 정할 수밖에 없습니다. 아직까지 성공한 리모델링 단지가 없지만, 어느 한 곳이라도 성공한다면 많은 단지에서 추진할 것으로 예상합니다. 이런 점에서 1기 신도시는 반드시 눈여겨봐야 할 지역이자 투자 대상입니다. 그럼 지금부터 1기 신도시에 대해 하나씩 알아보겠습니다.

분당

행정구역	경기도 성남시 분당구
인구	48만 명
아파트 물량	174개 단지
평균 평당 가격	4,192만 원
지하철 노선	수인분당선, 신분당선, 경강선, 8호선(예정)
주요 생활환경	탄천, 분당중앙공원, 분당서울대병원 등
특징	압도적인 강남 접근성, 직주근접 가능

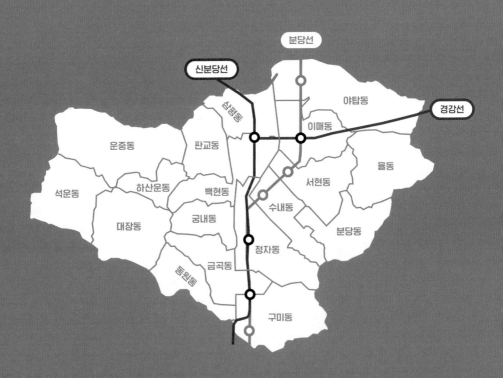

1기 신도시의 대표 주자 분당

분당은 분점리(盆店里)와 당우리(唐隅里)의 앞 글자를 따서 만든 새로운 지명입니다. 면적은 19.6km²로 1기 신도시 중에는 가장 넓은 면적을 자랑합니다. 분당에는 약 19만 세대가 살고 있는데, 분당동 1만 세대, 수내동 1만 6,000세대, 정자동 3만 6,000세대, 서현동 1만 9,000세대, 이매동과 야탑동은 각 1만 3,000세대, 금곡동 1만 2,000세대, 구미동 2만 3,000세대입니다. 분당의 주택 보급률은 85.65%이고, 전체 주택 수는 약 15만 호이며 그중 약 12만 호가 아파트입니다. 1기 신도시 중에는 일산 다음으로 인구밀도가 낮아 쾌적하다고 할 수 있지요.

분당에는 현재 분당선이 정차하는 야탑역, 이매역, 서현역, 수내역, 정자역, 미금역, 오리역 등이 있어 서울 접근성이 좋습니다. 특히 강남 접근성은 경기도 여러 도시 중에서도 분당이 압도적으로 좋습니다. 게다가 신분당선이 개통되면서 정자역과 미금역에서 강남 일대로 더욱 빠르고 편리하게 이동할 수 있게 되었지요.

한편 분당 지역은 고소득 학부모들이 거주하는 신도시인 만큼 학업 성취도가 높습니다. 중학교 학업 성취도 국어·영어·수학 부문에서 보통 학력 성취도 90% 이상을 보이는 학교가 무려 17개로 강남보다 많았습니다. 특히 수내중학교, 내정중학교, 구미중학교, 서현중학교, 이매중학교와 서현고등학교, 분당중앙고등학교, 분당대진고등학교 등 이른바 선호 학군 주변에 위치한 아파트라면 반드시 눈여겨볼 필요가 있습니다. 분당은 수내동, 이매동, 정자동, 서현동, 분당동, 구미동, 야탑동 순으로 평당 가격이 형성되어 있습니다.

상권이 발달한 야탑동

야탑동에는 수인분당선 야탑역이 위치합니다. 분당차병원과 NC백화점, 홈플러스 등 야탑역 주변으로 상권이 발달했지요. 또 탄천종합운동장과 성남종합터미널이 있습니다. 야탑동 단지들은 대부분 1992~1993년에 입주한 단지로, 입주 30년 차를 맞이한 만큼 건물 자체는 노후되었지만 다른 실거주 환경에는 만족하는 주민이 많습니다. 주요 단지로는 야탑초등학교를 낀 장미1단지동부·코오롱, 탄천종합운동장 남쪽에 있는 탑마을선경, 야탑중학교를 낀 장미8단지현

장미1단지동부·코오롱

대 등을 들 수 있습니다. 1993년 입주한 장미1단지동부·코오롱은 세대수가 굉장히 많습니다. 무려 2,216세대거든요. 단지 바로 뒤편에 탄천의 지류인 여수천이 있어 산책하기 좋고 주민들의 만족도가 높습니다. 8호선 연장역인 성남시청역과 그 주변 상업 단지로 호재에 대한 기대감도 존재합니다.

1992년 입주했고 976세대인 탑마을선경은 탄천 옆에 위치합니다. 야탑동에서는 판교 접근성이 좋아 판교테크노밸리 종사자들이 출퇴근하기 좋은 단지이기도 합니다. 야탑중학교를 끼고 있는 장미8단지현대 역시 1993년 입주했고 2,136세대가 거주하는 대단지입니다. 야탑역과는 도보 10분 정도 거리입니다. 야탑동에서 가장 높은 실거래가를 보유한 아파트는 탑5단지타워빌아파트 131m²로 15.99억 원에 거래되었습니다.

탄천과 판교를 끼고 있는 이매동

이매동에는 수인분당선과 경강선이 지나가는 이매역이 있습니다. 탄천을 따라 남북으로 길게 펼쳐진 동네인데, 왼쪽으로 길만 건너면 곧장 판교가 나옵니다. 이매동은 이렇다 할 상업 시설이 없는 주거지구지만, 북쪽에 위치한 야탑역과 남쪽에 있는 서현역 상권, 그리고 인근 판교역 상권을 이용해 큰 불편은 없는 동네입니다.

이매동에는 '이매촌○단지', '아름마을○단지'로 명명된 아파트가 많습니다. 가격순으로 살펴볼 주요 단지는 매송중학교 아래에 있는 아름6단지선경, 이매초등학교를 끼고 있는 이매진흥, 안말초등학교를 끼고 있는 이매청구, 이매중학교를 낀 이매삼성10단지 등입니다. 1993년 입주한 아름6단지선경은 370세대로 특이하게도 42㎡와 84㎡으로만 구성되어 있습니다. 이매역과 가까운 이매청구는 1992년 입주한 단지로 710세대가 거주하고 있으며, 이매청구에서 북쪽으로 올라가면 보이는 이매삼성10단지는 탄천과 가까워 주민들의 만족도가 높습니다. 1994년 입주한 이매삼성10단지에는 1,162세대가 거주하고 있습니다.

현재 이매동에서는 아름마을 옆으로 분당-수서도시고속화도로를 지하화하고 그 자리를 굿모닝파크로 조성하는 공사가 진행되고 있습니다. 이매동에서 가장 높은 가격에 거래된 단지는 아름5단지풍림으로 134㎡가 20.9억 원에 거래되었습니다.

이매청구

분당의 중심 서현동

　서현동은 분당에서도 주말이면 많은 사람이 모이는 분당 제일의 상권입니다. 수인분당선 서현역 AK플라자를 중심으로 로데오거리가 있지요. 지금은 판교 상권이 개발되면서 수요가 어느 정도 분산되었지만, 여전히 대형 프랜차이즈와 금융기관 등 다수의 상업 시설이 자리 잡고 있습니다. 서현동은 인구가 많은 동네인 만큼 분당에서도 다양한 대중교통 노선이 지나갑니다. 또 서현동 우성플라자와 효자촌플라자는 많은 수의 학원이 밀집된 분당 최고의 학원가라고 할 수 있습니다.

　무엇보다 '서현동' 하면 시범단지를 빼놓을 수 없습니다. 분당 신

시범우성

도시의 출발점이 되었던 시범단지 건설에는 우리나라 최초의 신도시 개발 사업인 만큼 많은 국내 유명 건설사들이 참여했습니다. 또 부유층을 대상으로 삼았기에 다른 곳에서는 좀처럼 보기 힘든 160㎡ 이상 대형 면적이 굉장히 많습니다.

　주요 단지를 살펴보면 서현초등학교를 끼고 있으면서 서현역에서 가까운 시범삼성한신이 있습니다. 1991년에 입주한 단지로 1,781세대가 거주하고 있습니다. 60㎡부터 192㎡까지 다양한 면적이 있는데, 특이하게도 192㎡가 무려 215세대나 됩니다. 이처럼 대형 면적이 많다 보니 구축 아파트임에도 주차 대수가 1.5대로 많은 편이지요. 분당초등학교를 끼고 있는 시범현대는 1992년에 입주했고 1,695세대가 살고 있습니다. 널찍한 분당중앙공원이 위치해 주민들의 만족도가 높습니다. 1991년 입주했고 서현중학교를 끼고 있는 시범우성은 1,874세대가 거주하며 46㎡부터 194㎡까지 다양한 면적이 존재합니다. 서현고등학교를 끼고 있는 시범한양은 2,419세대가 거주하고 있습니다. 이곳 역시 29m²부터 221m²까지 다양한 면적으로 이루어져 있습니다. 서현동에서 가장 높은 가격에 거래된 단지는 시범삼성한신으로 192m²가 22.5억 원에 거래되었습니다.

분당에서 세대수가 가장 적은 분당동

분당구와 이름이 같은 분당동은 분당구 중심에서 가장 먼 쪽에 위치합니다. 세대수도 분당구에서 가장 적은 편이지요. 바로 옆에는 분당중앙공원이, 샛별마을 가운데에는 당골공원이 있습니다. 옆으로는 수내중학교가 있고 샛별마을 내에 당촌중학교가 있습니다. 수내동에서는 샛별마을이 상위권입니다. 샛별우방, 샛별삼부, 샛별라이프,

샛별라이프

샛별동성을 살펴보시면 됩니다. 우방은 1994년 입주해 811세대가 살고 있습니다. 나머지 세 단지는 모두 1992년 입주했고 각각 588·796·582세대가 거주하지요. 분당동에서 가장 높은 실거래가를 보유한 단지는 라이프 153㎡로 17.3억 원에 매매되었습니다.

명문 학군으로 이름난 수내동

수내동에는 수인분당선 수내역과 롯데백화점, 분당구청, SK텔레콤 분당사옥 등이 있지요. 봄이면 벚꽃이 흐드러지게 피는 분당천과 분당중앙공원도 수내동에 있습니다. 그런데 '수내동' 하면 떠오르는 것은 뭐니뭐니해도 학군입니다. 교육 환경이 좋기로 유명한 분당에서도 명문으로 꼽히는 수내중학교와 내정중학교가 있기 때문이지요. 이에 따라 학원가가 발달해 초등학생 자녀를 둔 학부모들의 수요가 많고요. 그럼 수내동의 주요 아파트 단지를 살펴볼까요?

수내동에는 대형 면적 아파트가 많습니다. 내정중학교 옆에 있는 파크타운롯데는 1993년 입주해 842세대가 살고 있으며 85㎡부터 192㎡까지 다양한 면적이 있습니다. 파크타운롯데를 마주 보면서 분당고등학교 옆에 위치한 양지3·5단지금호·한양은 1992년에 입주해 814세대가 거주하는 단지입니다.

1992년 입주했고 초림초등학교 옆에 있는 양지2단지청구 역시 85㎡부터 198㎡까지 있습니다. 이곳엔 768세대가 살고 있는데, 분당

양지1단지금호

중앙공원과 가까워 주민들의 만족도가 높은 편이지요. 초림초등학교를 끼고 있는 양지1단지금호는 918세대가 살고 있으며 수내역과 매우 가깝습니다.

현재 성남시에서는 신분당선 판교역과 정자역 사이에 가칭 '백현역'이 신설되고 컨벤션, 복합업무센터 등이 들어서는 '백현지구' 개발이 논의되고 있습니다. 이에 따라 많은 주민이 백현역이 수내동에 들어서기를 기대하고 있습니다.

카페 거리로 유명한 정자동

정자동은 판교가 생기기 전까지만 해도 분당을 대표하는 곳이었습니다. 정자동은 탄천 좌우로 위치하는데, 수인분당선과 신분당선

정자역이 있습니다. 또 네이버, 두산그룹, KT, SK C&C 등 여러 대기업 사옥도 밀집해 있지요. 그만큼 고소득층이 많이 거주하는 곳이라 소득수준이 높은 분당에서도 부촌이라 불리기도 합니다. 정자역 북쪽에 위치한 정자동 카페 거리는 콘셉트가 독특한 카페가 많아 분당 주민이 아닌 사람들에게도 유명한 곳이고요.

정자동은 분당에서 아파트 세대수가 가장 많은 동네이기도 합니다. 주요 단지로는 성남정자초등학교와 늘푸른고등학교를 끼고 있는 파크뷰, 정자중학교를 끼고 있는 상록우성, 분당중학교 근처에 있는 상록라이프 등이 있습니다. 2004년 입주해 분당에서는 비교적 신축인 파크뷰는 1,829세대가 거주하는 대단지 주상 복합입니다. 상록우성은 1995년에 입주해 1,762세대가 살고 있으며 정자역과도 가깝지요. 상록우성에서 한 블록 건너편에 위치한 상록라이프는 1994년에 입주한 단지로 750세대가 거주하고 있습니다.

정자동에는 소형 면적인 아파트가 꽤 있으며 이 중에는 현재 리모델링을 추진 중인 단지도 있습니다. 그중에서도 느티마을공무원

3·4단지는 정자역에서도 가깝고 성남신기초등학교와 정자중학교를 끼고 있어 리모델링 여부가 주목받는 단지입니다. 정자동에서 가장 높은 가격에 거래된 단지는 파크뷰로 244㎡가 35억 원에 거래된 바 있습니다.

정자동 카페 거리

강남 접근성이 뛰어난 금곡동

금곡동에는 수인분당선과 신분당선 미금역이 있습니다. 이 때문에 강남 접근성이 아주 좋습니다. 금곡동은 아파트만 있는 전형적인 베드타운입니다. 주요 단지를 살피면 먼저 미금역 및 주변 상업지구와 가장 가까운 청솔대원이 있습니다. 1994년 입주한 단지로 820세대가 살고 있지요. 청솔대원에서 조금 더 북쪽으로 올라가 청솔중학교와 분당경영고등학교 근처에 있는 청솔유천화인은 1995년 입주해 624세대가 거주하고 있습니다.

이 밖에 금곡동복지센터 근처에 있는 청솔서광·영남은 1995년 입주해 408세대가 거주하고 있습니다. 청솔중학교와 분당경영고등

청솔유천화인

학교 옆에 있는 청솔한라 역시 1995년 입주했고 768세대가 살고 있지요. 금곡동에서 가장 높은 가격을 기록한 단지는 청솔성원 135㎡로 17.5억 원에 거래되었습니다.

분당에서 가장 넓은 구미동

구미동은 분당에서 가장 남쪽에 위치하면서 면적이 넓은 동네입니다. 남서쪽으로는 용인시, 동쪽으로는 광주시와 맞닿아 있지요. 구미동에는 수인분당선 오리역, 그리고 수인분당선과 신분당선 미금역이 있습니다. 구미동은 분당에서도 다소 늦게 아파트가 입주한 곳으로 대단지 아파트는 주로 서쪽에 자리 잡고 있습니다. 동쪽에는 단독주택과 함께 분당 주민들이 많이 찾는 분당서울대학교병원이 있고요.

구미동의 아파트 단지는 크게 까치마을, 하얀마을, 무지개마을이 있는데, 미금역에서 가까운 까치마을 단지의 몸값이 높은 편입니다. 성남미금초등학교를 끼고 있는 까치롯데선경은 1995년 입주했습니다. 1,124세대가 거주해 이 일대에선 규모가 큰 단지입니다. 까치롯데선경과 이름이 거의 비슷한 까치대우롯데선경도 있습니다. 1995년 입주한 이 단지는 탄천과 가깝고 976세대가 살고 있습니다. 같은 해 입주해 882세대가 사는 까치신원도 눈여겨볼 단지입니다. 까치대우롯데선경 건너편에 있는 이곳은 미금역과 가깝습니다. 마지막으로 1995년 입주해 932세대가 사는 무지개5단지청구도 있습니다.

까치마을대우롯데선경

1995년 입주해 932세대가 살고 있지요.

　　한편 소형 면적으로 구성된 무지개4단지주공은 2021년 4월 성남시에서 두 번째로 리모델링 승인을 받은 단지입니다. 이 호재가 반영되어 인근에서는 가장 높은 가격을 자랑합니다. 구미동에서 가장 높은 가격에 매매된 단지는 까치신원으로, 131㎡가 17.9억 원에 거래되었습니다.

일산

행정구역	경기도 고양시 일산동구·일산서구
인구	59만 명
아파트 물량	238개 단지, 약 24만 세대
평균 평당 가격	1,832만 원
지하철 노선	3호선, 경의중앙선, GTX-A(예정)
주요 생활환경	일산호수공원, 킨텍스, 고양아람누리 등
특징	경기도 서북부의 대표적인 신도시

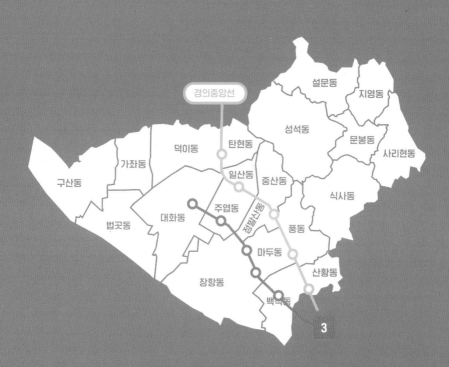

일산은 경기도 고양시에 위치한 1기 신도시입니다. 엄밀히 말하면 고양시의 하위 행정구역인 일산동구와 일산서구에 걸쳐 있는 신도시인데, '일산시'로 잘못 알고 있는 경우가 많습니다. 저 역시 처음에는 고양시와 일산이 아예 다른 곳이라 생각했으니까요. 참고로 고양시는 약 108만 명이 거주하는, 경기도에서 두 번째로 인구가 많은 도시입니다. 덕분에 '특례시'로 지정되어 광역시에 해당하는 행정 및 재정 권한을 부여받았지요.

일산동구와 일산서구를 합치면 약 24만 세대가 살고 있습니다. 식사동 1만 2,000세대, 중산동·정발산동 각 1만 세대, 풍산동 1만 4,000세대, 일산동 3만 1,000세대, 백석동 2만 4,000세대, 주엽동 2만 2,000세대, 탄현동 2만 세대, 마두동 1만 4,900세대, 장항동·송산동

각 1만 9,000세대, 고봉동 1만 1,000세대, 대화동 1만 6,000세대 등이 살고 있습니다. 일산신도시에는 약 17만 호의 주택이 있는데 그중 아파트는 약 14만 호입니다.

일산은 1기 신도시 중 용적률이 가장 낮은 것이 특징입니다. 그만큼 아파트 단지가 빽빽하게 들어서 있지 않아 전반적으로 쾌적하고, 미국처럼 단독주택만 있는 동네도 있습니다. 예쁘고 특색 있는 주택이 많아 영화나 드라마 촬영을 자주 하기도 했습니다. 아무것도 없는 평지에 세운 신도시이기 때문에 곳곳에 공원과 녹지가 있는 것도 특징입니다. 무엇보다 일산호수공원은 주민들은 물론 가까운 지역에서도 찾아오는 수도권 명소입니다. 해마다 고양국제꽃박람회도 열리고 있고요.

현재 일산신도시에는 3호선 마두역, 정발산역, 주엽역, 대화역이 있습니다. 강남까지 한 번에 갈 수 있는 노선이지만 빙 둘러가므로 시간이 꽤 걸립니다. 또 서울역과 용산까지 급행으로 운행하는 경의중앙선도 있는데, 출퇴근 시간을 제외하면 배차 간격이 긴 것이 흠입니다. 앞서 언급했듯 1기 신도시의 쌍두마차로 비슷한 위상을 지니던 일산과 분당이 30년이 지나 차이가 벌어진 데는 강남 접근성과 함께 불편한 교통편이 크게 작용했다고 할 수 있습니다. 그럼에도 경기도 서북부에서는 상권과 상급 병원, 학군 등이 가장 안정적으로 형성되어 있고 집값에 비해 실거주 환경이 좋아 '가성비 좋은 신도시'라는 평가를 받습니다. '출근하는 아빠에게는 지옥, 다른 가족에게는 천국'이라는 우스갯소리가 나오는 것도 이 때문이지요.

향후 경기 서북부와 서울을 연결하는 GTX-A 노선이 예정대로 개통하면 강남 접근성이 대폭 개선되어 일산의 위상도 지금보다 높아질 것으로 예상됩니다. 또 일산신도시 내 대부분 단지가 1993년 ~1994년에 입주해 노후화되고 있습니다. 이에 따라 단지마다 리모델링이나 재건축을 시도하고 있으며, 이것이 향후 일산의 가치를 좌우할 것으로 보입니다.

평당 가격 1위 장항동

장항동은 일산호수공원과 가까운 곳에 있습니다. 조성 후 30년이 지나 자연스럽게 나무와 풀이 우거진 일산호수공원은 일산신도시의 자랑이자 시민들이 즐겨 찾는 명소입니다. 장항동에는 3호선

호수5단지청구

마두역과 정발산역이 있으며 의정부지방법원 고양지원, 사법연수원, 고양등기소 등 관공서가 모여 있습니다. 그런가 하면 젊은이들이 모이는 번화가인 라페스타와 웨스턴돔도 있지요.

대부분 입주 30년 차를 앞둔 아파트로 가득한 다른 동네와는 달리, 장항동에는 2019년에 입주한 신축 킨텍스원시티가 있습니다. 장항동이 일산신도시 내에서 평당 가격 1위를 지키는 이유입니다. 782세대가 사는 이 주상 복합 121㎡가 26.5억 원에 거래되었는데, 이는 장항동에서 가장 높은 실거래가입니다. 이 밖에 호수초등학교를 끼고 있는 호수2단지현대는 1994년에 입주해 1,144세대가 거주하고 있습니다. 마두역과 가까우면서 법원 옆에 있는 호수5단지청구는 8개 동으로 이루어져 있으며 1994년에 입주해 668세대가 살고 있습니다. 마두역 상권이 가까운 호수마을1단지대우는 1996년 입주해 338세대가 거주합니다.

대단지가 많은 마두동

마두동은 정발산 북쪽에 자리합니다. 일산동구청과 국립암센터를 비롯해 우리나라에서 두 번째로 큰 공연장인 일산아람누리, 롯데백화점 등이 있어 유동 인구가 많은 곳입니다. 마두동에서는 3호선 마두역과 정발산역, 그리고 경의중앙선 백마역을 이용할 수 있습니다. 백마역은 행정구역상 백석동에 속하지만, 마두동에 있는 것으로 인식되곤 합니다. 마두동 중심에는 강촌공원, 마두공원, 백마공원 등

백마3단지금호한양

다양한 공원이 있어 주민들의 휴식처가 되고 있습니다.

마두동은 신도시답게 바둑판식으로 조성된 땅에 아파트 단지와 초등학교가 들어서 있습니다. 또 일산 내 다른 지역에 비해 대형 면적도 많고요. 주요 단지를 살펴보면 먼저 강촌우방이 있습니다. 낙민초등학교와 정발초등학교 사이에 위치한 이 단지는 1993년에 입주해 15개 동에서 766세대가 살고 있습니다. 뉴코아아울렛이 가까워 주민들의 만족도가 높습니다. 1993년에 입주한 강촌동아는 720세대가 거주하며 85㎡와 154㎡로 이루어져 있는데, 정발초등학교와 정발중학교를 배정받을 수 있는 단지라 학군 수요가 있는 곳이지요.

백마중학교를 끼고 있는 백마3단지금호한양은 1995년 입주해 1,116세대가 살고 있습니다. 백마역 학원가와 가까워 이곳 역시 학부모들의 수요가 있습니다. 마두역 초역세권 강촌라이프도 빼놓을 수 없습니다. 1,558세대가 거주해 근방에서는 대단지 아파트입니다. 마두동에서 가장 높은 가격을 기록한 단지는 강촌동아 154㎡로 11.95억 원에 거래되었습니다.

일산의 초입 백석동

백석동은 일산신도시 초입에 위치해 서울에서 오다 보면 가장 먼저 마주하는 동네입니다. 일산 주민들이 애용하는 국민건강보험

공단 일산병원과 코스트코, 3호선 백석역과 경의중앙선 곡산역이 있습니다. 고양종합터미널에 롯데아울렛도 있고요.

백석동의 강자는 2016년 입주해 가장 신축인 일산요진와이시티입니다. 앞서 말한 것처럼 30년이 다 되어가는 구축 아파트로 가득한 일산에서는 신축의 가치가 상대적으로 높이 평가받기 때문입니다. 주상 복합인 일산요진와이시티 1층에는 상가와 쇼핑몰이 자리 잡고 있습니다. 60~244m²의 다양한 면적으로 구성되어 있으며 6개 동에 2,404세대가 거주합니다. 59층까지 있어 멀리서도 보일 만큼 압도적인 위용을 자랑합니다.

백석중학교와 백신고등학교를 끼고 있는 흰돌3단지국제한진은 1994년 입주해 816세대가 살고 있습니다. 백마고등학교를 끼고 있는 백송선경코오롱8단지는 1994년 입주해 604세대가, 백석중학교와 백신고등학교 옆에 있는 흰돌5단지서안은 1994년 입주해 628세대가 살고 있습니다.

일산요진와이시티

킨텍스로 유명한 대화동

대화동은 대규모 행사와 전시가 열리는 킨텍스로 널리 알려져 있습니다. 원마운트가 입점해 쇼핑과 테마파크를 함께 즐길 수 있게 되었지요. 이 밖에 가장 최근에 생긴 현대백화점 킨텍스점과 이마트 타운, 홈플러스 등이 있어 현재 일산에서 떠오르는 상권입니다. 원래 대화동은 일산에서도 가장 서쪽에 위치해 상대적으로 덜 주목받았지만, GTX-A 정차역이 예정되면서 얼마 전부터 주목받고 있습니다. 또 3호선의 종점인 대화역이 있습니다.

대화동에는 일산에 몇 없는 신축 아파트가 모여 있습니다. 킨텍스, 홈플러스 등이 바로 옆에 있고 호수공원과도 인접한 킨텍스원시티와 킨텍스꿈에그린입니다. 2019년 입주한 킨텍스원시티는 1~3블록으로 나뉘어 있으며 최고 49층까지 있습니다. 모든 블록을 합하면 전체 2,000세대가 넘는 대단지이며 다양한 면적으로 구성되었습니다. 2019년에 입주한 킨텍스꿈에그린은 1,100세대가 살고 있으며 84~152㎡로 이루어져 있지요. 이곳 94㎡가 17.65억 원에 거래되었는데, 이는 대화동에서 가장 높은 실거래가입니다.

한편 대화중학교와 대화역 사이에 있는 장성1단지동부는 1995년에 입주해 410세대가 거주하고 있습니다. 대화역 초역세권이라 주민들의 만족도가 높죠. 마지막으로 고양한내초등학교와 대화고등학교 사이에 있는 킨텍스아이파크는 일산에서는 비교적 신축으로 2003년에 입주한 단지입니다. 현재 811세대가 거주하고 있으며

장성1단지동부

전철역과 거리가 조금 있습니다. 대화역 역세권으로 북쪽에 있는 성저3단지풍림은 1996년에 입주해 534세대가 6개 동에 거주하고 있습니다.

전형적인 주거지구 주엽동

주엽동은 3호선 주엽역을 중심으로 아파트 단지가 가득한 전형적인 주거지구입니다. 예전보다는 위상이 떨어졌지만 주엽역이 있는 중앙로 일대는 여전히 일산에서 가장 많은 금융기관과 병원, 마트, 음식점 등이 몰려 있는 중심 상권입니다. 주엽동 역시 바둑판처럼 네모난 땅 곳곳에 아파트 단지와 공원, 그리고 초등학교가 자리 잡고 있습니다. 크게 강선마을과 문촌마을로 단지가 이루어져 있으

문촌16단지뉴삼익

며 단지 사이사이의 문화공원, 강선공원, 주엽공원을 따라가다 보면 일산호수공원의 서쪽 출입구에 이르게 됩니다.

주엽동에서 눈여겨볼 단지로는 주엽역 초역세권인 문촌16단지뉴삼익과 강선14단지두산이 있습니다. 1994년 입주해 956세대가 사는 문촌16단지뉴삼익은 한수초등학교를, 같은 해 입주해 792세대가 거주하는 강선14단지두산은 주엽초등학교를 낀 '초품아'입니다. 이 두 단지는 면적이나 연식, 주거 환경이 비슷해 서로 앞서거니 뒤서거니 하며 시세를 이루고 있습니다. 이 두 단지와 마주 보는 강선7단지삼환유원은 1993년 입주해 816세대가 살고 있으며 역시 강선초등학교를 끼고 있는 초품아입니다. 이 밖에 강선14단지두산 건너편에 위치한 강선15단지보성과 홈플러스 건너편 문촌19단지신우도 있습니다. 주엽동에서 매매 가격이 가장 높은 아파트는 문촌3단지우성입니다. 오마중학교 학군 수요가 있는 곳으로 197㎡가 2020년 12월 12.75억 원에 거래되었습니다.

가장 깊숙한 곳에 있는 식사동

식사동은 일산에서 상대적으로 가장 외진 곳에 위치합니다. 이곳에는 일산의 대형 병원 중 한 곳인 동국대학교일산병원이 있습니다. 식사동은 아직까지 인접한 지하철 노선이 없어 교통이 다소 불편하다는 아쉬움이 있습니다. 그 때문에 3호선 연장이나 트램 등 대중교통을 둘러싼 관심이 뜨거운데, 주민들은 GTX-A 노선 대곡역까지 트램으로 연결하는 방안을 추진하고 있습니다.

위시티자이1단지

식사동은 일산 중심에 비해 상대적으로 나중에 개발된 만큼, 일산 내에서 비교적 연식이 오래되지 않은 단지가 많습니다. 특이하게도 GS건설이 지은 대규모 자이 단지가 많고요. 고양국제고등학교와 인접한 위시티자이1단지는 2010년 입주해 1,244세대가 거주하며 다양한 면적으로 이루어져 있습니다. 일산자이2차는 2020년 입주해 802세대가, 은행초등학교 옆에 있는 은행3단지SK뷰는 2003년 입주해 539세대가 살고 있습니다. 15.4억 원에 거래된 위시티자이4단지 230㎡가 식사동에서 가장 높은 실거래가를 기록했습니다.

세대수가 많은 중산동

중산동은 고봉산이 있어 주말에 이용하는 사람이 많습니다. 이렇다 할 시설이 없다 보니 다른 지역에 사는 이들에게 인지도가 높지는 않습니다. 단일 동으로는 세대수가 많은 편인데도 말이지요. 중산동은 가까운 전철 노선이 전혀 없는 대신 버스 노선이 많은 편입니다.

중산동의 아파트들은 일산 내 다른 동네와 비교하면 연식이 별로 오래되지 않은 편입니다. 중산동에서 가장 신축인 일산센트럴아이파크는 1,435세대가 살며 2018년 입주했습니다. 2020년 말부터 시작된 경기도 상승장에서 신축 바람을 타고 거침없이 상승한 곳이지요. 이곳 85㎡가 8.96억 원에 거래되었는데, 이는 중산동에서 가장 높은 실거래가입니다.

하늘2단지휴먼시아

일산센트럴아이파크와 하늘초등학교 옆에 위치한 하늘5단지휴
먼시아도 빼놓을 수 없습니다. 2007년 입주해 1,150세대가 살고 있지
요. 이 밖에 안곡중학교 옆에 있으며 2007년 입주해 1,000세대가 거
주하는 하늘2단지휴먼시아, 2002년 입주해 692세대가 살며 안곡초
등학교 옆에 있는 산들2단지e편한세상 등이 있습니다.

맛집 거리 애니골로 잘 알려진 풍동

경의중앙선 풍산역 인근에는 맛집과 특색 있는 카페가 가득한
먹자골목 애니골이 형성되어 있습니다. 풍동은 이 애니골로 유명하
지요. 풍동에는 풍산역 외에도 백마역이 위치합니다. 풍동중학교와

숲속7단지주공

세원고등학교 사이에 있는 숲속7단지주공은 2006년 입주해 982세대가 살고 있습니다. 풍산초등학교 옆에 있는 숲속3단지뜨란채는 2006년 입주해 382세대가 거주하지요. 이 밖에 풍산중학교를 낀 숲속2단지두산위브는 2006년 입주해 888세대가 살고 있고, 풍산초등학교를 낀 일산풍동성원상떼빌5차는 2003년 입주해 295세대가 살고 있습니다. 숲속6단지두산위브 156㎡가 8.65억 원에 거래된 바 있는데, 이는 풍동에서 가장 높은 실거래가입니다.

파주와 가까운 탄현동

탄현동은 SBS일산제작센터가 들어서면서 인지도가 높아진 동네입니다. 최근에는 탄현공원과 그 일대가 고양탄현공공주택지구로 지정되었습니다. 탄현동에는 경의중앙선 탄현역이 있습니다. 탄현역과 다소 멀지만 2018년 입주해 탄현동에서 가장 신축인 일산에듀포레푸르지오에는 1,691세대가 거주합니다. 이 밖에 일산직업능력개발원 근처에 있으며 2009년 입주해 905세대가 살고 있는 일산임광·진흥, 숯고개공원 근처에 있으며 2000년 입주해 516세대가 거주하는 탄현11단지동신, 2,588세대로 탄현동에서 규모가 가장 큰 탄현큰마을대림현대를 보시면 됩니다.

일산에듀포레푸르지오

참고로 탄현동에서 일산 외 지역 분들에게 가장 유명한 단지는 일산두산위브더제니스입니다. 2013년에 입주한 이 주상 복합은 꽤 오랫동안 미분양으로 어려움을 겪었습니다. 그러다 2020년발 상승장을 타고 미분양분이 완판되며 화제가 되었지요. 탄현역과 연결된 초역세권으로 2,700세대가 거주하며 최고 59층입니다. 이곳 171㎡가 13.2억 원에 거래되었는데, 이는 탄현동에서 가장 높은 실거래가입니다.

중동

행정구역	경기도 부천시 중동·상동
인구	23.7만 명
아파트 물량	94개 단지
평균 평당 가격	2,200만 원
지하철 노선	7호선
주요 생활환경	상동호수공원, 부천영상문화단지 등
특징	서울과 인천을 연결하는 서남권의 신도시

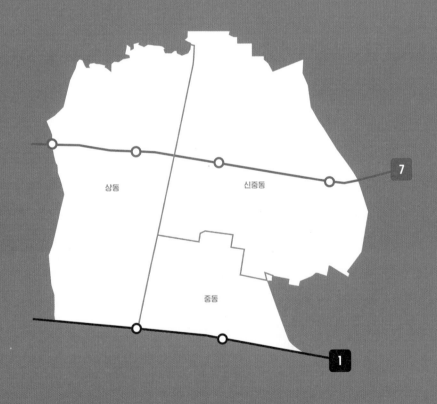

서남권에서 살기 좋은 도시 중동

중동신도시는 경기도 부천시 중동 및 상동에 걸쳐 건설된 1기 신도시입니다. 지금은 여기에 신중동까지 포함해 보다 넓은 의미로 사용하고 있지요. 중동신도시는 1989년 택지 개발 예정 지구로 지정되었고, 1992년부터 입주가 시작되었습니다. 이곳은 다른 1기 신도시와 비교하면 유일하게 산이나 언덕이 없는 평지에 건설되었음에도 인구밀도가 가장 높다는 특징을 지니고 있지요. 그러다 보니 아파트가 빽빽하게 들어서 있습니다.

분당이나 일산에 비하면 도시 자체의 규모가 작지만 상업·업무 지구 비중은 비슷할 정도로 높습니다. 대한민국에서 인구가 가장 많은 도시 서울과 인천의 중간에 있는 만큼 오가는 차량이 많고 인프라를 이용하기 편리한 것도 특징입니다. 상대적으로 저렴한 가격에 대형 면적이 골고루 있다 보니 이 지역에서 신혼부부로 살림을 시작해 오랫동안 거주하는 경우가 많습니다. 상동과 중동 근처에 이처럼 대단위 아파트 밀집 지역이 없다는 점과 교통편 등을 감안하면, 앞으로도 중동신도시의 입지는 변함없을 듯합니다.

중동신도시는 1기 신도시 중 가장 작은 면적인 4.2km²의 땅에 건설되었습니다. 기존에 부천 남쪽에서 1호선만 운행되었으나 지금은 중동으로 7호선이 들어가면서 도시의 축도 함께 넘어갔습니다. 신중동역 · 부천시청역 · 상동역은 모두 7호선 노선이며, 대부분 아파트가 역에서 도보로 10분 내에 위치합니다. 덕분에 가산디지털단지에서 일하는 직장인들의 수요가 많은 동네이기도 합니다.

구체적으로 살펴보면 중동은 1만 7,000세대, 신중동은 5만 3,000세대, 상동은 3만 세대가 살고 있습니다. 부천의 아파트 물량은 15만 1,000호 정도입니다. 중동 신도시에 부천 전체 세대의 3분의 1이 살고 있으므로 중동 신도시의 아파트 물량은 7만 호 정도 된다고 짐작할 수 있습니다. 참고로 부천시의 주택 보급률은 100%가 넘습니다. 중동신도시의 아파트는 크게 금강마을, 은하마을, 한라마을, 덕유마을, 설악마을, 보람마을 등으로 단지가 나뉘어 있습니다.

명실상부한 부천의 중심 중동

중동은 부천시청이 자리 잡은 것만으로도 위상을 알 수 있습니다. 신중동역과 부천시청역이 있고, 부천에서 가장 큰 백화점인 현대백화점 중동점, 이마트 등도 있어 여러모로 지역의 중심지라고 할 수 있습니다. 부천중앙공원은 날씨 좋은 날 주민들이 산책하며 휴식을 취하는 곳이지요.

이곳에서 살펴볼 만한 단지는 어디일까요? 먼저 부천시청과 부천중앙공원 근처에 위치한 중동센트럴파크푸르지오가 있습니다. 명실상부한 이 지역의 대장 아파트로 2020년 1월 입주한 가장 신축이며 999세대가 거주합니다. 중흥초등학교와 중흥중학교 근처에 있는 래미안부천중동은 2015년 입주해 616세대가 살고 있지요. 중동초등학교와 부천중학교를 끼고 있는 팰리스카운티는 2009년 입주했고 무려 3,000세대가 넘는 대단지입니다. 부천중앙공원 왼쪽 경기국제통상고등학교 옆 포도삼보영남도 봐야겠죠. 1994년에 입주해

래미안부천중동

1,836세대가 살고 있으며 24개 동으로 이루어져 있지요.

부천에는 42~70㎡의 소형 면적 아파트도 많습니다. 금강마을주공4단지 51㎡, 은하마을주공1단지 49㎡, 미리내은하수타운 54㎡가 눈여겨볼 만합니다. 금강마을주공4단지는 부천시청역 역세권이고 부광초등학교를 끼고 있습니다. 1994년에 입주해 1,962세대가 살고 있지요. 은하마을주공1단지는 부천시청역 역세권으로 부흥초등학교와 중흥고등학교 사이에 위치하며 1995년에 입주해 792세대가 거주하고 있습니다. 부천중앙공원 바로 옆에 있는 미리내은하수타운은 1993년 입주해 1,540세대가 살고 있습니다. 중동에서 가장 높은 실거래가를 보유한 단지는 2002년 입주한 중동리첸시아로 190㎡가 25억 원에 거래되었습니다.

아파트 단지로 둘러싸인 상동

상동에는 인천지방검찰청 부천지청과 인천지방법원 부천지원이 있습니다. 세이브존과 뉴코아, 홈플러스가 있으며 부천터미널(소풍터미널)도 위치하지요. 아이들이 아주 좋아하는 웅진플레이도시와 상동호수공원, 부천영상문화단지, 아인스월드 등 문화 시설도 제법 풍부한 편입니다.

이 근방 단지를 살펴보면 먼저 상동역 역세권인 행복한금호어울림이 있습니다. 상동호수공원과 상일초등학교, 상일중학교와 매우 가깝고 2002년에 입주한 단지입니다. 422세대가 살고 있으며 85㎡ 단일 면적만 있는 것이 특징입니다. 상동역 북쪽에 있는 진달래대림 e편한세상은 2002년 입주해 639세대가 거주합니다. 이곳 역시 85㎡ 단일 면적으로 구성되어 있습니다. 진달래대림e편한세상에서 남쪽으로 한 블록 아래에 위치한 진달래효성은 2002년 입주해 708세대가 거주하고 있습니다. 마지막으로 석천초등학교 옆에 있는 라일락대우유림은 2002년 입주해 572세대가 살고 있지요.

상동에는 59㎡로만 구성된 아파트도 여럿 있는데 연식이 비슷합니다. 그중에서는 석천초등학교를 끼고 있으면서 2002년 입주한 라일락신성미소지움을 보시면 됩니다. 상동초등학교와 부천정보산업고등학교 북쪽에 있으면서 2002년 입주한 백송풍림아이원에는 812세대가, 상원초등학교와 상원고등학교 옆에 있으며 역시 2002년 입주한 하얀경남에는 414세대가 살고 있습니다. 상동에서는 12.85억 원에 거래된 진달래써미트빌 121㎡가 가장 높은 실거래가를 기록했습니다.

라일락신성미소지움

평촌

행정구역	경기도 안양시 동안구
인구	31만 명
아파트 물량	141개 단지
평균 평당 가격	2,986만 원
지하철 노선	4호선, 월곶판교선(예정)
주요 생활환경	평촌중앙공원, 평촌한림대병원, 학원가 사거리
특징	경기 남부의 학군 도시

다시 주목받는 1기 신도시 평촌

　　평촌 역시 '평촌시'처럼 하나의 행정구역으로 여기는 경우가 많지만, 실은 안양시 동안구에 조성된 신도시입니다. 행정구역상 평촌동, 관양동, 비산동, 호계동 등을 포함하고 있지요. '평평한 마을(平村)'이란 이름처럼 주변 지역이 전부 평지라 생활하기도 좋습니다. 평촌은 5.4km²에 해당하는 땅 위에 건설되었는데, 경기도 내에서는 부천 다음으로 인구밀도가 높습니다. 도시 전체가 네모반듯하게 격자 형태로 형성되어 있지요.

　　동별로 살펴보면 평촌동은 5,000세대, 관양동 2만 4,000세대, 비산동·호계동 각 2만 세대, 부림동 1만 세대, 달안동·범계동 각 5,000세대, 부흥동 6,400세대, 평안동 8,000세대, 귀인동 5,000세대, 신촌동 4,500세대, 갈산동 3,900세대가 거주하고 있습니다. 자세히 살펴보면 동을 잘게 쪼갠 듯한 느낌이 있습니다. 동안구에는 아파트가 12만 4,000가구 있으며 주택 보급률은 93%입니다.

원래 안양의 중심은 '안양 1번가'라고 불리는 1호선 안양역 부근이었지만 지금은 평촌으로 넘어간 상태입니다. 이는 평촌에 지은 수많은 아파트와 그에 따라 들어선 상업 시설, 그리고 학군의 발달에 따른 결과이지요. 범계역 앞에 있는 로데오거리는 유동 인구가 하루 20만 명에 달하는 만큼 평촌신도시의 수요를 흡수하는 핵심 상권이라고 할 수 있습니다.

평촌을 지나는 전철은 4호선으로 평촌역과 범계역, 단 2개 역만 있습니다. 그러다 보니 출퇴근 시간에 통근 인구가 굉장히 많지요. 또 평촌은 '학원가 사거리'라는 명칭이 지도에 표시될 정도로 교육열이 높기로 유명한 곳이기도 합니다. 학원가 사거리 인근 건물에는 층마다 각종 학원이 위치할 정도로 나름 장관을 이룹니다. 이런 이유에서 직장 등으로 인해 경기 남부에 거주해야 하되 학군을 고려하는 부모들이 평촌으로 이주하곤 합니다. 평촌에서는 귀인중학교가 가장 유명하지만 대안여자중학교, 범계중학교, 평촌중학교 등도 높은 학업 성취도를 보이는 것으로 알려져 있습니다.

범계역이 가까운 평촌동

평촌동, 평안동, 귀인동을 관할하는 행정구역인 평촌동에는 안양 시민들의 쉼터인 안양 중앙공원이 있지요. 이 일대 아파트 단지들은 크게 초원마을, 향촌마을, 꿈마을, 귀인마을 등으로 나뉩니다. 주요 단지로는 안양 중앙공원 바로 옆이면서 평촌초등학교와 평촌중학교에서 가까운 향촌롯데, 향촌현대5차, 귀인마을현대홈타운 등이 있습니다.

향촌롯데는 60~95㎡로 이루어져 있으며 1993년 입주해 530세대가 거주하고 있습니다. 향촌현대5차는 11개 동에서

향촌롯데

780세대가 거주하며, 향촌롯데와 마찬가지로 1993년에 입주했습니다. 마지막으로 1992년 입주해 552세대가 거주하는 향촌현대4차도 있습니다. 한편 꿈현대 183㎡가 16억 원에 거래되었는데, 이는 평촌동에서 가장 높은 실거래가입니다.

안양시청과 가까운 관양동

관양동은 행정구역상 관양동과 부림동을 포함하고 있습니다. 평촌역이 있어 상권이 발달했고 안양시청이 위치해 중심지 분위기가 납니다. 평촌역에서는 조금 멀지만 2016년에 입주해 최신축이고 평촌스마트스퀘어도시첨단산업단지 바로 옆에 위치한 평촌더샵센트럴시티가 대장 단지입니다. 1,459세대가 거주하고 있습니다. 다음으로 인덕원역과 인덕원초등학교 사이에 있는 인덕원삼성이 있습니다. 1998년 입주해 1,314세대가 살고 있지요.

인덕원역과 중심지에서는 좀 멀지만 동편마을로 시선을 돌리면 동편마을3단지는 2012년 입주해 1,042세대가 거주하고 있습니다. 마지막으로 관악산으로 가는 초입에 위치하고 관양고등학교에서 가까운 현대가 있습니다. 904세대가 거주하는 현대는 1985년 입주

인덕원삼성

해 이 근방에서는 연식이 꽤 오래된 단지라고 할 수 있지요. 관양동에서 제일 높은 실거래가를 보이는 곳은 동편마을4단지로 136㎡가 18.35억 원에 거래되었습니다.

월곶판교선 호재를 기대하는 비산동

비산동은 행정구역상 달안동, 부흥동까지 함께 살펴보겠습니다. 안양종합운동장이 위치한 비산동은 관악산이 있는 동네입니다. 인천 송도부터 시흥 월곶을 지나 성남 판교까지 운행하는 복선 전철인 월곶판교선, 이른바 '월판선'이 안양종합운동장에 정차할 것으로 예

은하수벽산

정되면서 기대감이 반영되어 있지요.

좀 더 자세히 살펴보면 달안초등학교와 부흥초등학교 사이에 은하수신성이 있습니다. 1992년 입주해 508세대가 거주합니다. 부흥초·중·고등학교 길 건너에 있는 은하수벽산은 620세대가 거주하며 56~85㎡로 이루어져 있습니다. 이 밖에 샘모루초등학교를 가운데 두고 서로 붙어 있는 비산e편한세상과 비산삼성래미안, 안양중앙초등학교 건너편에 있는 평촌래미안푸르지오 등을 꼽을 수 있겠네요. 재건축 호재가 있는 뉴타운 1~6차도 눈여겨보시길 권합니다. 비산동에서는 평촌래미안푸르지오 85㎡가 13.7억 원에 거래되며 가장 높은 실거래가를 기록했습니다.

평촌 학원가를 품은 호계동

호계동은 행정구역상 범계동, 갈산동, 신촌동을 같이 살펴보겠

평촌더샵아이파크

습니다. 호계동에는 범계역과 롯데백화점이 있습니다. 무엇보다 평촌 학원가가 포함되어 학부모들의 수요가 있는 동네입니다. 먼저 3,850세대나 되는 대단지에 2021년 입주해 가장 신축인 평촌어바인퍼스트가 있습니다. 또 신기중학교와 덕현초등학교 사이에 있는 평촌더샵아이파크를 빼놓을 수 없지요. 2019년 입주해 1,174세대가 거주하는 이곳 역시 신축의 가치를 인정받고 있습니다.

평촌 학원가 바로 옆에 있는 무궁화경남은 1994년 입주해 590세대가, 신기초등학교와 범계중학교 사이에 있는 무궁화효성한양은 1992년 입주해 800세대가 거주하고 있습니다. 호계동에서는 17.7억 원에 거래된 목련6단지 132㎡가 가장 높은 실거래가를 기록했습니다.

산본

행정구역	경기도 군포시 산본동·금정동
인구	16만 명
아파트 물량	48개 단지
평균 평당 가격	2,686만 원
지하철 노선	1·4호선, GTX-C(예정)
주요 생활환경	수리산, 초막골생태공원
특징	1기 신도시 중 가장 작은 규모

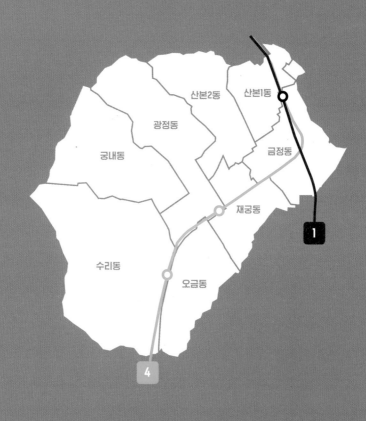

작지만 살기 좋은 산본

산본신도시는 경기도 군포시 산본동과 금정동 일대에 조성된 곳입니다. 수리산 아래에 있는 마을이라는 뜻에서 '산본(山本)'이라는 지명이 생겨났다고 합니다. 다른 1기 신도시와 달리 원래 택지지구로 개발하기로 계획되어 있던 곳인데, 노태우 정부가 신도시 사업에 포함한 것이었지요. 그래서 산본은 1기 신도시 중 규모가 가장 작고 상업지구나 업무지구의 비중이 매우 낮은 전형적인 베드타운이라고 할 수 있습니다. 면적 자체도 다른 신도시에 비하면 작다 보니 신도시에는 하나씩 있는 넓은 중앙공원의 규모도 상대적으로 작은 편입니다. 하지만 군포시를 둘러싼 수리산 덕분에 녹지가 적지 않고 거주하기에 좋습니다.

산본신도시에서 언급할 단지들은 실질적으로 군포시의 주요 단지라고 해도 과언이 아닙니다. 동네별로 세대수를 살펴보면 산본동 1만 8,000세대, 금정동 8,400세대, 재궁동 8,500세대, 오금동 8,700세대, 수리동 7,200세대, 궁내동 7,000세대, 광정동 1만 세대입니다. 보통 1기 신도시들은 아파트 단지를 건설할 때 몇 개의 단지를 묶어 '마을'이라는 명칭을 부여했습니다. 그런데 산본은 특이하게도 단지마다 마을 이름을 부여해 마을 수가 굉장히 많습니다. 또 마을 명칭에 친숙한 단어가 많습니다. 백두·한라·금강·계룡 등 각지에 있는 명산 이름을 비롯해 무궁화·개나리·장미·목련 등 친숙한 꽃 이름, 그리고 율곡·퇴계·세종·우륵 등 위인들의 이름을 사용했습니다. 한 번만 들어도 잊기 어려운 명칭이지요.

산본신도시를 지나가는 전철은 금정역과 산본역으로, 금정역은 1·4호선, 두 노선이 지나가지만 근처에 아파트 단지가 없습니다. 대부분의 아파트가 1호선 산본역 주변에 들어서 있으며 인구밀도가 높습니다. 그래서 산본역은 산본신도시뿐 아니라 군포시의 중심 상권이며 하루 유동 인구가 약 10만 명으로 추산됩니다. 산본신도시에서는 궁내중학교와 수리중학교가 학업 성취도가 높은 학교로 꼽힙니다. 두 학교 모두 산자락에 자리해 녹지가 많고 공부하기 좋은 환경이 조성되어 있지요.

평지에 위치한 산본동

산본동은 산본1동과 2동으로 나누어져 있는데, 이는 행정동이며 법정동은 광정동까지 포함합니다. 산본로데오거리는 이곳의 중심지로 롯데피트인이 함께 있어 이곳 주민들에게는 약속 장소로 통하기도 합니다.

산본에서는 금정역에서 가까운 래미안하이어스가 모두 인정하는 랜드마크입니다. 2010년에 입주해 무려 2,644세대가 살고 있는 대단지입니다. 평형도 60~179㎡로 다양하게 구성되어 있는데 179㎡는 2021년 7월 15.7억 원에 거래되었습니다. 이는 산본에서 가장 높은 실거래가입니다. 래미안하이어스 바로 옆에 있는 e편한세상 금정역에코센트럴도 빼놓을 수 없습니다. 2007년에 입주해 677세대가 거주하며 네 가지 면적으로 구성되어 있지요. 래미안하이어스와

래미안하이어스

e편한세상금정역에코센트럴

마찬가지로 금정역 역세권입니다. 이곳 118㎡가 10.8억 원에 거래된 바 있습니다. 바로 옆에 있는 널따란 한얼공원은 주민들이 애용하는 산책 코스입니다.

산본역에서 조금 떨어진 주몽마을대림은 중앙공원과 인접해 있습니다. 조금만 걸어가면 한얼공원도 있고요. 60㎡와 85㎡로 이루어진 이곳은 2002년 입주한 단지로 525세대가 살고 있습니다. 이 밖에 산본 역세권인 세종주공6단지, 산본중학교와 가까운 우방목련 등이 있습니다. 세종주공6단지는 1994년 입주해 1,827세대가 거주합니

매화주공14단지

다. 산본역 초역세권이며 단지 바로 옆에 도창공원이 있습니다. 같은
해 입주해 792세대가 사는 우방목련은 수리산이 가깝고요.

　좀 더 면적 작은 아파트도 살펴볼까요? 관모초등학교 옆에 산본
매화주공14단지가 있습니다. 1995년 입주해 1,847세대가 살고 있는
데 전부 49㎡로만 구성되어 있지요. 산본IC와 가깝고 금정역 역세
권입니다. 다음으로 곡란초등학교와 곡란중학교 사이에 있는 개나
리주공13단지 역시 1995년 입주한 단지입니다. 이곳 역시 산본IC와
매우 가깝습니다. 1,778세대가 살고 있으며 49~59㎡로만 구성되어
있습니다. 광정초등학교 남쪽에 있는 산본주공11단지는 1991년 입
주해 1,400세대가 살고 있는데, 36㎡부터 다양한 면적으로 이루어져
있으며 58㎡가 가장 넓은 면적이지요.

　마지막으로 문화예술창작촌 근처에 있는 설악주공8단지를 보시

면 됩니다. 1996년 입주한 이 단지는 1,471세대가 살고 있는데 역시 49㎡가 가장 넓은 면적입니다. 수리산 자락에 위치하고 있는 숲세권 단지이지요. 산본에서 59㎡ 중 가장 높은 가격에 거래된 아파트는 래미안하이어스로 9.5억 원에 거래된 바 있습니다. 다음으로 주몽마을 대림이 7.85억 원에 거래되었습니다.

Pink Panther's Tip

거래량과 아파트 가격

아파트에 투자하기에 앞서 알아야 할 것이 꽤 많습니다. 이 중 뉴스에서 자주 언급하는 것 중 하나가 바로 '거래량'입니다. '지난달에 비해 거래가 많아졌다(적어졌다)', '올해 들어 가장 많은 거래량이다', '역대 최고 거래량을 보였다' 등의 보도를 많이 접하셨을 겁니다. 도대체 거래량이 무엇이기에 이렇게 자주 언급되는 걸까요? 그것은 거래량이 아파트 가격과 밀접한 관련이 있기 때문입니다.

이 지점에서 생각해볼 것이 인과관계와 상관관계입니다. 인과관계는 어떤 원인에 의해 결과가 나타나는 것을 의미합니다. '거래량이 많으면 아파트 가격이 상승한다'라거나 '거래량이 적으면 아파트 가격이 하락한다'는 명제가 성립하면, 이 경우 거래량과 아파트 가격은 인과관계가 있다고 할 수 있습니다.

한편 상관관계는 서로 관련성이 있다는 뜻입니다. 거래가 많다는 것은 아파트를 사고파는 사람이 많다는 의미입니다. 아파트를 팔려고 내놓은 사람들이 아무리 많아도 사려는 사람이 없으면 거래는 절대로 성립되지 않겠지요. 또 아파트를 사고 싶어 하는 사람이 많아도 매도하려고 내놓는 사람이 없다면 절대로 매수할 수 없을 겁니다. 그렇기에 거래량이 많아졌다는 것은 주로 가격이 상승할 때 나타나는 현상으로 볼 수 있지요. 거래량이 많으면 아파트 가격이 상승했을 가능성이 큰 반면, 거래량이 줄어들면 아파트 가격이 하락했을 가능성이 많습니다. 즉 거래량과 아파트 가격은 상관관계는 있지만 인과관계는 없습니다.

일반적으로 아파트를 매수하려는 사람들은 먼저 네이버부동산을 보며 마음에 드는 매물이 있는지 살펴보곤 합니다. 그런 다음 해당 단지에 있는 공인중개업소를 찾아가 매물을 본 후, 약간의 협상을 거쳐 계약을 체결하지요. 만약 가격이 상승하는 시기라면 대체로 급한 마음에 매수합니다. 이럴 때는 별다른 협상 없이 '빠르게' 계약을 체결하려 노력합니다. 반대로 매도자는 가격이 점점 오른다는 것을 알고 매물을 거두기도 하고요. 이때부터는 매도자가 우위를 점해 부르는 게 값이 되면서, 더 오른 가격으로 거래가 이루어집니다. 이렇게 아파트 가격이 상승하는 과정에서 거래가 많아지는 것입니다. 그러다가 시장에 나온 매물이 거의 대부분 소진될 무렵 거래량은 급격히 줄어듭니다. 가격이 오르고 있음을 확인한 주인은 급하지 않다면 눈치를 보며 매물을 거두거나 더 높은 가격에 내놓겠지요.

그러나 거래량이 적다고 해서 반드시 가격이 하락한다는 것을 의미

하진 않습니다. 가격이 많이 상승하면 매도자는 더 비싼 가격에 내놓기 위해 잠시 매물을 거둬들일 수 있습니다. 그러면 매수자는 더욱 높아진 가격에 잠시 주저하게 되겠지요. 이럴 때 거래되는 양은 무척 적지만, 거래가 성사될 때마다 이전 가격에 비해 상당히 높은 가격에 계약이 체결되는 경우가 많습니다. 그래서 나타나는 것이 '신고가'입니다. 반대로 아파트 가격이 더 내려갈 것으로 전망되면 역시 거래가 거의 이루어지지 않습니다. 매도자는 물건을 내놓지만 가격이 더 떨어질 것이라 예상하는 매수자는 기다리며 관망할 테니까요.

이런 식으로 거래량은 가격에 따라 움직이긴 하지만 둘 사이에 반드시 인과관계가 있다고 할 수 없으며, 두 요소는 상관관계를 이룹니다. 대부분은 특정 지역에서 가격이 상승할 때 거래량도 증가합니다. 거래가 많아진다는 것은 사고파는 사람이 많아진다는 뜻입니다. 가격이 오르지도, 떨어지지도 않으면서 거래가 활발한 경우는 없습니다. 가격이 보합일 때 거래가 활발해지면 시세가 올라가는 추세를 확인할 수 있습니다.

여기서 잠깐 경기도 부동산 포털(gris.gg.go.k)에서 경기도 부동산 거래량을, KB국민은행리브부동산 포털(kbland.kr)에서 아파트 매매 가격 전월 대비 증감률을 살펴보겠습니다. 이때 거래량과 관련해 한 가지 알아두어야 할 것이, 거래량은 국토교통부에 신고된 실거래가를 근거로 삼는다는 사실입니다. 실거래가로 승인 및 판정된 자료로 계약 일자가 기준이됩니다. 보통 계약한 후 실제 소유권을 이전하는 등기 절차를 완료하기까지 걸리는 기간은 1~2개월 정도입니다. 그러므로 거래량이 늘었다고 지금 당장 가격이 상승하지는 않으며 시차가 존재합니다. 즉 거래량이 증가한 후 실제 가격이 상승하는 것을 확인하려면 1~2개월이 지나야 하지요.

2020년	1월	2월	3월	4월	5월	6월	7월	8월	9월	10월	11월	12월
KB부동산 경기도 증감률	0.49	0.91	1.39	0.49	0.25	0.72	1.54	1.06	1.23	0.72	1.87	1.83
경기도	20,839	31,961	16,471	12,750	16,983	34,983	22,306	14,169	13,375	17,153	20,462	23,573

표 1을 살펴보면 2020년에 경기도에서 3만 건 넘게 거래된 달은 2월과 6월입니다. 이때 KB부동산에서 전월 대비 증감률을 보면 3월 1.39%와 7월 1.54%로 정확히 거래가 많았던 때로부터 한 달 후 가격이 상승했음을 확인할 수 있습니다. 그뿐만 아니라 10월부터 거래량이 17,513건, 11월 2만 462건, 12월 2만 3,573건으로 점점 많아졌음을 알 수 있는데, KB부동산 전월 대비 증감률도 11월 1.87%, 12월 1.83%로 상승률이 높아졌습니다. 거래량이 증가함에 따라 경기도 아파트 가격이 점차 상승한다는 사실을 데이터로 확인할 수 있습니다.

2020년	1월	2월	3월	4월	5월	6월	7월	8월	9월	10월	11월	12월
KB부동산 용인시 증감률	0.73	1.74	2.49	0.54	0.25	1.08	1.81	1.23	0.84	0.57	1.69	2.08
용인	2,587	3,949	1,185	1,016	1,520	3,181	2,659	1,463	1,218	1,478	1,922	2,220

한편 경기도에서 2020년 한 해 동안 거래가 가장 많았던 도시는 용인시로 총 2만 4,398건이 거래되었습니다. 용인시에서 거래가 많이 성사된 달은 2월 3,949건, 그리고 6월 3,181건입니다. KB부동산 전월 대비 증감률을 보면 3월 2.49%, 7월 1.81%로 상승 폭이 큰 것을 알 수 있습니다. 이후 거래량이 줄어들다가 10월부터 점차 증가하면서 상승률도 12월

2.08%로 최고치를 기록한 것을 확인할 수 있지요.

이처럼 거래량과 아파트 가격이 상당히 밀접한 관련이 있음은 분명합니다. 주택 가격이라는 것이 상승기라고 해서 1년 내내 상승하는 것은 절대로 아닙니다. 상승도 하지만 보합 상태를 유지하거나 살짝 하락하기도 합니다. 거래량이 많아지거나 적어지면 반드시 이를 다루는 뉴스나 기사가 나옵니다. 하락기나 가격이 하락한 상태라면 모르겠지만, 상승기에는 마음이 급합니다. 매수하려던 차에 거래량까지 많아졌다고 하면 빨리 매수하고 싶어집니다.

그런데 바로 이 지점에서 역발상이 필요합니다. 거래량이 줄어들었을 때가 기회입니다. 거래량이 줄어들었다고 해서 곧바로 가격이 하락하는 것은 아니지요. 경기도 데이터를 살펴보면 4월 1만 2,750건으로 거래가 가장 적었는데 4월 0.49%, 5월 0.25%로 가장 적은 폭으로 상승했습니다. 이럴 때 '이제는 하락기가 찾아온 것이 아닌가' 하는 염려가 들 수 있습니다. 하지만 막상 현장에 가면 하락할 조짐이 보이지 않는 경우가 많지요. 그저 거래되는 물건이 없거나 매수자와 매도자가 치열하게 눈치를 보느라 거래가 안 되는 것입니다. 용인시도 2020년 중 4월과 5월에 거래량이 가장 적었고 상승률도 4월과 5월이 가장 소폭이었습니다.

따라서 거래량이 많아졌을 때 가격이 오른다고 매수를 결정하는 것보다는, 거래량이 적을 때 매수하는 편이 조금 더 똑똑한 접근이 될 수 있습니다. 성공적인 투자를 위해서는 남들과 다른 시선으로 바라봐야 하겠지요. 일단 가격이 상승하는 시기에는 거래량이 적을 때 협상을 통해 가격을 좀 더 깎아 매수할 수 있습니다. 당장은 거래가 적어지면서 가격이 떨어지는 것은 아닌가 하는 우려가 들겠지만, 지나고 보면 가장 적절한 타이밍이었다는 사실을 깨닫게 되거든요. 한마디로 거래량을 통해 매수 여부를 결정하는 것이 하나의 전략이라고 할 수 있겠습니다. 앞으로 거래량과 관련된 뉴스를 들을 때 이런 생각을 가지고 접근한다면 적절한 투자 타이밍을 고려하는 시선이 보다 넓어질 겁니다.

2기 신도시

판교
광교
김포한강
운정
동탄
고덕
옥정
위례

앞으로가 더욱 기대되는 2기 신도시

2기 신도시는 1기 신도시와 같이 주택시장을 안정시키기 위해 조성되었습니다. 노무현 정부 당시 하루가 다르게 주택 가격이 상승했습니다. 그러자 정부는 시장을 안정시키기 위해서는 규제만으로는 불가능하다는 것을 깨달았습니다. 그리하여 2001년 경기도 화성시에 동탄1지구를 처음 지정하고 2003년에는 성남 판교와 파주 운정을 시작으로 신도시 조성 사업에 착수했습니다. 현실적으로 서울에서는 신규 주택 공급이 쉽지 않으니 경기도에 신도시를 개발해 공급을 늘리겠다는 것이었지요. 이는 부동산 시장에 공급 대책이 반드시 동반되어야 폭등하는 집값을 잡을 수 있다는 것을 보여준 사례라고 할 수 있습니다.

2기 신도시는 동탄1·2지구, 김포, 운정, 광교, 양주, 고덕, 검단 등 총 10곳에 지정되어 자리를 잡았습니다. 그런데 이들 지역 대부분이 1기 신도시와 달리 서울에서 멀다는 것이 처음부터 단점으로 지적되었습니다. 2기 신도시는 대부분 서울에서 30~40km거리에 위치하며, 판교와 위례만이 서울에서 가깝습니다. 경기도에서도 기존 도심지를 이용하는 방법은 쉽지 않기에 택지 개발 형식으로 신도시를 건설했고, 그러다 보니 1기 신도시에 비해 서울에서 더 멀어질 수밖에 없었던 것이죠.

그 때문에 교통편은 2기 신도시의 가장 큰 약점입니다. 신축 아파트와 널따란 대로변, 잘 조성된 녹지 등은 거주하기에는 너무나도 좋은 환경이지만 일터로 가는 길은 꽤 멀고 험난합니다. 이런 이유로 2기 신도시 중 판교와 위례의 부동산 가격이 상대적으로 비싼 편에 속합니다. 특히 판교가 제일 잘나가는 이유는 강남까지 한 번에 갈 수 있는 신분당선 노선이 있는 것은 물론, 판교테크노밸리가 조성되어 근처에 대기업 본사가 많다는 점 때문입니다.

아직까지 판교 외 다른 2기 신도시는 교통망이 크게 확충되지 않았지만, 다행히 GTX-A·B·C 노선이 예정되어 있어 교통은 앞으로 개선될 여지가 있습니다. 여기에 몇몇 신도시에는 트램도 신설될 예정입니다. 물론 빨라도 2024년 정도로 계획되어 아직은 좀 더 기다려야 한다는 점이 답답하긴 합니다. 그럼에도 이미 전철이 닿는 곳과 그렇지 않은 곳의 가격 차이가 더 벌어진 것처럼, 확대되는 전철 노선이 2기 신도시의 미래 가치에 훨씬 더 긍정적인 영향을 끼칠 것은 분명합니다. 실제로 가장 최근 개통한 김포골드라인은 김포한강신도시 아파트의 가격을 올려놓은 가장 큰 주역이라 할 수 있습니다.

한편 2기 신도시가 건설되면서 서울과 수도권의 주택 가격이 하락했습니다. 당시만 해도 앞으로 집값이 떨어질 것이고, 따라서 집을 사지 않는 것이 더 유리하다는 분위기가 팽배해 전세나 월세 임차인으로 거주하기를 원하는 사람들이 더 많았습니다. 그 때문에 2기 신도시는 준공한 후에도 상당히 오랜 시간 미분양이 해소되지 않았습니다. 지금과는 사뭇 다른 현상이지요.

그런데 신도시는 준공된 후 모든 기반 시설을 완벽히 갖추면 본격적으로 가격이 상승하는 경우가 대다수입니다. 2기 신도시에서도 미분양이 발생했지만, 일단 분양이 완료된 후에는 짧은 기간에 가격이 엄청나게 상승했습니다. 무엇보다 신축이라는 장점이 부각되면서 실수요자들의 선택을 받은 거죠.

2기 신도시에 본격적으로 입주한 지 어느덧 10년이 넘은 만큼, 신축이라는 후광 효과가 서서히 희미해질 때가 되었다고 할 수 있습니다. 그럼에도 수도권에는 건축된 지 30년에 가까운 아파트가 많습니다. 2010년대에 등장한 아파트 중 대다수는 그 이전에 건설된 아파트보다 시설이나 내구성 등이 매우 좋습니다.

이런 상황을 종합하면 앞으로도 2기 신도시를 선호하는 사람들이 꾸준히 늘어날 수밖에 없다고 생각합니다. 더구나 3기 신도시가 착공되고 아파트에 입주하기까지 걸리는 시간을 고려하면 더욱 그럴 가능성이 높습니다. 2장에서는 판교, 광교, 김포한강, 운정, 동탄, 고덕, 옥정, 위례신도시 등 총 여덟 곳을 살펴보려고 합니다. 인천 검단신도시는 이제 막 입주를 시작하고 있어 이번 분석에서 제외했습니다. 그러면 지금부터 2기 신도시를 자세히 알아볼까요?

판교

행정구역	성남시 분당구 판교동
인구	9만 명
아파트 물량	46개 단지
평균 평당 가격	4,891만 원
지하철 노선	신분당선, 경강선
주요 생활환경	판교테크노밸리
특징	가장 성공적으로 자리 잡은 2기 신도시

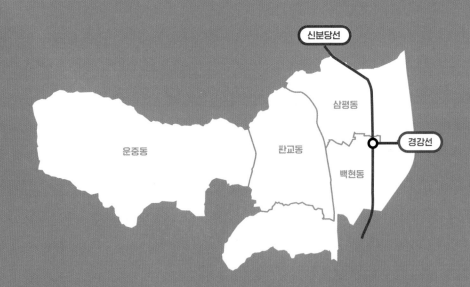

판교는 2기 신도시 중 가장 대표적이고 상징적인 도시입니다. '판교'라는 지명은 원래 경기도 광주군에 속했던 이 곳에 널빤지(板)로 놓은 다리(橋)가 있었다는 데서 유래했다고 합니다. 앞서 1기 신도시인 분당이 성남시에 속하는 하나의 '구'라는 것을 언급했는데, 판교는 그 분당구에 속한 몇 개의 '동'으로 이루어진 신도시입니다. 판교 역시 워낙 지명도가 높은 곳이다 보니 행정구역상 일개 동이라는 사실이 영 어색합니다.

판교는 분당의 위상을 뛰어넘으며 성공적으로 자리 잡은 신도시라고 할 수 있습니다. 8.9㎢ 면적에 조성된 이곳은 경부고속도로를 중심으로 동서로 나누어집니다. 경부고속도로를 중심으로 동쪽에 해당하는 백현동·삼평동을 '동판교', 서쪽에 해당하는 판교동·운중동을 '서판교'라고 하지요. 동판교는 '판교테크노밸리'로 불리는 여러 IT 기업 사옥과 상업 시설이 중심을 이루는 반면, 서판교는 대체로 주거지구로 이루어져 있습니다. 이처럼 지역이 확실히 구분되기에 처음 신도시가 조성될 때부터 동판교와 서판교 중 어느 곳이 매력적인가를 놓고 여러 의견이 있었습니다.

판교신도시에는 3만 2,000세대가 거주하고 있습니다. 판교동 약 8,000세대, 삼평동 약 9,000세대, 백현동 약 1만 세대, 운중동 약 5,000세대입니다. 대개 조용한 거주지를 원하는 분들은 서판교를 선호합니다. 이곳에는 고급 단독주택이 많아 연예인이나 스포츠 스타, 기업인이 거주하기로 유명하지요. 동판교는 엄청난 매출을 자랑하는 현대백화점 판교점을 비롯해 신분당선 판교역이 있어 유동 인구가 많습니다. 네이버, 카카오, 엔씨소프트, 넥슨 등 우리나라에서 내로라하는 IT 기업의 본사가 있기에 분당과 판교에 거주하는 주민이라면 직주근접도 좋은 편입니다. 만약 판교에 거주하게 된다면 저 역시 조용하고 아늑한 서판교와 상권이 좋은 동판교 중 어디를 선택해야 할지 고민할 것 같습니다.

판교의 학군은 백현동에서 '보평 학군'이라 불리는 보평초등학교와 보평중학교가 가장 유명합니다. 이 밖에 백현동의 신백현초등학교와 신백현중학교도 있습니다. 판교동에 있는 낙생초등학교와 낙원중학교는 서판교에 위치합니다. 그럼 지금부터 판교신도시를 동네별로 살펴보겠습니다.

대표적인 부촌 판교동

　판교동은 경부고속도로 서편에 있습니다. 소득수준이 높은 동네답게 고급 단독주택과 타운하우스가 즐비하지요. 판교동에는 '판교원마을'이라는 이름이 붙은 13개 단지가 있습니다. 판교도서관과 상업지구를 둘러싸고 아파트 단지가 ㄷ자 형태로 배치되어 있습니다. 운중천은 판교동을 남북으로 나누며 천변 자전거길은 주민들의 사랑을 받는 산책 코스입니다.

　판교동의 아파트들은 대부분 가장 좁은 면적이 85㎡일 정도로 대형 면적 위주로 구성되어 있습니다. 몇몇 단지를 살펴보면 우선 경부고속도로를 지나 가장 먼저 만나는 판교원9단지한림풀에버가 있습니다. 2009년 입주해 1,045세대가 살고 있지요. 판교중학교를 기

판교원5단지푸르지오

준으로 왼쪽에 있는 판교원3단지푸르지오와 오른쪽에 있는 판교원
5단지푸르지오 역시 모두 2009년에 입주했습니다. 세대수는 3단지
가 486세대, 5단지가 567세대로 조금 차이가 있고 5단지의 평당 가
격이 아주 약간 더 높습니다. 판교동에서 가장 높은 실거래가는 27억
원으로 판교원11단지현대힐스테이트 150㎡가 이 가격에 거래된 바
있습니다.

판교테크노밸리가 위치한 삼평동

삼평동은 판교테크노밸리가 입주해 있는 곳입니다. '판교에서 일한다'라고 할 때의 판교는 대체로 삼평동이라고 생각하면 됩니다. 판교 주민들의 외식 장소로 각광받는 아비뉴프랑, 롯데마트 판교점 등이 있고, 신분당선과 경강선이 지나는 판교역이 가까워 이 일대는 유동 인구가 아주 많습니다. 또 경부고속도로, 수도권제1순환고속도로, 분당수서간도시고속화도로로 둘러싸여 있으며, 봇들공원과 화랑공원도 있습니다.

삼평동에는 봇들마을1~9단지와 그 외 몇 개 단지가 있습니다. 판교역과 가까울수록 비싸지는 경향을 보이는데, 판교역과 가장 가

까운 봇들마을8단지휴먼시아는 2009년에 입주해 447세대가 거주하고 있습니다. 8단지를 마주 보는 봇들마을7단지엔파트 역시 2009년에 입주해 585세대가 살고 있습니다. 분당수서간도시고속화도로 옆에 있는 봇들마을4단지휴먼시아와 판교고등학교를 낀 봇들1단지판교신미주

봇들마을8단지휴먼시아

도 빼놓을 수 없습니다. 두 단지 모두 2009년 입주했고 각각 748세대
와 1,147세대가 거주합니다. 봇들마을4단지휴먼시아는 14.5억 원에
거래되었는데, 이는 판교에 있는 59㎡ 아파트 중 가장 높은 실거래가
입니다. 삼평동에서 가장 높은 실거래가는 36.8억 원에 거래된 봇들
9단지휴먼시아어울림 180㎡가 지니고 있습니다.

판교에서 유동 인구가 가장 많은 백현동

백현동은 경부고속도로 좌우에 엇갈린 나비의 날개처럼 펼쳐진 동네입니다. 판교역과 현대백화점뿐 아니라 독특한 카페가 자리 잡은 카페 문화 거리, 그리고 드넓은 녹지대인 낙생대공원이 있습니다. 백현동에서는 백현마을2단지휴먼시아가 가장 앞서나가고 있습니다. 보평고등학교를 끼고 있으면서 772세대가 거주하지요. 백화점 건너편에 있으며 584세대가 사는 백현마을5단지휴먼시아가 그 뒤를 따릅니다. 마지막으로 5단지 옆에 있고 464세대가 거주하는 백현마을7단지휴먼시아를 보시면 됩니다. 세 단지 모두 2009년에 입주했습니다.

백현마을2단지휴먼시아

단독주택이 많은 운중동

　운중동은 '앞·뒷산에 구름이 많이 끼는 동네'라는 뜻에서 지금과 같은 지명이 붙었다고 합니다. 이곳은 고급 단독주택이 밀집되어 연예인이나 기업인이 많이 거주하며, 상업지구가 발달하지 않아 조용하고 한적한 분위기를 원하는 분들이 선호합니다.

　이런 동네 특성에 맞게 아파트 역시 대단지보다는 적은 세대로 구성된 단지가 많습니다. 이 중 운중중학교와 운중고등학교 인근에 있는 단지인 산운10단지로제비앙, 산운9단지대방노블랜드 등이 눈에 띕니다. 운중중학교 옆에 있는 산운10단지로제비앙은 2009년 입주해 257세대가 살고 있습니다. 운중고등학교 옆에 있으며 산운10단지로제비앙과 마주 보는 산운9단지대방노블랜드는 2008년 입주해 266세대가 거주하지요. 이곳 59㎡가 14억 원에 거래된 바 있으며, 이

산운13단지휴먼시아데시앙

는 판교의 같은 면적 아파트 중 두 번째로 높은 실거래가입니다.

　마지막으로 2010년 입주한 산운13단지휴먼시아데시앙은 1,396세대로 운중동에서 세대수가 가장 많은 대단지이기도 합니다. 운중동의 최고 실거래가 기록은 산운14단지경남아너스빌이 보유하고 있으며 185㎡가 18억 원에 거래되었습니다.

광교

행정구역	경기도 수원시 영통구, 용인시 일부
인구	11만 9,000명
아파트 물량	51개 단지
평균 평당 가격	3,586만 원
지하철 노선	신분당선
주요 생활환경	광교호수공원, 아주대병원 등
특징	가장 떠오르는 2기 신도시

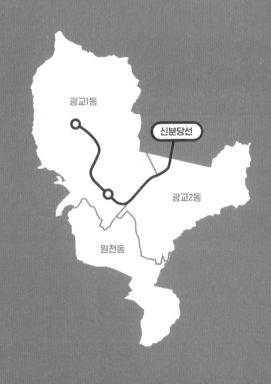

제2의 판교를 노리는 광교

　2기 신도시에서 판교 못지않게 많은 관심을 받는 곳이 바로 광교신도시입니다. 광교신도시는 수원 영통구 이의동·하동·원천동을 비롯해 용인시 일부까지 포함하고 있습니다. 수원법조타운에 이어 조만간 경기도청도 광교로 이전할 예정이니 여러모로 경기도에서 가장 떠오르는 지역이라 할 수 있지요.

　광교의 랜드마크라 할 수 있는 곳이 광교호수공원입니다. 원천호수와 신대호수, 2개의 호수로 구성된 광교호수공원은 우리나라 신도시에 건설된 호수공원 중 최고로 꼽힙니다. 일산호수공원의 1.7배에 이를 만큼 면적도 압도적일뿐더러 각종 조경 시설이 뛰어나기 때문입니다. 인근 주민들이 산책 코스로 애용하는 것은 물론이고 다른 지역에서도 찾아오는 명소가 되었습니다.

광교신도시는 11.3km² 면적에 조성되었습니다. 판교보다 넓은 면적에 조성되었기에 인구밀도는 더 낮은 편입니다. 원천동 1만 8,000세대, 광교1동 2만 1,000세대, 광교2동 1만 1,000세대가 살고 있지요. 아파트를 보면 원천동 1만 300호, 광교1동 1만 900호, 광교2동 8,700호가 있습니다. 광교신도시의 아파트 단지로는 웰빙타운, 센트럴타운, 에듀타운, 캠퍼스타운, 가람마을, 호수마을, 호반마을, 광교마을 등이 있습니다.

2016년에 신분당선이 연장되면서 광교중앙역과 광교역이 신설되었습니다. 이에 따라 강남 접근성이 획기적으로 개선되면서 강남과 가까운 신도시로서 광교의 가치가 더욱 높아졌지요. 광교중앙역 오른쪽에는 경기도청 신청사 부지와 롯데아울렛, 갤러리아백화점 등이 있어 유동 인구가 많은 편입니다.

일반적으로 전철역에서 가까운 아파트일수록 가격이 높은데, 광교에서는 조금 다릅니다. 역에서는 다소 거리가 있어도 호수공원이 전면에 보이는 아파트들의 가격이 높은 편입니다. 그만큼 호수 조망권이 높은 프리미엄을 지니고 있는 듯합니다.

모든 것을 갖춘 광교지만 신도시 인구에 비해 학교 수가 부족한 것이 약점입니다. 그런 가운데 연무중학교와 다산중학교가 대표적인 명문 학군으로 자리 잡았고, 근처에 학원가도 포진하고 있습니다. 그 외에 이의중학교와 광교중학교도 있지요. 광교에 소득수준이 높은 중산층이 거주하는 만큼, 점차 대표적인 학군지 중 한 곳이 될 것으로 보입니다. 광교에서 면적 59m² 중 가장 시세가 높은 아파트는 원천동에 있는 광교호반베르디움으로 9.5억 원에 거래된 바 있지요. 그다음은 광교2동에 있는 광교호반마을21단지로 8.35억 원에 거래되었습니다.

학교가 많은 원천동

원천동은 아주대학교와 아주대병원을 비롯해 합동신학대학원 대학교가 있습니다. 갤러리아백화점 수원점도 위치해 여러모로 유동 인구가 많은 지역이지요. 원천호수를 한눈에 내려다볼 수 있으면서 광교중앙역까지 걸어갈 수 있는 광교중흥S클래스가 대장 아파트로 꼽힙니다. 2019년에 입주했고 2,231세대가 살고 있는 대단지입니다. 갤러리아백화점과 롯데아울렛이 단지와 매우 가까운 이른바 '슬세권' 아파트입니다.

광교중흥S클래스

원천호수를 조망할 수 있고 매원초등학교와 광교호수중학교 옆에 위치한 광교아이파크와 바로 아래에 위치한 광교더샵도 눈여겨볼 단지입니다. 광교아이파크와 광교더샵 모두 2018년에 입주했고 세대수만 958세대와 686세대로 조금 차이가 있습니다. 원천동에서 가장 높은 가격에 거래된 단지는 광교중흥S클래스 129㎡로 32.5억 원에 거래된 바 있습니다.

광교신도시의 중심부 광교1동

광교1동(이의동)은 광교중앙역과 광교역, 경기대학교 수원캠퍼스뿐 아니라 롯데아울렛, 광교역사공원, 광교 카페 거리 등이 위치한 광교신도시의 중심부라고 할 수 있습니다. 향후 경기도청이 옮겨 올 자리도 광교1동에 있지요.

광교1동에는 500세대 이하면서 평당 가격이 비싼 단지가 많은

자연앤힐스테이트

데, 이런 단지들은 제외하고 살펴보겠습니다. 광교1동에서는 광교중앙역과 연결되고 광교고등학교와 신풍초등학교를 끼고 있는 자연앤힐스테이트가 제일 비싼 단지입니다. 2012년에 입주해 1,764세대가 살고 있습니다. 웰빙타운 한가운데 있는 광교e편한세상2차는 2011년에 입주해 442세대가 살고 있지요. 광교역 위에 위치하면서 광교초등학교, 광교중학교와 가까운 광교웰빙타운호반베르디움도 있습니다. 2011년 입주해 555세대가 살고 있습니다. 참고로 e편한세상광교 180㎡가 21.8억 원에 거래되었으며, 이는 광교1동에서 가장 높은 실거래가입니다.

드넓은 호수공원을 품은 광교2동

광교2동(하동)에는 광교의 랜드마크 호수공원이 포함되어 있습니다. 원천호수와 신대호수를 비롯해 수원고등법원과 지방법원, 그리고 수원지방검찰청도 광교2동에 자리하지요.

광교2동에서는 2011년 입주해 1,188세대가 거주하는 호수마을호반써밋이 제일 높은 몸값을 자랑합니다. 신대호수가 보이고 이의중학교와 이의고등학교 건너편에 위치합니다. 다음으로는 2012년에 입주해 453세대가 거주하는 광교레이크파크한양수자인입니다. 광교호수공원이 아주 잘 보이는 단지입니다. 번암가족공원에 위치한 광교마을40단지는 2013년에 입주해 1,702세대가 살고 있습니다. 광

광교호수마을호반써밋

교2동에서 가장 높은 실거래가를 기록한 것은 26억 원에 거래된 힐스
테이트광교 146㎡입니다.

김포한강

행정구역	경기도 김포시 구래동·마산동·장기동·운양동
인구	20만 8,000명
아파트 물량	81개 단지
평균 평당 가격	1,710만 원
지하철 노선	김포골드라인
주요 생활환경	김포한강야생조류생태공원 등
특징	가성비 높은 가격으로 각광받는 2기 신도시

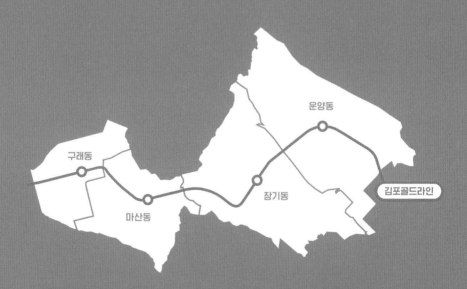

상승 여력이 무궁한 김포한강

한강신도시는 다른 2기 신도시와 달리 지역명이 아닌 별도의 명칭이 붙은 곳입니다. 행정구역상으로는 김포시 구래동·마산동·장기동·운양동 일대 부지에 건설되었습니다. 이름에 '한강'이 붙었지만 정작 한강에서는 다소 떨어져 있다는 점이 역설적이기도 합니다. 한강신도시는 조성된 후에도 풍무동 등 인근 지역에 계속해서 신축 아파트가 들어서면서 상대적으로 오랜 시간 미분양이 해소되지 않았습니다. 그럼에도 저렴한 신축 아파트를 찾는 인구가 지속적으로 유입되면서 어느새 미분양이 해소되었고, 지금은 분양 당시에 비하면 시세가 꽤 오른 상태입니다.

한강신도시는 11.7km² 면적에 조성되었습니다. 구래동·운양동 각 1만 8,000세대, 장기동 1만 5,000세대, 장기본동·마산동 각

1만 3,000세대 등이 살고 있습니다. 신도시 조성 당시에 주택 6만 1,000호가 목표였는데 현재 구래동에는 1만 2,000호, 운양동에는 1만 2,800호, 마산동에는 1만 호, 장기동에는 2만 3,800호가 있습니다.

입주 당시 한강신도시의 최대 단점은 불편한 대중교통이었습니다. 서울 중심지로 가는 교통편이라고는 올림픽로를 타고 자가용으로 이동하는 방법뿐이었으니까요. 그러다 김포시와 서울 강서구를 잇는 무인 경전철인 김포골드라인이 개통되었습니다. 이 노선이 신도시 내에서 구래역·마산역·장기역·운양역을 거쳐 5·9호선 및 공항철도가 연결되는 김포공항역까지 이어지면서 불편이 어느 정도 해소된 것이지요.

한강신도시에서는 운양동의 하늘빛중학교, 장기동의 고창중학교, 마산동의 은여울중학교 등이 각 동네를 대표하는 학군으로 여겨집니다. 신도시 내에서도 지역별로 학군 좋은 곳이 골고루 있다는 점이 특징이지요.

한강신도시에 있는 59㎡ 아파트 중 가장 높은 가격에 거래된 단지는 운양동에 있는 한강신도시반도유보라2차로 6.2억 원에 거래되었습니다. 다음으로 운양동에 있는 한강신도시반도유보라3차가 5.4억 원에 거래되었습니다. 그럼 지금부터 한강신도시를 상세히 살펴보겠습니다.

상권이 발달한 **구래동**

구래동은 한강신도시에서 가장 안쪽에 있는 동네입니다. 김포골
드라인 정차역인 구래역이 위치합니다. 이마트 김포한강점이 있을

김포한강신도시메트로타워예미지

뿐 아니라 신도시에서 상권이 가장 크게 조성되어 있습니다. 구래역에서 내리자마자 보이는 한강신도시반도유보라4차는 구래동의 대장단지입니다. 2018년 입주해 461세대가 살고 있습니다. 바로 옆에 있는 호반베르디움더레이크2차와 길 건너 호반베르디움더레이크3차가 그 뒤를 따릅니다. 두 단지 모두 한강신도시호수공원과 아주 가까우며 같은 해 입주했는데, 세대수만 344세대와 336세대로 다릅니다.

호수초등학교 위에 있는 김포한강아이파크 역시 2018년 입주한 단지이며 1,230세대로 근방에서는 대단지입니다. 한강신도시반도유보라4차 건너편에 있는 김포한강신도시메트로타워예미지는 91m²가 8.51억 원에 거래되었습니다. 이는 구래동에서 가장 높은 실거래가입니다.

한강이 가까운 운양동

운양동은 한강과 가장 가깝고 정확히 동네 중심부에 운양역이 있습니다. 동네 바깥 한강변에는 김포한강야생조류생태공원이, 동네 한가운데에는 모담공원이 있습니다. 모담공원 앞에 있는 운양동 카페 거리도 유명합니다.

청수초등학교와 김포제일고등학교 건너편에 있는 김포한강이랜드타운힐스는 2018년 입주해 550세대가 거주하고 있습니다. 김포한강이랜드타운힐스 오른쪽에 있는 한강신도시롯데캐슬은 2014년 입

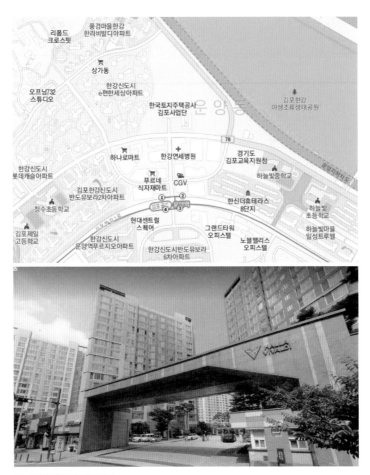

김포한강풍경마을한라비발디

주해 1,136세대가 살고 있지요. 김포한강이랜드타운힐스 왼쪽에 있
는 풍경마을래미안한강2차 역시 2014년에 입주해 1,711세대가 살고
있습니다. 운양고등학교 근처에 있는 한강신도시2차KCC스위첸도
빼놓을 수 없지요. 2018년 입주해 1,296세대가 살고 있는데, 전철역

과는 거리가 있지만 이 근방에서는 대장 단지로 꼽힙니다. 김포한강 풍경마을한라비발디 127㎡가 10억 원에 거래되며 가장 높은 실거래가를 기록했습니다.

신도시 가운데 위치한 마산동

마산동에는 김포골드라인 마산역이 있습니다. 한강신도시호수공원과 은여울공원도 있고요. 은여울공원 옆에 있는 한강동일스위트더파크뷰2단지는 711세대가 살고 있습니다. 2020년 입주해 신축의 가치를 인정받고 있지요. 조금 더 위에 있는 e편한세상한강신도시2차는 은여울공원 바로 옆에 위치하고 2018년 입주해 807세대가 거주합니다. 마산역 역세권이면서 은여울초등학교를 끼고 있는 한강신도시반도유보라3차는 2017년 입주해 662세대가 거주합니다. 은여울공원 위에 있는 한강동일스위트더파크뷰1단지는 2020년 입

한강동일스위트더파크뷰1단지

주해 1,021세대가 거주하는, 이 근방에선 비교적 대단지입니다.

인구가 가장 많은 장기동

　장기동은 한강신도시에서 인구와 세대수가 가장 많은 동입니다. 김포골드라인 장기역이 있으며 한강중앙공원과 김포현대아울렛이 자리하지요. 롯데마트와 붙어 있는 e편한세상캐널시티가 장기동에서 제일 비싼 몸값을 자랑하는데, 2017년 입주했고 639세대가 거주합니다. 김포금빛초등학교를 품은 한강센트럴자이1단지는 2017년 입주했으며 무려 3,481세대가 사는 대단지입니다. 그 옆에 있는 한강센트럴자이2단지도 같은 해 입주해 598세대가 살고 있습니다. 장

한강신도시초당마을중흥S-클래스리버티

기고등학교 옆에 있는 한강신도시초당마을중흥S-클래스리버티는 2012년 입주해 1,470세대가 거주하지요. 참고로 초당마을우남퍼스트빌 198㎡가 14.5억 원에 거래되었는데, 이는 장기동에서 가장 높은 실거래가 기록입니다.

운정

행정구역	경기도 파주시 목동동·야당동 등
인구	22만 5,000명
아파트 물량	74개 단지
평균 평당 가격	1,531만 원
지하철 노선	경의중앙선, GTX-A(예정)
주요 생활환경	운정호수공원 등
특징	낮은 인구밀도로 쾌적한 거주환경

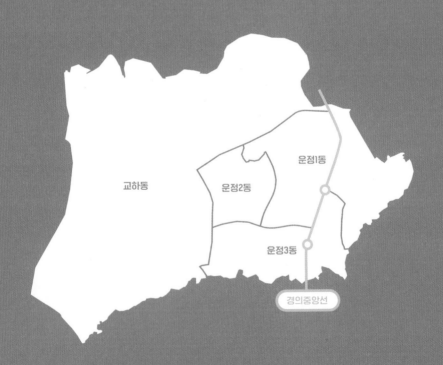

운정신도시는 파주시 목동동·야당동·와동동·동패동 등에 조성
되었으며 문발동·다율동 등 교하지구까지 아우릅니다. 간단히 말해
법정동인 운정1·2·3동과 교하동이라 보면 됩니다. 고양시 일산서구
탄현동 바로 위에 있어 일산신도시와 생활권이 어느 정도 겹친다고
할 수 있습니다.

운정신도시는 16.6㎢ 면적에 조성되었습니다. 그만큼 넓은 땅
에 자리 잡고 있지요. 운정1동(와동동) 4만 5,800세대, 운정2동(목동동)
6만 2,800세대, 운정3동(동패동·야당동) 8만 3,500세대, 교하동(동패동·
다율동 등) 4만 2,000세대입니다. 파주의 주택 수는 총 10만 2,000호에
이르며 주택 보급률은 90.9%입니다. 운정1동 1만 3,400호, 운정2동
2만 3,000호, 운정3동 2만 호, 교하동 9,260호입니다.

운정신도시에는 운정호수공원을 비롯한 녹지가 많아 쾌적합니다. 다만 교통편이 조금 아쉬운 편입니다. 파주시에 경의중앙선이 정차하는 야당역과 운정역이 있지만 정작 운정신도시 아파트 단지에서는 접근성이 떨어지기 때문입니다. 다행히 GTX-A 노선이 예정대로 개통되면 서울, 특히 강남으로 나가는 교통편이 획기적으로 개선될 것으로 보입니다.

학군을 살펴보면 운정1동의 지산중학교, 운정2동의 산내중학교와 운정고등학교, 운정3동의 한빛중학교와 가람고등학교 등이 각각 해당 지역을 대표하는 학교입니다. 운정신도시는 경기도 북부에 치우친 지리적 입지 때문에 한동안 가격이 오르지 못했지만, 2020년 정부가 지정한 규제지역에 포함되면서 오히려 시세가 상승했습니다. 특히 GTX-A 정차역 인근 단지들의 가격이 큰 폭으로 뛰었습니다. 운정신도시에서 59㎡ 아파트 중 가격이 가장 높은 것은 운정2동에 위치한 힐스테이트운정으로 7.3억 원에 거래되었습니다.

운정역이 있는 운정1동

운정1동(와동동)에는 운정호수공원이 자리하고 경의중앙선인 운정역이 있습니다. 운정호수공원 바로 옆 해솔마을7단지롯데캐슬은 2014년 입주해 1,880세대가 거주합니다. 127㎡가 7.9억 원에 거래되었는데, 이는 운정1동에서 가장 높은 실거래가입니다.

가람마을11단지동문굿모닝힐

지산초등학교 옆에 있으며 2012년 입주한 가람마을7단지한라비발디에는 978세대가 살고 있지요. 지산중학교 바로 옆에 있는 가람마을11단지동문굿모닝힐도 살펴볼 만합니다. 2010년에 입주해 624세대가 거주합니다. 미리내공원과 가까운 가람마을5단지휴먼시아는 2014년 입주해 821세대가 살고 있습니다.

GTX-A 혜택을 기대하는 운정2동

운정2동(목동동)은 가까운 역이 없지만 GTX-A 노선 정차역이 생길 예정입니다. 2018년 입주해 1,956세대가 사는 운정신도시센트럴푸르지오가 신설 역과 가장 가깝다 보니 제일 비싼 몸값을 자랑하지요. 이곳 85㎡가 9.4억 원에 거래되었는데, 이는 운정2동에서 가장

힐스테이트운정

높은 실거래가입니다.

운정신도시센트럴푸르지오 바로 위에 있으면서 산내초등학교와 운정고등학교를 끼고 있는 힐스테이트운정도 이 지역의 강자입니다. 2018년 입주해 2,998세대가 살고 있습니다. 그 외에 도래공원 옆에 있으며 2020년 입주한 운정화성파크드림시그니처, 청암초등학교와 산들중학교 사이에 있는 산내마을한라비발디플러스6단지를 보시면 됩니다.

경의중앙선 노선이 지나는 운정3동

운정3동(동패동·야당동)에는 경의중앙선 야당역과 운정역이 있습니다. 이 일대에서는 신설될 GTX-A 정차역 바로 옆에 위치한 운정

운정신도시아이파크

신도시아이파크가 가격이 제일 높습니다. 2020년 입주해 3,000세대가 넘는 대단지입니다. 앞서 운정2동에서 언급한 운정신도시센트럴푸르지오 바로 건너편에 위치하며 두 단지가 경쟁하듯 시세를 형성하고 있지요. 운정신도시아이파크 84㎡는 9.7억 원에 거래되며 운정3동에서 가장 높은 실거래가를 보였습니다.

야당역 근처에 있는 롯데캐슬파크타운은 2017년에 입주해 1,076세대가 살고 있습니다. 바로 옆에 있는 단지이자 한빛고등학교를 끼고 있는 롯데캐슬파크타운Ⅱ는 2018년에 입주해 1,169세대가 살고 있지요. 이 밖에 2012년 입주해 2,190세대가 거주하며 한빛중학교를 끼고 있는 한빛마을5단지캐슬앤칸타빌도 운정3동의 강자입니다.

문발산업단지와 가까운 교하동

교하동(동패동 일부와 다율동 등)은 문발산업단지와 가깝고 주변 지역에 개발이 예정되어 있습니다. 교하중·고등학교 아래에 있고 GTX-A 노선과 가장 가까운 책향기마을15단지상록데시앙의 가격대가 가장 높습니다. 2007년 입주해 644세대가 살고 있지요. 교하중·고등학교 위에 있는 책향기마을12단지진흥효자는 2005년 입주해 439세대가 거주합니다. 이 밖에 석곶초등학교를 끼고 있는 책향기마을동문굿모닝힐10단지, 교하중앙공원 위에 있는 숲속길마을7단지월드메르디앙센트럴파크 등이 살펴볼 만합니다.

책향기마을15단지상록데시앙

동탄

행정구역	경기도 화성시 동탄1~8동
인구	35만 7,000명
아파트 물량	165개 단지
평균 평당 가격	2,520만 원
지하철 노선	SRT 고속철도, GTX-A(예정)
주요 생활환경	대기업이 포진한 산업 클러스터
특징	대규모 일자리를 갖춘 자급자족 신도시

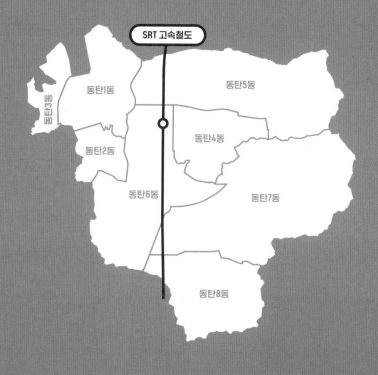

모든 것을 갖춘 동탄

동탄신도시는 동탄1과 동탄2로 나뉩니다. 경부고속도로를 기준으로 왼쪽에 있는 것이 동탄1신도시, 오른쪽에 있는 것이 동탄2신도시입니다. 동탄1신도시는 화성시 반송동·석우동·능동 일대에 조성되었고 지도에는 동탄1~3동으로 표기되어 있습니다. 동탄2신도시는 동탄면 일대에 조성되었는데, 동탄 4~8동을 찾으면 됩니다. 동탄1신도시는 2기 신도시 중 가장 먼저 완성된 도시입니다. 사실 동탄2지구는 2기 신도시에 포함된 것이 아니라 따로 조성된 도시지만, 여기서는 두 지역을 함께 알아보고자 합니다.

동탄은 인근에 삼성전자, LG전자, 현대기아차 등 대기업 연구센터가 포진한 산업단지가 조성되어 있는 것이 큰 특징이지요. 이 대기업들의 협력 업체까지 포함하면 2기 신도시 중 압도적으로 많은 자체

산업 시설 및 일자리를 갖춘 도시라 할 수 있습니다. 그러다 보니 한창 일할 나이인 30~40대 인구가 많으며, 이들의 자녀인 유아·어린이 인구도 다른 지역에 비해 굉장히 많습니다. 동탄1·2신도시를 합하면 2기 신도시 중 면적이 가장 넓고 주택 수와 인구도 가장 많습니다.

동탄1은 9㎢, 동탄2는 24㎢로 조성되었습니다. 동탄1·2신도시 중간에는 SRT 동탄역이 있습니다. SRT는 북쪽으로는 수서까지 운행하며, 남쪽으로는 경부선과 호남선을 이용할 수 있습니다. 동탄1신도시 왼쪽에 1호선 서동탄역이 있지만 접근성이 턱없이 부족합니다. 그 때문에 이곳에서 서울로 출퇴근하는 인구는 대부분 광역버스나 자가용을 이용합니다. 향후 GTX-A 노선이 개통되면 교통 여건이 좀 더 좋아지겠죠.

화성시의 주택 보급률은 96.4%입니다. 동탄2신도시 같은 경우는 지금도 신축 아파트가 들어서고 있습니다. 학군을 살펴보면 동탄1신도시에서는 동탄1동의 석우중학교, 동탄2동의 솔빛중학교, 동탄3동의 푸른중학교 등이 유명합니다. 동탄2신도시는 이제 막 도시가 조성되고 입주가 이루어진 만큼, 향후 학군으로 유명해질 곳을 미리 살펴보는 것도 좋은 전략이 될 듯합니다. 동탄4동 시범단지의 '항아리 상권'과 동탄5동의 '11자 상가'라 불리는 곳에 학원이 밀집해 있습니다. 동탄에서 59㎡ 중 가격이 가장 높은 아파트는 동탄역시범우남퍼스트빌로 11억 원에 거래되었습니다.

석우동과 반송동을 아우르는 동탄1동

동탄1동은 석우동과 반송동 일부를 포함합니다. 오른쪽에는 반석산근린공원이 자리하고 홈플러스가 있습니다. 동탄센트럴파크와 홈플러스 사이에 있는 동탄시범다은마을월드메르디앙반도유보라가 제일 비쌉니다. 단지 이름이 정말 길지요. 2007년 입주해 1,473세대가 살고 있습니다. 이 밖에 석우중학교를 끼고 있는 동탄시범한빛마을삼부르네상스, 석우중학교 아래에 있는 동탄시범한빛마을동탄아이파크 등이 있습니다. 모두 2007년 입주했고 세대수는 각각 732세대와 748세대입니다. 동탄1동에서는 메타폴리스 241㎡가 19.4억 원에 거래되며 가장 높은 실거래가를 기록했습니다.

동탄시범다은마을월드메르디앙반도유보라

부채꼴처럼 펼쳐진 동탄2동

동탄2동(반송동)은 반석산근린공원과 동탄1동 아래에 위치합니다. 동탄2동에서는 어느 단지를 살펴볼까요? 먼저 솔빛중학교를 끼고 있는 동탄솔빛마을쌍용예가가 있습니다. 2007년

입주해 938세대가 살고 있지요. 솔빛초등학교를 끼고 있는 동탄솔빛마을신도브래뉴는 반석산노인공원과 가깝습니다. 2007년 입주해 584세대가 거주하지요. 동탄솔빛마을신도브래뉴와 길 하나를 사이에 둔 나루마을한화꿈에그린우림필유 역시 2007년 입주해 724세대

나루마을한화꿈에그린우림필유

가 거주합니다. 동탄2동에서는 솔빛마을서해그랑블 122㎡가 10.97
억 원에 거래되었는데, 이는 동탄2동의 최고 실거래가입니다

남북으로 길게 뻗은 동탄3동

동탄3동(능동)은 동탄1동과 병점동 사이에 있습니다. 동탄3동 끝
자락에 1호선 지선의 종점인 서동탄역이 있지요. 동탄3동에서 눈여
겨볼 단지는 구봉산 아래에 있는 서동탄역파크자이입니다. 2018년
입주해 982세대가 거주하지요. 숲속초등학교와 한마음초등학교 사
이에 위치한 숲속마을모아미래도1단지는 2008년 입주해 870세대가
살고요. 마지막으로 한마음초등학교 옆에 있는 동탄숲속마을자연앤
경남아너스빌은 2008년 입주해 641세대가 살고 있습니다. 동탄3동
에서 최고 실거래가 기록을 세운 것은 동탄푸른마을두산위브 153㎡
로 8.7억 원에 거래되었습니다.

동탄푸른마을두산위브

동탄역과 가까운 동탄4동

동탄4동(청계동)은 동탄역 오른쪽에 있습니다. 리베라CC골프장이 동탄4동 면적의 3분의 1을 차지하죠. 동탄4동에서 살펴볼 단지는 모두 2015년에 입주했습니다. 청계초등학교와 가까운 동탄역시범더샵센트럴시티는 874세대, 동탄역에서 가까운 동탄역시범우남퍼스트빌은 1,442세대가 거주합니다. 청계초등학교와 청계중학교 아래에 있고 1,817세대가 사는 동탄역시범한화꿈에그린프레스티지도 눈여겨볼 단지입니다. 동탄4동에서 제일 높은 실거래가를 보인 단지는 동탄역시범더샵센트럴시티 107㎡로 18억 원에 거래되었습니다.

동탄역시범우남퍼스트빌

선납숲공원이 있는 동탄5동

동탄5동(영천동)은 경부고속도로 좌우로 펼쳐져 있는데, 대부분의 아파트가 경부고속도로 오른쪽에 위치한 선납숲공원 근처에 있습니다. 영천초등학교에서 대각선으로 위치한 동탄센트럴자이는 2015년에 입주했고 559세대가 거주합니다. 치동천이 단지 옆을 흐르며 천변 공원이 있어 산책하기 좋습니다.

그 위에 있는 동탄역센트럴상록은 2017년 입주해 1,005세대가 살지요. 경부고속도로 왼쪽으로 치동초등학교를 끼고 있는 동탄역푸르지오도 있습니다. 이곳 역시 2017년 입주해 832세대가 살고 있습니다. 동탄5동에서 실거래가가 가장 높은 단지는 동탄역센트럴예미지 97m²로 12.4억 원에 거래되었습니다.

동탄역센트럴예미지

경부고속도로를 따라 펼쳐진 동탄6동

경부고속도로를 따라 직사각형으로 길게 펼쳐진 동탄6동(오산동)입니다. 왼쪽에는 길게 오산천이 흐르고 널따란 동탄여울공원이 있지요. 아래에는 동탄산업단지가 위치합니다. 동탄역에서 가까운 동탄역린스트라우스가 동탄6동의 대장단지입니다. 2018년 입주해 617세대가 거주합니다. 조금 더 북쪽으로 올라가서 경부고속도로 왼편에 있는 두 단지를 살펴보겠습니다. 2018년 입주한 동탄역반도유보라아이비파크8.0은 617세대가, 2019년 입주한 동탄역반도유보라아이비파크7.0은 710세대가 살고 있습니다. 두 단지 모두 동탄여울공원과 가깝습니다. 동탄6동에서 가장 높은 실거래가는 18.9억 원으로 동탄역롯데캐슬 103㎡가 보유하고 있습니다.

동탄역반도유보라아이비파크8.0

동탄호수를 품은 동탄7동

동탄7동은 목동과 산척동을 포함합니다. 동탄호수가 넓게 자리하며 왕배산과 공원이 위치해 있습니다. 동탄7동에서 살펴볼 단지들은 어디일까요? 먼저 청림중학교 옆에 있는 더레이크시티부영3단지는 2018년 입주해 706세대가 거주합니다. 단지 바로 옆에 동탄호수 공원이 있습니다. 청림초등학교와 정현고등학교 옆에 있는 동탄더샵레이크에듀타운은 2019년 입주해 1,538단지가 살고 있습니다. 호수공원을 사이에 두고 더레이크시티부영3단지와 마주보는 부영4단지도 빼놓을 수 없지요. 2019년 입주했고 1,080세대가 살고 있습니다. 동탄7동에서 최고 실거래가를 기록한 단지는 더레이크시티부영3단지 135m²로 14.3억 원에 거래되었습니다.

동탄더샵레이크에듀타운

장지천이 흐르는 동탄8동

동탄8동(장지동)은 장지천이 흐르며 아래는 대부분 농지입니다. 동탄8동에서는 서연중학교에서 대각선으로 위치한 동탄호수자이파밀리에, 이솔초등학교 옆에 있는 금호어울림레이크, 장지천 위에 있는 동탄2신도시금호어울림레이크2차 등을 눈여겨볼 만합니다. 금호어울림레이크와 동탄호수자이파밀리에는 2018년 입주했고, 각각 812세대와 1,067세대가 거주합니다. 동탄2신도시금호어울림레이크2차는 2019년 입주해 681세대가 살고 있습니다. 동탄8동에서 가장 높은 실거래가는 10.3억 원으로, 레이크반도유보라아이비파크9차 102㎡가 보유하고 있습니다.

동탄호수자이파밀리에

고덕

행정구역	경기도 평택시 고덕면·서정동
인구	21만 명
아파트 물량	135개 단지
평균 평당 가격	1,979만 원
지하철 노선	1호선, SRT
주요 생활환경	삼성전자 평택캠퍼스를 비롯한 산업단지
특징	현재 조성 중인 2기 신도시

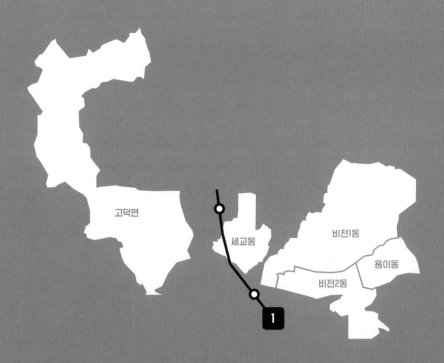

경기도 평택시 고덕면과 서정동에 조성 중인 고덕국제신도시는 특이하게도 '국제'라는 명칭이 붙은 곳입니다. 미군 기지가 용산에서 평택으로 이전하면서 새로운 기지와 함께 개발이 결정된 신도시라 이런 명칭이 붙은 듯합니다. 고덕신도시는 13.4㎢ 면적에 인구 11만 명을 수용하는 것으로 예정되어 있습니다. 평택시청을 비롯한 각종 관공서와 터미널 등 상권이 위치한 비전동이 오랫동안 이 지역의 중심이었지만, 현재는 2022년 완료를 목표로 평택 곳곳이 달라지고 있습니다. 특히 대규모 택지 개발을 통해 신축 아파트가 많이 들어서고 있지요.

고덕은 주변에 산업단지가 포진해 거주와 일자리 모두를 충족하는 도시이기도 합니다. 현재 평택에는 삼성전자 평택캠퍼스가 들어서 있습니다. 2공장까지 가동하고 있는데, 최근 준공된 3공장에 이어 향후 4~6공장도 건축될 예정입니다.

교통편을 살펴보면 1호선 평택지제역과 평택역, 서정리역 등이 있습니다. 이 중 평택지제역은 SRT가, 서정리역은 무궁화호가 정차하는 역이기도 합니다. 평택은 곳곳이 개발 중이라 아직까지 이렇다 할 학군은 없고 비전동에 비전중학교와 평택중학교가 있습니다. 참고로 고덕신도시에 있는 59㎡ 중 가장 높은 실거래가는 힐스테이트 지제역으로 6억 원에 거래되었습니다.

신축 단지가 많은 비전1동

비전1동은 죽백동·동삭동·비전동 일부를 포함한 행정동입니다. 동삭동에는 수원지방법원과 수원지방검찰청 평택지원이 위치하며 배다리생태공원도 있습니다. 이 일대 단지들은 대부분 입주한 지 얼마 되지 않은 신축입니다. 평택모산초등학교를 끼고 있는 더샵지제역센트럴파크1BL은 2020년 입주해 2,124세대가 살고 있습니다. 옆에 있는 더샵지제역센트럴파크3BL은 2019년 입주했고 1,280세대가 살지요. 두 단지 모두 평택지제역까지 자가용으로 약 5분 거리이고 이마트 평택점과도 멀지 않아 주민들의 만족도가 높습니다. 평택에 들어선 센트럴자이단지 중에서는 동삭초등학교 근처에 있는 평택센트럴자이1단지를 보시면 됩니다. 2019년 입주해

더샵지제역센트럴파크1BL

998세대가 살고 있습니다.

평택역이 가까운 비전2동

비전2동은 용이동과 소사동을 포함합니다. 덕동산과 여러 공원이 있고 뉴코아아울렛도 들어서 있습니다. 단지 중 죽백근린공원에 있는 신영평택비전지웰푸르지오는 2019년 입주해 717세대가 거주합니다. 마찬가지로 2019년 입주해 621세대가 사는 평택비전레이크푸르지오는 배다리생태공원 바로 건너편에 있어 주민들의 만족도가 높습니다. 마지막으로 가장 남쪽에 위치한 평택비전에듀포레푸르지오입니다. 2018년 입주했고 977세대가 살고 있습니다. 비전2동에서는 11억 원에 매매된 평택비전레이크푸르지오 140㎡가 가장 높은 실거래가를 기록했습니다.

신축 단지가 많은 세교동·용이동

세교동에는 평택성모병원과 평택일반산업단지가 있습니다. 새롭게 조성된 택지지구를 개발한 자리에 2020년 입주한 힐스테이트 지제역이 이 일대의 대장 단지입니다. 1,519세대가 살고 있지요. 세아초등학교 위에 있는 힐스테이트평택2차와 3차가 그 뒤를 따릅니다. 2차는 2018년 입주해 1,443세대가, 3차는 2019년 입주해 542세대가 거주합니다.

용이동은 비전2동에서 분리된 동네로 평택시를 대표하는 평택대학교가 위치합니다. 현촌초등학교 근처에 있는 평택용이금호어울림2단지와 현촌초등학교 위에 있는 1단지가 눈여겨볼 만합니다. 두 단지 모두 2015년에 입주했고 세대수는 1단지가 2배 이상 많습니다. 경부고속도로 왼쪽에 있는 e편한세상평택용이1단지는 2017년 입주해 949세대가 살고 있습니다.

평택용이금호어울림2단지

택지 개발을 앞둔 고덕면

고덕면은 고덕국제화도시 첨단산업단지가 들어선 곳입니다. 아파트 단지들이 함박산을 둘러싸고 배치된 것이 특징이며, 함박산을 중심으로 서북쪽은 곧 개발될 택지입니다. 고덕면에서 먼저 살펴볼 아파트는 고덕국제신도시파라곤입니다. 종덕초등학교를 끼고 있으면서 서정리역과 멀지 않은데, 이 근방에서 가장 높은 가치를 인정받고 있습니다. 2019년 입주해 752세대가 살고 있지요. 이곳 111㎡가 13억 원에 거래되었는데, 이는 고덕면에서 가장 높은 실거래가입니다. 고덕국제신도시파라곤 왼쪽에는 2019년 입주해 1,022세대가 사는 고덕국제신도시제일풍경채가 있습니다. 마지막으로 고덕국제신도시파라곤에서 남쪽으로 길을 건너면 고덕신도시자연앤자이가 있습니다. 마찬가지로 2019년 입주했고 755세대가 거주합니다.

고덕국제신도시파라곤

옥정

행정구역	경기도 양주시 옥정동·율정동 등
인구	5만 명
아파트 물량	49개 단지
평균 평당 가격	1,613만 원
지하철 노선	7호선 연장(예정), GTX-C(예정)
주요 생활환경	옥정중앙공원, 옥정호수공원 등
특징	현재 조성 중인 2기 신도시

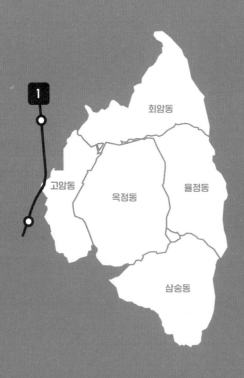

신도시 중 최북단에 위치한 옥정

경기도 양주시에 있는 옥정신도시는 1·2기 신도시를 통틀어 가장 북쪽에 자리 잡은 곳입니다. 옥정동·율정동·고암동·삼숭동·회암동 일대에 조성되었습니다. 원래는 양주신도시 옥정지구와 회천지구로 불렸지만, 주민들의 의견을 반영해 지금은 각각 옥정신도시와 화천신도시로 부르고 있습니다. 여기서는 도시 모습을 갖춘 옥정지구, 그중에서도 옥정동을 다루겠습니다.

옥정신도시는 서울에서 지리적으로 멀지 않지만 고덕이나 동탄보다는 심리적으로 멀게 느껴지기도 합니다. 11.2㎢ 면적의 25개 블록에 아파트 단지가 들어설 예정인데, 아직 완공되지 않은 단지가 꽤 있습니다. 벌써 3기 신도시까지 발표한 것을 감안하면 2기 신도시 중에서는 사업 속도가 많이 느린 편이지요. 그럼에도 서울 북부와 가깝

고 녹지 비율이 높은 쾌적함 등이 장점으로 꼽히며, 덕분에 양주시에
유입되는 인구는 계속 증가하고 있습니다.

옥정신도시의 중심 옥정동

옥정동은 행정동으로는 회천4동으로 약 1만 9,000세대가 거주하
고 있습니다. 현재 2만 1,000호의 아파트가 있으며 건설 중인 단지도
많습니다. 옥정동의 대장 단지는 옥정중앙공원 아래에 있는 양주옥

옥정센트럴파크푸르지오

정대방노블랜드입니다. 현재 1,483세대가 거주하는데, 2021년 입주해 가장 신축인 데다 옥정호수공원이 바로 보이는 자리에 들어서 있지요. 옥정신도시 전체에서 가장 높은 실거래를 기록한 곳도 이 단지로, 8억 원에 거래되었습니다. 향후 새로운 아파트가 들어서도 워낙 입지가 좋아 대장 단지의 지위를 유지할 수 있을 듯합니다.

옥빛초등학교와 옥빛고등학교 북쪽에 있는 e편한세상옥정에듀써밋, 옥정신도시 내에서 서남쪽에 위치한 e편한세상옥정더퍼스트, 옥정중학교를 낀 e편한세상옥정어반센트럴 등이 살펴볼 만합니다. 옥정초등학교를 품은 옥정센트럴파크푸르지오는 이 근방의 59㎡ 중 실거래가가 가장 높은 단지로, 4.98억 원에 거래되었습니다. 이 밖에 옥정지구 가장 남쪽에 있으며 2020년 입주한 e편한세상옥정메트로포레, 2014년 입주해 '비교적' 구축이며 널따란 옥정중앙공원에서 가까운 율정마을13단지 등도 있습니다.

옥정동에서 가장 가까운 역은 1호선 덕계역과 덕정역인데, 버스로도 약 20분은 걸리는 점이 다소 아쉽습니다. 다행히 빠르면 2028년 7호선 옥정중앙역이 신설될 예정이라 이에 따른 호재가 기대됩니다.

위례

행정구역	서울시 송파구·경기도 성남시·경기도 하남시
인구	9만 명
아파트 물량	42개 단지
평균 평당 가격	4,277만 원
지하철 노선	5·8호선, 위례선(예정), 위례신사선(예정)
주요 생활환경	스타필드, 위례근린공원, 남한산성 등
특징	서울과 경기도 행정구역이 겹치는 신도시

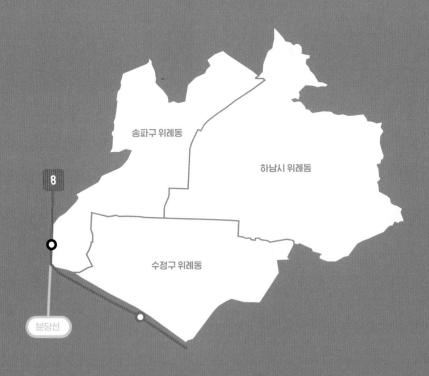

서울 속의 신도시 위례

위례는 2기 신도시 중에서도 다소 특이한 곳입니다. 신도시는 경기도에, 그것도 하나의 행정구역 안에 조성되는데, 위례신도시는 그렇지 않거든요. 서울시 송파구 장지동과 거여동, 성남시 수정구 창곡동, 하남시 학암동 등 무려 3개의 행정구역에 걸쳐 있습니다. 그러다 보니 재미있게도 서울시와 성남시, 하남시 각각에 위례동이 있습니다. 게다가 같은 신도시 내에서도 어느 행정구역에 속하느냐에 따라 아파트 건폐율이나 용적률 등이 다릅니다. 또 아파트 단지명에 모두 '위례'가 붙은 것도 특징입니다. 초기에는 위례신도시를 아예 서울시에 편입하는 방안이 논의되기도 했습니다.

위례신도시에 입주한 아파트 세대수를 살펴보면 송파구 위례동 7,500호, 하남시 위례동 4,900호, 성남 위례동 1만 1,000호 등입니다.

위례신도시는 서울에서도 땅값이 비싼 송파구 일부를 포함하고 있는 만큼 주택 가격이 매우 높은 편입니다. 대중교통편은 아직 보완되어야 하지만 자가용으로 강남까지 비교적 쉽게 출퇴근할 수 있고, 그린벨트 지역을 해제해 신도시를 조성했기에 자연경관도 좋습니다.

위례신도시의 취약점은 교통 여건입니다. 근처에 8호선이 있지만 역까지 버스를 타고 가야 하거든요. 현재 트램인 위례선과 위례신사선이 추진되고 있으며 8호선을 착공해 기대감을 높이고 있습니다. 신설 노선이 개통되면 대중교통의 서울 접근성이 지금보다 훨씬 개선되면서 위례의 가치가 더욱 높아질 듯합니다.

위례의 아파트는 대부분 소형보다 중·대형 면적으로 구성되어 있습니다. 84㎡도 그다지 많지 않을 정도입니다. 위례신도시의 학군으로는 송파구 위례동의 송례중학교, 하남시 위례동의 위례중학교, 성남시 위례동의 한빛중학교 등을 꼽을 수 있습니다. 단 위례신도시라는 이름으로 묶여 있지만 각자 행정구역이 다르기에 학군의 영향은 다소 제한적일 수밖에 없습니다.

서울 안의 신도시 송파구 위례동

송파구 위례동(장지동)에서는 송례초등학교와 송례중학교를 끼고 있는 송파위례24단지꿈에그린의 매매 가격이 근방에서 가장 높습니다. 이곳은 제가 『서울 아파트 지도』에서 한번 언급한 단지이기도 하

위례중앙푸르지오1단지

지요. 2013년에 입주해 1,810세대가 살고 있습니다. 59㎡가 14.5억
원에 거래된 바 있는데, 위례신도시의 같은 면적 아파트 중 가장 높

은 실거래가입니다. 다음으로 위례중앙푸르지오1단지가 있습니다. 널따란 광장을 앞에 둔 이곳은 2016년에 입주했고 세대수는 163세대로 다소 적습니다.

배산임수 형태의 성남시 위례동

성남시 위례동(수정구 창곡동)을 살펴볼까요? 앞에는 창곡천이 흐르고 옆에는 남한산이 자리 잡은 성남시 위례동에는 대단지 아파트가 많습니다. 드넓은 위례근린공원 바로 옆에 있는 위례더힐55는 2015년 입주해 1,380세대가 살고 있지요. 위례중학교를 끼고 있는 위례자연앤센트럴자이는 2017년 입주해 1,413세대가 거주합니다. 14.6억 원에 거래된 이곳 59㎡는 성남시 위례동의 동일 면적 아파트 중 가격대가 가장 높습니다.

위례한빛초등학교와 중학교를 낀 위례자연앤래미안e편한세상

위례자연앤센트럴자이

은 2016년 입주해 1,540세대가 살고 있지요. 성남시 위례동에서는 26.5억 원에 거래된 래미안위례 125㎡가 가장 높은 실거래를 기록했습니다.

스타필드가 있는 하남시 위례동

끝으로 하남시 위례동(학암동)을 살펴보겠습니다. 복합 쇼핑몰인 스타필드 위례점이 바로 이 동네에 있습니다. 하남시 위례동에는 주로 대형 면적이 많습니다. 이 일대에서는 위례초·중·고등학교 옆에 위치한 위례롯데캐슬이 가장 눈에 띕니다. 2016년 입주해 1,673세대가 살고 있지요. 이 일대에서는 23.5억 원에 거래된 위례그린파크푸르지오 114㎡가 가장 높은 실거래가를 기록했습니다. 다음으로 위례신안인스빌아스트로 102㎡가 18.5억 원에 거래되었습니다.

위례롯데캐슬

역 개통과 아파트 가격

코로나19 발발 이후 재택근무를 하는 사람이 늘어났지만, 백신 접종률이 높아지면서 다시금 출근하도록 하는 회사가 많아지고 있습니다. 다른 분야보다도 재택근무가 훨씬 더 용이한 IT나 연구 개발 분야가 이런 상황인 것을 감안하면, 경제활동을 하는 이들에게 출퇴근은 정말 중요한 문제인 것이 분명합니다.

이런 관점에서 경기도 아파트를 볼 때 가장 중요한 것 중 하나가 바로 대중교통, 특히 전철 노선입니다. 경기도 대부분 지역에서 출근하는 데 있어 가장 편리한 교통수단은 누가 뭐래도 전철입니다. 그러다 보니 경기도에서 서울로 이동할 수 있는 전철 노선 개통은 엄청난 파급효과를 발휘합니다. 제4차 국가 철도망 구축 계획이 발표된 후 몇몇 지방자치단체가 크게 반발한 것도 전철 노선이 단순히 해당 지역의 아파트 가격에 영향을 미치는 것도 있지만, 일단 이동이 불편하기 때문이지요. 아파트가 많은 지역은 대부분 베드타운 역할을 할 뿐, 집 근처에 일자리가 많지 않습니다. 직장을 찾는 사람들이 가장 많이 향하는 곳은 결국 서울일 수밖에 없고, 그중에서도 일자리와 연봉이 높은 직장은 주로 강남에 있습니다. 그러니 새로운 전철 노선이 강남권에 닿는다면 해당 지역은 기존 입지로도 위상이 한층 높아질 수 있는 것이지요.

서울 서초동 삼성전자 사옥과 가까운 강남역 5번 출구부터 7번 출구 쪽 인도를 보면 퇴근 시간에 광역버스를 기다리는 사람들로 가득합니다. 대부분 용인이나 동탄 등 경기 남부로 가는 광역버스를 기다리는 것이지요. 이처럼 광역버스만 드나드는 지역에 전철 노선이 새롭게 생기면 이는 무조건 호재입니다. 전철 노선이 부동산 흐름을 어떻게 좌우하느냐는 1기 신도시인 일산과 분당을 보면 바로 알 수 있습니다. 두 도시는 비슷한 시기에 1기 신도시로 세상에 등장했습니다. 둘 다 널찍한 땅에 기반 시설을 갖춘, 실거주하기에 모자람 없는 지역입니다. 그런데 결정적인 차이가 서울 접근성, 특히 강남 접근성이지요. 결과적으로 초기에 비슷한 수준이던 분당과 일산의 아파트 가격은 갈수록 격차가 벌어졌습니다. 특히 분당선에 이어 신분당선이 개통되면서 강남이 획기적으로 가까워진 분당의 아파트 가격은 일산 입장에서 따라잡기에는 너무나도 멀어졌습니다.

게다가 분당의 경우 이제는 전철 노선 확장으로 그 주변 지역까지 가치가 높아졌습니다. 실제 사례를 들어보겠습니다. 용인시 풍덕천동은 분당선의 혜택을 받지 못했던 지역입니다. 경부고속도로 오른쪽에 위치한 죽전동에서는 분당선을 이용할 수 있었지만, 왼쪽에 있는 풍덕천동은 서울로 가려면 광역버스를 타야 했지요. 그러던 중 2011년 10월 28 일에 강남역에서 정자역까지 신분당선이 개통되었고, 2016년 1월 30일 에는 정자역에서 광교역까지 신분당선이 연장 개통되었습니다. 연장된 노선에 있던 수지구청역 부근 단지의 시세를 KB부동산 시세를 기준으 로 살펴보겠습니다.

신분당선이 개통된 2011년 10월에 수지구청역에 가장 가까운, 1995 년에 입주한 수지한국 84m² 일반 평균가는 3.575억 원이었습니다. 같은 노선이 연장 개통한 2016년 1월에 일반 평균가는 4.1억 원이었습니다. 약 6년 동안 5,250만 원이 상승한 것입니다. 그리고 2021년 11월 기준, 이 아파트 84m² 일반 평균가는 9.4억 원입니다. 신분당선이 개통된 후 5년 동안 거의 6억 원이 상승한 셈입니다.

전철 노선이 없는 지역을 한 군데 더 살펴보겠습니다. 수원시 매탄동 에는 전철 노선은 없으나 삼성전자가 있습니다. 즉 삼성전자 직원이라면 직주근접으로 출퇴근할 수 있지요. 매탄현대는 1989년에 입주한 구축 아 파트로, 2011년 10월 이곳 84m²의 일반 평균가는 2.75억 원이었습니다. 2016년 1월에는 2.925억 원이었고요. 약 6년 동안 1,750만 원 상승했습 니다. 2021년 11월 기준으로 이곳 84m²의 일반 평균가는 4.95억 원입니 다. 5년 동안 2.2억원이 상승한 것이지요. 확실히 서울 접근성을 개선하 는 신분당선이 개통된 지역의 아파트가 더 큰 폭으로 상승한 것을 알 수 있습니다.

이런 맥락에서 현재 추진되고 있는 전철 노선을 알아두는 것은 지역 이나 단지 분석에 큰 도움이 됩니다. 물론 전철역이 새로 생긴다고 해서

당장 그 지역의 부동산 가격이 상승하는 것은 아닙니다. 전철역이 개통되어도 사람들은 이동하는 패턴을 한순간에 변경하지 않습니다. 그러다가 시간이 지나면 점차 전철의 편리함을 깨닫고 역 근처로 이사 가고 싶어 하지요. 따라서 현재 전철 노선이 부족한 지역이라면 개통되기 전에 미리 들어가는 것이 가장 좋은 방법입니다. 이런 관점에서 개통 예정인 별내선 같은 경우는 눈여겨볼 만한 노선입니다.

건물은 새로 짓거나 리모델링할 수 있지만 땅을 움직일 수는 없습니다. 어쨌든 특정 지역에 있는 모든 기반 시설과 아파트는 수많은 세월이 지나도 변하지 않고 제자리에 머무릅니다. 입지가 중요하다고 말하는 이유입니다. 수도권에서 새로운 전철 노선이 연결되는 지역과 근처 아파트는 상승할 동력이 매우 큽니다. 최소한 하락기가 오더라도 강한 지지선을 형성할 가능성이 있고요. 그러니 이를 위해 제4차 국가 철도망 구축 계획에서 언급되거나 확정된 지역을 미리 조사해 역이 들어설 곳을 확인하시길 권합니다. 새로 연결되거나 연장되는 노선, 개통되는 역과 관련한 내용은 6장에서 자세히 다룰 예정입니다.

수도권 신도시

신축 트렌드가 반영된 수도권 신도시

수도권 신도시는 1·2기 신도시에 포함되지 않지만 새롭게 아파트가 건설된 경기도 및 수도권의 도시를 의미합니다. 특히 요즘 많은 사람들의 주목을 받는 지역이 모두 여기에 포함되어 있습니다. 경기 북부의 가치주인 남양주 다산과 별내, 뛰어난 서울 접근성을 바탕으로 최근 몇 년 사이 뜨거운 관심을 받고 있는 하남 미사, 경기 남부의 신흥 강자 수원의 두 번째 신도시가 될 호매실, 앞으로의 발전이 더욱 기대되는 시흥 배곧 등입니다.

지금 말씀드린 도시 모두 앞으로 새로운 전철 노선이 신설되거나 기존 노선이 연장 개통되는 등, 여러모로 교통망 확충이 예정되어 있어 앞으로 미래 가치가 더욱 높아질 것으로 기대되고 있지요. 이와 함께 송도, 청라, 영종 등 서울 접근성은 다소 떨어지지만 도시 경관이나 조성 방식이 마치 외국 같아 선호도가 높은 인천의 여러 국제도시도 있습니다. 노후화된 1기 신도시나 교통편이 불편한 2기 신도시, 착공까지 갈 길이 먼 3기 신도시 외의 선택지를 찾고 계신 분이라면 이번에 살펴볼 지역들을 눈여겨보면 좋을 듯합니다. 그럼 지금부터 수도권 신도시를 하나씩 살펴보겠습니다.

다산·별내

행정구역	경기도 남양주시 다산동·별내동
인구	20만 명
아파트 물량	81개 단지
평균 평당 가격	4,277만 원
지하철 노선	경의중앙선, 경춘선, 별내선(예정), 진접선(예정), GTX-B(예정)
주요 생활환경	서울 송파구, 노원구와 가까운 입지
특징	서울 접근성을 획기적으로 개선할 전철 노선이 다수 연장 및 신설될 예정

남양주시에 위치한 다산신도시는 정확히는 보금자리 주택 사업으로 진행한 택지개발지구입니다. 진건읍·도농동·지금동 일대에 조성한 사업이었지요. '다산'이라는 명칭은 남양주 출신이면서 우리가 익히 알고 있는 정약용 선생의 호에서 따온 것입니다. 정작 정약용 선생은 사업지구에 포함되지 않은 조안면 출신이라는 것은 흥미로운 점입니다.

다산신도시는 경의중앙선 도농역을 중심으로 위아래로 단절되어 있다는 점이 다소 아쉽습니다. 지금은 남양주시 다산1·2동으로 행정구역이 나뉘어 있는데, 8호선 연장선인 별내선이 개통되면 교통 여건이 지금보다 훨씬 좋아질 듯합니다.

남양주시의 공공 기관이 위치한 다산1·2동

다산동은 면적이 11.15km²이고 남양주시에서 인구가 두 번째로 많습니다. 의정부지방법원 남양주시법원과 경기남양주경찰서, 남양주시청 2청사 등 주요 관공서가 들어서 있지요. 경의중앙선 도농역 근처에는 부영그린타운을 비롯한 구축 아파트가 밀집되어 있고 신도시는 역에서 다소 먼 곳에 건설되었지만, 외곽순환도로 등 주요 도로 접근성은 좋은 편입니다. 다산동 아파트 중 대부분이 2018년부터 입주했기에 학군을 논하기는 아직 이릅니다.

다산동은 도농역을 경계로 다산1동과 2동으로 나뉩니다. 다산1동은 왼쪽에는 왕숙천이 흐르고, 한가운데는 북부간선도로가 지나가 동네가 남북으로 단절된 듯한 느낌이 다소 있습니다. 북부간선도로 아래쪽에는 현대프리미엄아울렛과 정약용도서관 등이 있습니다. 현재 지하철 8호선 종점인 암사역에서 남양주시까지 연장하는 별내선이 한창 공사 중인데, 다산1동을 지나가는 만큼 개통하면 이곳 주민들의 교통 여건이 상당히 개선될 것으로 보입니다.

구체적으로 몇몇 단지를 살펴볼까요? 먼저 다산하늘초등학교와 왕숙천을 조망할 수 있는 다산한양수자인리버팰리스는 2017년 입주해 640세대가 살고 있습니다. 다산중앙공원 옆에 있는 힐스테이트다산은 2019년 입주했고 1,283세대가 살고 있지요. 남양주다산초중학교 옆에 있는 다산아이파크도 이 일대에서 살펴볼 만한 단지입니다. 2017년 입주해 467세대가 거주합니다.

이번에는 다산2동입니다. 다산2동에는 남양주시청 2청사를 비롯한 공공 기관과 도농 터미널이 들어서 있습니다. 동 가운데 황금산이 있고요.

다산한강초등학교 옆에 있는 다산반도유보라메이플타운2.0은 2019년 입주해 1,261세대가 살고 있습니다. 다산한강중학교 위에 위치하며 2018년 입주해 944세대가 사는 다산펜테리움리버테라스1차,

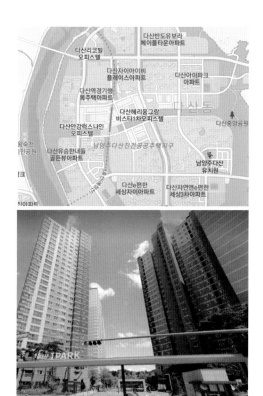

다산아이파크

다산한강초등학교를 낀 다산팬테리움리버테라스2차도 있습니다. 2019년 입주해 1,304세대가 살고 있지요. 도농역 근처에 있는 다산효성해링턴타워 200㎡가 14억 원에 거래되며 다산동의 최고 실거래가 기록을 세웠습니다. 59㎡ 중 매매 가격이 가장 높은 아파트는 다산e편한세상자이로 8.9억 원에 거래되었습니다.

앞으로가 기대되는 별내동

별내신도시는 다산신도시보다 좀 더 북쪽에 위치합니다. 수도권 주택난 해소와 저소득 도시민의 주거 안정을 위해 국민임대주택단지를 조성하는 택지 개발 사업의 일환으로 건설되었습니다. 남양주 별내면 덕송리·화접리·광전리 일부에 조성되었는데, 지금은 별내동이라는 이름을 달고 있습니다. 별내동은 서울 노원구 상계동·중계동과 중랑구 신내동 등에서 가깝습니다. 상대적으로 저렴한 주택 가격 때문에 서울 동북부에서 별내로 이주한 분들이 많다 보니, 노원구와 중랑구 아파트 가격이 상대적으로 크게 상승하지 못한 측면도 있었습니다.

별내동 면적은 약 18.6km²입니다. 불암산이 전체 면적 중 꽤 큰 비중을 차지하고, 동남쪽에 주거지구가 들어서 있습니다. 별내는 무엇보다 전철 및 철도 연장이 대거 예정된 지역이라는 사실을 기억해야 합니다. 8호선에서 연장되는 별내선은 물론, 4호선 종점인 당고개역에서 연장되는 진접선이 공사 중입니다. 특히 별내선은 서울 접근성을 획기적으로 개선하는 만큼 신설역과 가까운 단지들이 큰 탄력을 받을 것으로 보입니다. 여기에 송도부터 마석까지 잇는 GTX-B 노선도 예정되어 있습니다.

별내동 중심에는 수도권제1순환고속도로가 지나갑니다. 별내동에는 아파트가 2만 3,000세대 있습니다. 별가람중학교와 한별중학교가 위치하며, 노원구와 가까운 만큼 서울 중계동 학원가를 오가는 학생이 많습니다.

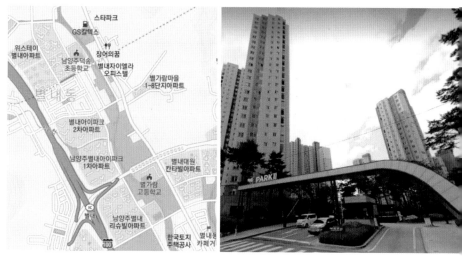
별내아이파크2차

주요 단지를 살펴보면 체육공원 옆에 있는 별내아이파크2차가 대장 단지입니다. 2022년 상반기 개통이 예정된 4호선 신설 역이 근처에 있기 때문이죠. 이곳은 2015년 입주해 1,083세대가 살고 있습니다. 노원구 공릉동 삼육대학교 근처에 있는 별내한화꿈에그린더스타는 2012년 입주해 729세대가 거주합니다. 별내한화꿈에그린더스타 북쪽에 있는 신안인스빌은 2012년 입주해 874세대가, 샛별초등학교 건너편에 위치한 남양주별내우미린스타포레는 2019년 입주해 585세대가 살고요. 여기서 대각선 방향에는 2014년 입주해 558세대가 사는 모아미래도가 있습니다. 마지막으로 샛별초등학교와 가깝고 별내동 북쪽 끝에 있는 별내푸르지오도 살펴볼 만합니다. 2015년 입주해 1,100세대가 살고 있습니다.

미사강변

행정구역	경기도 하남시 망월동·풍산동·덕풍동·선동
인구	18만 9,000명
아파트 물량	67개 단지
평균 평당 가격	3,132만 원
지하철 노선	5호선, 3호선(예정), 9호선(예정)
주요 생활환경	서울 강동구와 가까운 입지
특징	서울 접근성을 획기적으로 개선할 전철 노선 연장 및 신설될 예정

5.4km² 면적으로 조성된 미사강변도시는 원래 그린벨트지구이던 하남시의 망월동·풍산동·선동·덕풍동 일대를 보금자리주택으로 조성한 곳입니다. 과거에는 공연을 많이 하던 미사리 라이브 카페, 조정경기장 등으로 유명했지요. 인구 분포는 덕풍3동 1만 세대, 풍산동 1만 1,000세대, 미사1동 2만 5,000세대, 미사2동 1만 8,000세대입니다. 아파트는 덕풍3동 5,500호, 풍산동 8,600호, 미사1동 9,500호, 미사2동 1만 5,000호가 있습니다. 미사1동의 미사중학교와 미사2동의 미사강변중학교가 눈여겨볼 만한 학군입니다.

미사강변의 장점은 뭐니 뭐니 해도 서울과의 인접성입니다. 강동구와 워낙 가까워 개발 당시 '창을 열면 한강, 문을 열면 서울'이라는 슬로건을 선보이며 관심을 받았지요. 그럼에도 서울까지 이어지는 전철이 없다는 것이 약점이었지만, 2020년 5호선이 연장되면서 미사역과 하남풍산역, 하남시청역, 하남검단산역 등이 개통했습니다. 게다가 향후 3·9호선 연결이 예정되어 있습니다. 3호선은 하남시청역과 연결될 예정이며, 9호선은 신도시 내에서 정차역 위치가 아직 확정되지는 않았습니다. 3호선은 강남, 9호선은 강남은 물론 일자리가 많은 마곡·여의도까지 연결된다는 점에서 매우 의미 있는 노선입니다. 그러므로 하남 일대에 관심이 있다면 하남시청과 9호선 신설역 근처를 눈여겨보시길 권합니다.

참고로 미사에서 매매 가격이 높은 단지는 대부분 한강이 보이는 곳입니다. 미사강변도시에서 59㎡ 중 실거래가가 가장 높은 단지는 9.75억 원에 거래된 바 있는 미사강변골든센트로입니다. 다음으로는 9.48억 원에 거래된 미사강변스타힐스입니다.

미사강변의 내륙 덕풍동·풍산동

덕풍동이라 했지만 실질적으로 덕풍3동입니다. 5호선 하남풍산역과 하남시청역이 있습니다. 또 이마트와 하남역사박물관이 자리합니다. 먼저 하남풍산아이파크5단지는 하남풍산역, 풍산초등학교, 근린공원, 이마트 등 여러 생활 시설이 단지 바로 앞에 있습니다. 2008년 입주해 365세대가 살고요. 하남시청역에서 도보 5분 거리에 있는 하남더샵센트럴뷰는 2016년 입주해 672세대가 거주합니다. 나

하남풍산아이파크5단지

룰초등학교 근처에 있고 하남역사박물관과 가까운 하남풍산아이파크1단지도 있습니다. 2008년 입주해 686세대가 살고 있지요.

풍산동에는 망월천이 흐르고 주로 북쪽에 주거지구가 있습니다. 하남풍산역의 '풍산'이 풍산동에서 유래한 지명이지만, 정작 역은 다른 동네에 있지요. 망월천 왼쪽에서는 한홀초등학교 건너편에 위치한 미사강변센트럴풍경채를 눈여겨볼 만합니다. 2019년 입주해 726세대가 살지요. 망월천 오른쪽에서는 청아초등학교 근처에 있는 신안인스빌과 그 옆 e편한세상미사를 살펴보면 됩니다. 신안인스빌은 2019년 입주해 734세대가, e편한세상미사는 2018년 입주해 652세대가 살고 있습니다.

한강변을 낀 미사1·2동

미사1동(망월동)에는 미사역 왼쪽으로 미사호수공원, 오른쪽으로는 핑크뮬리로 유명한 미사경정공원과 조정카누경기장, 그리고 하남종합운동장이 있습니다. 미사1동에서는 윤슬초등학교 옆에 있는 미사강변푸르지오의 몸값이 가장 높습니다. 2016년 입주해 1,188세대가 살고 있습니다. 미사역과 5분 거리이고 미사중앙초등학교 위에 위치한 미사강변골든센트로는 2014년 입주해 1,541세대가 거주하고

있죠. 다음으로 미사호수공원 옆에 하남고등학교를 낀 미사강변하우스디더레이크를 보시면 됩니다. 2016년 입주해 821세대가 살지요. 미사1동에서 가장 높은 실거래가를 기록한 것은 미사역과 가

미사강변센텀팰리스

까운 미사강변호반써밋 100㎡로 15.7억 원에 거래되었습니다.

미사2동(선동) 위로는 미사한강공원과 한강둔치가 있습니다. 한강이 지척에 있어 조망권이 좋습니다. 그러다 보니 한강 조망이 가능한 아파트일수록 가격이 높고 중·대형 면적으로 구성되었습니다. 한강변 바로 앞에 있으면서 미사강변초등학교를 낀 리버나인, 리버나인에서 대각선 방향에 위치한 미사강변센트리버 등이 대장 단지로 꼽힙니다. 2014년 입주한 리버나인은 712세대가, 2016년 입주한 미사강변센트리버는 1,145세대가 거주합니다. 이 밖에 길 하나만 건너면 강동구 강일동으로 갈 수 있는 미사강변도시베라체 등도 있습니다. 미사2동에서는 17억 원에 거래된 미사강변푸르지오2차 102㎡가 가장 높은 실거래가를 기록했습니다.

호매실

행정구역	경기도 수원시 권선구 호매실동·금곡동
인구	9만 2,000명
아파트 물량	35개 단지
평균 평당 가격	1,887만 원
지하철 노선	1호선, 신분당선(예정)
주요 생활환경	칠보산과 각종 공원을 비롯한 녹지지대
특징	넓은 면적에 널찍하게 조성된 신도시

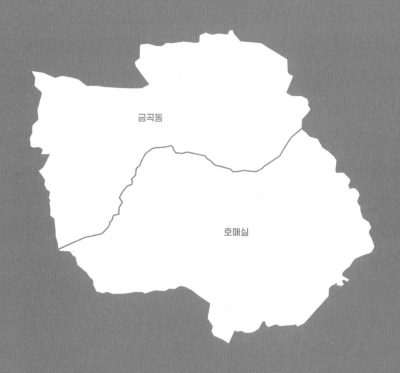

수원의 두 번째 신도시 호매실

호매실지구는 수원시 권선구 금곡동과 호매실동 일대에 조성된 택지개발지구입니다. 광교와 더불어 수원의 대표적 신도시라 할 수 있습니다. 3.11㎢ 면적에 조성되었는데, 택지지구치고는 면적이 꽤 넓습니다. 그러다 보니 아파트 단지의 동 간 거리가 다른 신도시에 비해 멀고 널찍한 것이 특징입니다. 대한민국 최초의 과수공원을 비롯해 공원이 많고, 녹지율이 28%에 달할 정도로 쾌적해 여러모로 살기 좋습니다.

금곡동·호매실동에 각 1만 7,000세대가 살고 있으며, 주택은 금곡동에 1만 3,000호, 호매실동에 1만 5,000호가 있습니다. 금곡동은 상촌중학교, 호매실동은 능실중학교가 명문 학군으로 점점 인정받고 있습니다.

호매실지구는 광교와 달리 아직 대중교통편이 확충되지 않았다는 점이 아쉽습니다. 주변에 1호선 화서역·성균관대역·수원역이 있지만 걸어갈 수 있는 거리가 아니거든요. 현재 광교~호매실까지 신분당선 연장이 확정되었지만, 주거지구와는 다소 떨어진 곳에 역이 생길 예정이라 주민들이 추가 노선 연장을 요구하고 있습니다. 앞으로 신분당선이 개통되면 호매실지구의 가치가 더욱 높아지리라 생각합니다.

참고로 호매실지구는 신축 아파트의 경우 59㎡는 거의 없고 대부분 84㎡로 구성되어 있습니다. 59㎡ 면적 중 실거래가 가장 높은 단지를 살펴보면 금곡동에서는 가온마을3단지가 5.33억 원에 거래되었습니다. 호매실동에서 실거래가 가장 높은 것은 5.9억 원에 거래된 호매실스위첸 84㎡입니다.

고속도로가 지나는 금곡동

금곡동은 평택파주고속도로와 과천봉담도시화고속도로가 동네를 동서로 나누는 형태입니다. 고속도로를 따라 남북으로 공원이 조성되어 있으며 고속도로 오른쪽에는 어울림공원과 홈플러스가 있습니다. 금곡동에서는 금곡지하차도와 어울림공원 사이에 있는 호반써밋수원, 그리고 바로 옆에 있는 호반베르디움더센트럴이 앞서거니 뒤서거니하며 이 근방의 시세를 견인하고 있습니다. 두 단지 모두

2017년에 입주했고 세대수만 각각 567세대와 1,100세대로 다릅니다.

다음으로는 가온초등학교를 끼고 있는 수원모아미래도센트럴타운1단지와 바로 옆에 있는 2단지입니다. 두 단지 역시 2017년에 입주했고, 세대수는 각각 680세대와 772세대입니다. 1단지 100㎡가 9.52억 원에 거래되었는데, 이는 금곡동에서 최고 실거래가 기록입니다.

호반베르디움더센트럴

녹지가 풍부한 호매실동

남서쪽에 칠보산을 끼고 있는 호매실동은 녹지가 드넓게 펼쳐져 있습니다. 개발되기 전에는 매화나무가 많아 지금의 지명을 얻게 되었다고 하지요. 현재는 금곡동과 함께 수원시 내에서 가장 주목받는 지역이며, 당장은 몰라도 향후 용도 변경을 통해 도시가 확장될 가능성이 있습니다.

호매실동에서 눈여겨볼 단지들은 어디일까요? 먼저 고속도로 왼쪽에 위치해 수변공원을 끼고 있으면서 금곡동 생활권에 속한 극동스타클래스가 있습니다. 2017년 입주해 999세대가 거주하고 있습니다.

수원금호초등학교와 물향기공원 바로 옆에 있는 한양수자인파크원은 2018년 입주해 1,394세대가 살고 있지요. 이곳 98㎡가 8.93억 원에 거래된 바 있는데, 이는 호매실동에서 가장 높은 실거래가입니다. 좀 더 남쪽으로

극동스타클래스

내려가면 능실초등학교 근처에 호매실금호어울림에듀포레도 있습니다. 2019년 입주해 532세대가 거주하는 단지입니다.

배곧

행정구역	경기도 시흥시 배곧동
인구	7만 명
아파트 물량	17개 단지
평균 평당 가격	2,242만 원
지하철 노선	수인분당선, 4호선, 경강선(예정)
주요 생활환경	서해 바다가 보이는 교육도시
특징	지방자치단체가 주도해 조성한 신도시

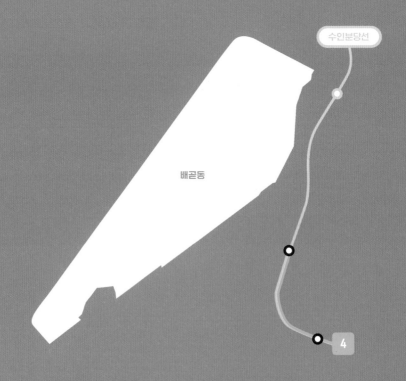

수인분당선

배곧동

4

서해안을 낀 젊은 도시 배곧

배곧신도시는 정부가 아닌 경기도 시흥시에서 주도한 신도시입니다. 정왕동 일부에 조성되었으나 2018년 배곧동이라는 명칭으로 분리되었습니다. '배곧'이라는 지명이 다소 특이한데, 독립운동가이자 국어학자이던 주시경 선생이 설립한 배곧학당에서 유래했다고 합니다. 원래는 이곳에 서울대학교 캠퍼스 일부가 이전할 계획이었지만 무산되었고, 최종적으로 연구 시설과 서울대병원이 들어설 예정입니다. 바다 건너에는 인천광역시 송도가 있는데, 두 지역을 연결하는 송도배곧대교가 건설될 예정입니다.

배곧신도시는 4.9km² 면적으로 조성되었습니다. 근처에 수인분당선 달월역과 4호선 오이도역·정왕역 등이 지나가지만 신도시와는 직접 연결되지 않는다는 점이 아쉽습니다. 대신 배곧신도시 근처 월곶역을 지나는 경강선(월곶판교선) 신설이 추진되고 있습니다. 배곧신도시에는 지역 주민들의 사랑을 받는 종합 몰 신세계프리미엄아울렛도 위치합니다.

이제 막 발전하기 시작한 배곧동

배곧동에서 가격대가 높은 아파트는 대부분 서울대병원이 들어설 북쪽에 있습니다. 복합 쇼핑몰 아브뉴프랑센트럴레드를 기준으로 남쪽에 있는 시흥배곧C2호반써밋플레이스와 북쪽에 있는 시흥배곧C1호반써밋플레이스가 가장 높은 선호도를 보이는 단지입니다. 두 단지 모두 2019년에 입주했고 세대수는 각각 905세대와 890세대입니다. 배곧생명공원 북쪽에 있는 시흥배곧SK뷰는 바로

앞에 서해 바다가 보여 주민들의 만족도가 매우 높습니다. 2015년 입주해 1,442세대가 살고 있지요.

시흥배곧SK뷰

배곧초등학교 근처에 있는 호반베르디움센트럴파크, 배곧라온초등학교 근처에 있는 호반베르디움센트로하임 등도 살펴볼 단지들입니다. 호반베르디움센트럴파크는 2015년 입주해 1,414세대가, 호반베르디움센트로하임은 2017년 입주해 1,647세대가 살고 있지요.

배곧신도시에서 가장 높은 실거래가를 기록한 단지는 시흥배곧한라비발디캠퍼스1차로 이 단지 120㎡가 12.3억 원에 거래된 바 있습니다. 59㎡ 중에서는 앞서 언급한 시흥배곧SK뷰가 6.43억 원에 거래되며 가장 높은 실거래가를 기록했습니다.

송산

행정구역	경기도 화성시 송산면·남양읍·새솔동
인구	2만 4,000명
아파트 물량	15개 단지
평균 평당 가격	1,989만 원
지하철 노선	수인분당선
주요 생활환경	화성국제테마파크 개발 추진
특징	시화호 간석지 위에 세운 신도시

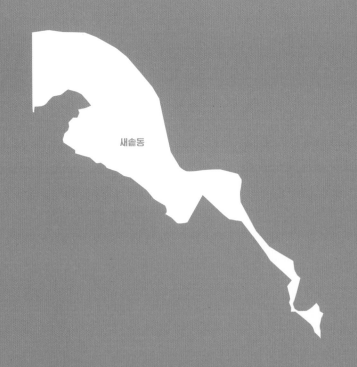

새솔동

테마파크의 도시를 꿈꾸는 송산

이번에 살펴볼 곳은 경기도 화성시 송산면·남양읍·새솔동 일대에 조성되는 송산신도시입니다. '송산그린시티'라는 이름으로 불리기도 합니다. 특이하게도 사업 시행자가 수자원공사인데, 이는 송산신도시가 들어서는 땅을 살펴보면 수긍이 갑니다. 바로 시화호 남쪽 간석지에 조성되는 택지개발지구이기 때문이지요.

송산신도시 면적은 55.59km²로 굉장히 넓은데, 3분의 2가 녹지입니다. 원래는 2022년에 개발 사업이 완료될 예정이었으나 2030년으로 연장되었습니다. 신도시 조성 사업은 동쪽, 남쪽, 서쪽 등 3단계로 나뉘어 이루어질 예정이며 현재는 동쪽 지역인 새솔동만 개발이 진행된 상태입니다. 이어서 화성시는 이곳에 국제테마파크를 조성하기 위해 유니버셜스튜디오와 자동차 테마파크 건설을 추진하고 있습니다. 또 공룡알 화석지가 발견되면서 자연사박물관 건립이 논의되고 있지만 속도가 매우 더뎌 아직은 진행 여부가 불투명합니다. 앞으로 이 모든 개발 사업의 향방에 따라 향후 송산의 미래가 달라질 듯합니다.

송산에서 가장 먼저 개발된 새솔동

지도를 보면 새솔동은 마치 말 엉덩이부터 다리를 거쳐 발굽까지 그린 모습과 비슷합니다. 동네가 녹지대로 둘러싸여 있으면서 수노을중앙공원이 새솔동 가운데에 자리 잡고 있지요. 가장 가까운 전철역은 수인분당선 사리역인데, 걸어가기엔 매우 먼 거리입니다. 향후 경기도 부천과 충남 홍성을 잇는 복선 전철 서해선이 이 근방을 지나는 것으로 예정되어 있으나, 정차역이 여전히 새솔동에서 멀리 떨어져 있는 것이 아쉽습니다.

새솔동의 아파트 대부분은 새솔초등학교 근처에 모여 있습니다. 또 59㎡ 면적은 거의 없는 것이 특징입니다. 2021년 입주한 최신축 송산대방노블랜드리버파크5차가

송산신도시대방노블랜드1차

대장 단지입니다. 608세대가 거주하고 있지요. 새솔초등학교 대각선에 있는 송산신도시대방노블랜드1차는 2018년 입주해 731세대가, 단지 내 상가가 있는 송산그린시티이지더원레이크뷰는 2018년 입주해 782세대가 거주합니다. 새솔초등학교 옆에 있는 송산신도시대방노블랜드더센트럴3차는 2019년 입주해 872세대가 살고요. 이 단지 115㎡가 10.5억 원에 거래된 바 있는데, 이는 새솔동에서 가장 높은 실거래가입니다.

남쪽으로 좀 더 내려가면 송린초등학교를 낀 더펠리체휴먼빌이 있습니다. 2018년 입주해 750세대가 사는 단지입니다. 마지막으로 더펠리체휴먼빌 옆에 있는 반도유보라아이비파크는 2018년 입주해 980세대가 거주하고 있습니다.

송도

행정구역	인천광역시 연수구 송도1~5동
인구	18만 9,000명
아파트 물량	77개 단지
평균 평당 가격	2,701만 원
지하철 노선	인천2호선
주요 생활환경	국내 대학교 및 해외 학교 국제 캠퍼스, 다국적기업
특징	서울과 가까운 해안 신도시

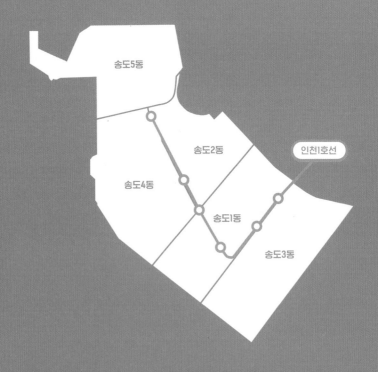

인천광역시 연수구에 위치한 송도국제도시는 서해 바다를 간척해서 만든 경제자유구역입니다. 국제도시라는 명칭에 걸맞게 처음부터 외국 기업을 유치하려 했지요. 금융 위기로 생각만큼 많은 기업이 입주하지는 않았지만 그럼에도 다국적기업이 꽤 자리를 잡았습니다. 지금은 삼성바이오로직스와 셀트리온 등 바이오 기업이 입주해 직주근접을 실현하기에 좋습니다. 총 11공구까지 개발할 예정이며 현재 10공구까지 개발이 이루어지고 있습니다. 송도국제도시는 비교적 최근에 조성된 신도시 같지만, 사실은 1980년대부터 계획된 도시입니다. 그 때문에 송도 조성 사업은 2기 신도시에도 꽤 영향을 미쳤습니다.

　송도국제도시 면적은 54km²로 공원과 호수가 어우러져 있습니다.

빼어난 경관을 자랑하는 덕분에 영화나 드라마 배경으로도 많이 등장하지요. 송도의 명물 센트럴파크는 국내 최초의 해수 공원이고요.

송도에는 연세대학교 국제캠퍼스를 비롯해 국내 여러 대학교가 들어서 있습니다. 외국 유명 학교의 캠퍼스가 위치한다는 것도 특징입니다. 송도2동에 있는 채드윅송도국제학교의 경우 많은 부모가 자녀를 보내고 싶어 하는 인기 학교입니다. 학군을 살펴보면 대체로 1·2공구에 있는 학교들이 학업 성취도가 높은 편인데, 송도2동의 신정중학교를 비롯해 신송중학교, 해송중학교, 박문중학교 등이 유명합니다.

송도는 동네마다 주거지구와 업무 시설이 조화를 이루고 있습니다. 송도신도시의 아파트는 송도1동에 1만 호, 송도2동에 9,800호, 송도3동에 1만 5,000호, 송도4동에 8,000호, 송도5동에 1만 4,000호 등이 있습니다. 송도는 인천광역시에 속하지만 마치 다른 지역 같은 인상을 줍니다. 지금도 그렇지만 앞으로도 인천에서 가장 가치 있는 지역이 되지 않을까 합니다.

대학교가 많은 송도1·2·3동

송도1동에는 인천대학교 송도캠퍼스와 미추홀캠퍼스, 인하대학교 항공우주융합캠퍼스가 있습니다. 인천1호선인 캠퍼스타운역과 테크노파크역, 지식정보단지역, 인천대입구역도 모두 송도1동에 있지요. 지식정보단지역 부근이면서 해송고등학교 근처에 있는 송도웰카운티4단지는 2010년 입주해 465세대가 살고 있습니다. 4단지 옆에 있는 3단지는 2010년 입주해 515세대가, 지식정보단지역 바로 앞에 있는 1단지는 2008년 입주해 980세대가 살고 있지요.

송도2동에는 송도센트럴파크와 NC백화점이 있습니다. 인천연송초등학교 근처에 있는 송도더샵그린워크3차(18블록)는 2015년 입주해

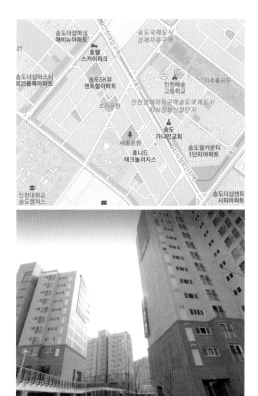

송도웰카운티1단지

780세대가 살고 있습니다. 채드윅송도국제학교 옆에 있는 송도더샵13단지하버뷰와 그 옆에 있는 송도더샵하버뷰Ⅱ(15단지)는 서로 앞서거니 뒤서거니 시세를 유지하고 있습니다. 송도더샵13단지하버뷰는 2011년 입주해 553세대가, 송도더샵하버뷰Ⅱ는 2012년 입주해 548세대가 거주합니다.

송도3동에는 연세대학교 국제캠퍼스, 한국뉴욕주립대학교, 인천재능대학교 송도캠퍼스, 인천가톨릭대학교 송도국제캠퍼스 등 여러 대학교가 들어서 있습니다. 송도3동 아파트 중에서는 인천송명초등학교를 끼고 있는 송도글로벌파크베르디움의 매매가가 가장 높습니다. 2017년 입주해 1,153세대가 살고 있지요. 이 밖에 지식정보단지역에서 가까운 송도더샵센트럴시티는 2018년 입주했고 2,610세대가 거주하는 대단지입니다. 능허대중학교를 끼고 있는 송도에듀포레푸르지오는 2016년 입주해 1,406세대가 거주합니다.

바다가 가까운 송도4·5동

송도4동에는 인천지하철2호선 인천대입구역, 센트럴파크역, 국제업무지구역, 송도달빛축제공원역이 있습니다. 인천대입구역과 코스트코 사이에 자리한 송도더샵 중 송도더샵퍼스트파크F14블록과 F15블록이 눈에 띄는 단지입니다. 두 단지 모두 2017년 입주했고 14블록은 869세대, 15블록은 872세대가 거주하고 있습니다. 인천예술중학교와 인천과학예술영재학교 사이에 있는 송도더샵마스터뷰 21블록도 살펴볼 만한 단지입니다.

송도5동에는 인천항국제여객터미널과 송도랜드마크시티공원이 들어서 있는데, 근처에 전철역이 없습니다. 이곳에선 인천은송초등학교 옆에 있는 송도SK뷰가 대장입니다. 2019년 입주해 무려

송도더샵마스터뷰21블록

2,100세대가 거주하는 이 단지는 근린공원과 워터프론트아임호수가 가깝습니다. 미송초등학교 옆에 있는 송도오션파크베르디움은 2020년 입주해 1,530세대가 살고 있습니다. 미송초등학교를 끼고 있는 더샵송도마리나베이는 집 안에서 바다가 보여 마치 리조트 같다는 평을 받는 곳이죠. 2020년 입주해 무려 3,100세대가 살고 있습니다.

청라

행정구역	인천광역시 서구 청라동
인구	11.2만 명
아파트 물량	44개 단지
평균 평당 가격	2,237만 원
지하철 노선	공항철도, 7호선(예정)
주요 생활환경	유해 환경 없는 상업지구, 청라호수공원, 커낼웨이
특징	도시를 가로지르는 인공 운하 조성

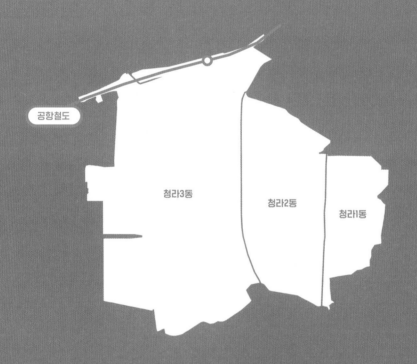

푸른 은하의 도시 청라

인천광역시 서구 청라동에 조성된 청라국제도시는 국내 최초로 국제도시라는 명칭을 사용한 곳입니다. 송도와 마찬가지로 갯벌 일부를 간척해 만든 땅 위에 건설되었습니다. 청라국제도시 중앙에는 우리나라 최대 규모의 호수공원이 자리 잡고 있습니다. 인공 운하인 커낼웨이는 청라를 동서로 관통하는데, 배가 다니는 곳이기도 합니다. 도심 근처에 넓은 골프 클럽이 있는 것도 특징입니다. 원래 청라국제도시에는 국제금융단지가 들어설 계획이었으나 금융 위기로 지지부진되다가 하나금융타운이 입주할 예정입니다.

청라국제도시에서 가장 아쉬운 점은 교통입니다. 공항철도 청라국제도시역이 있지만 주거지구에서는 걸어갈 수 있는 거리가 아니거든요. 그래서 현재 청라에서 서울로 나가는 교통수단은 버스뿐입니다. 다행히 몇 년간의 진통 끝에 지하철 7호선을 청라까지 연장하는 것이 확정되었습니다. 2027년 개통을 목표로 삼고 있어 앞으로 큰 호재로 작용할 것 같습니다. 그뿐만 아니라 국내 최초로 미국식으로 운영될 코스트코와 스타필드, 서울아산병원 분원 등도 들어설 예정이고요. 교육 시설을 살펴보면 청라달튼외국인학교가 있으며 청라중학교, 해원중학교, 초은중학교 등이 눈여겨봐야 할 학군입니다.

청라신도시를 조성할 때 계획한 인구는 약 9만 명이었는데, 등록인구 수가 11만 명이 넘어섰습니다. 예정된 교통편과 개발 호재를 고려하면 청라로 유입되는 인구는 앞으로도 계속 늘어날 것으로 보입니다. 청라동에서 가장 높은 실거래가를 기록한 것은 청라호수공원 조망이 가능한 청라푸르지오 283㎡입니다. 29.5억 원에 거래된 바 있습니다. 59㎡ 중 가장 높은 실거래가를 보인 것은 청라한양수자인레이크블루이며 7.68억 원에 매매되었습니다.

가장 먼저 입주가 시작된 청라동

청라1동과 2동은 대체로 가장 먼저 신축 단지들이 입주를 시작한 동네입니다. 청라신도시에서도 오른쪽 끝에 위치한 지역으로, 커낼웨이가 잘 조성되어 운하가 동서남북으로 흐르며 동네를 사분면으로 가르고 있지요. 청라초등학교와 청라중학교 근처에 자리한 청라호반베르디움(A14블록)은 2011년 입주해 745세대가 살고 있습니다. 청

청라호반베르디움(20블록)

라국제도서관 커낼웨이와 상업지구에서 가까운 청라골드클래스커낼웨이는 2016년에 입주해 269세대가 살지요. 초은고등학교 길 건너편에 있는 청라호반베르디움20블록도 눈여겨볼 단지입니다. 2011년 입주해 620세대가 거주하고 있습니다.

청라호수공원이 있는 청라2동

청라2동은 청라신도시 가운데에 위치하는데, 위쪽에는 베어즈베

스트청라 골프장이, 왼쪽에는 드넓은 청라호수공원이 있습니다. 홈
플러스와 롯데마트도 나란히 자리하고요. 청일초등학교를 끼고 있
는 청라호반베르디움(29블록)은 호수공원 및 심곡천과도 가까워 주
민들의 선호도가 높습니다. 2012년 입주해 무려 2,134세대가 사는
대단지입니다. 청라2동에서 가장 신축인 청라센트럴에일린의뜰은
2018년 입주한 단지로 1,163세대가 거주하고 있지요. 청라센트럴에
일린의뜰 건너편에는 청람초등학교를 낀 청라제일풍경채에듀&파크
2차가 위치합니다. 2017년 입주해 1,581세대가 살고 있습니다.

청라센트럴에일린의뜰

서해 바다가 가까운 청라3동

청라3동은 신도시 내에서 바다가 가장 가까운 동네입니다. 수도권제2순환고속도로가 지나며 청라1지구일반산업단지가 들어서 있습니다. 앞서 청라2동에서 언급한 베어즈베스트청라 골프장이 청라3동까지 걸쳐 있고요.

청라3동에서는 인천경연초등학교가 가깝고 호수공원 조망이 가능한 청라한양수자인레이크블루가 선두 주자로, 2019년 입주해 1,534세대가 살고 있습니다. 청라한양수자인레이크블루 왼쪽 인천경연초등학교 옆에 있는 청라센텀대광로제비앙도 살펴볼 만합니다. 수도권제2순환고속도로와 가까운 이 단지는 2018년 입주해 674세대가

청라센텀대광로제비앙

거주합니다. 좀 더 남쪽으로 내려가서, 해원고등학교 건너편에 있는 청라호수공원한신더휴는 청라호수공원이 매우 잘 보이는 곳입니다. 2020년 입주한 신축으로 898세대가 살고 있습니다.

영종

행정구역	인천광역시 중구 영종동·운서동·용유동
인구	7만 5,000명
아파트 물량	39개 단지
평균 평당 가격	1,318만 원
지하철 노선	공항철도
주요 생활환경	인천공항과 연계된 다양한 시설
특징	섬에 조성된 국제도시

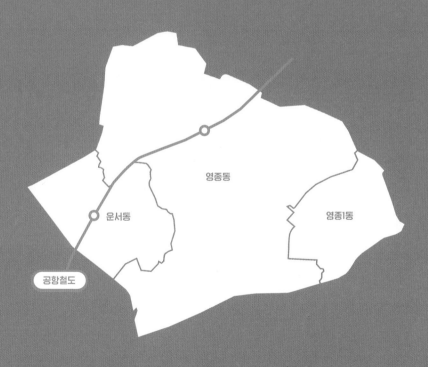

공항을 품은 하늘 도시 **영종**

영종국제도시는 송도, 청라와 함께 인천광역시가 조성한 경제자유구역 세 곳 중 하나로 인천광역시 중구 영종동·운서동·용유동 일대에 조성된 신도시입니다. 영종국제도시는 크게 영종하늘도시, 공항신도시, 운서·운남지구, 미단시티 등으로 권역이 구분됩니다. 영종국제도시에는 파라다이스시티, 인스파이어 리조트, 미단시티 내에 있는 푸리시저스 리조트 등 미국 라스베이거스를 본뜬 다양한 복합 레저 시설이 있습니다. 또 씨사이드파크와 박석공원을 비롯해 스카이72CC 퍼블릭 골프장 등 다양한 시설이 들어서 있지요.

영종국제도시는 다른 신도시에 비해서는 조성된 지 다소 오래된 데다 서울 접근성이 떨어져 아파트 가격이 저렴한 편이지요. 또 전체적으로 84㎡보다는 59㎡가 더 많은 것도 특징입니다. 현재 영종국제도시에서 육지로 나가기 위해서는 영종대교와 인천대교(제2경인고속도로)를 이용할 수 있습니다. 영종에서 청라까지 이어지는 제3연륙교가 2025년 완공될 예정입니다. 여기서는 운서동과 영종1동을 중심으로 살펴보겠습니다.

인천공항과 가까운 운서동

운서동에는 인천국제공항이 자리 잡고 있습니다. 그러다 보니 제 1·2여객터미널과 인천국제공항물류단지, 공항철도 운서역, 인천공항을 관리하는 다양한 공기업 등 공항과 연계된 곳이 많고, 꽤 많은 항공업계 종사자들이 이곳에 거주하고 있지요. 공항 옆에는 스카이72 골프장이 기다랗게 들어서 있습니다. 또 인천하늘고등학교, 인천영종과학고등학교, 인천국제고등학교 등이 있고요.

운서동의 아파트 단지는 대부분 인천공항과 백련산 사이에 모여 있습니다. 이곳에는 저층 아파트가 많아 조용하고 아늑한 느

금호베스트빌1단지

낌을 줍니다. 운서동에서는 영마루공원 바로 밑에 있는 금호베스트빌1단지와 좀 더 남쪽에 있으며 인천공항초등학교를 낀 2단지를 보시면 됩니다. 두 단지가 앞서거니 뒤서거니 시세를 형성하고 있지요. 1단지는 2002년 입주해 360세대가, 2단지는 2003년 입주해 452세대가 살고 있습니다. 운서초등학교 근처에 자리한 영종어울림1차도 있습니다. 2009년 입주해 328세대가 거주하는 단지지요. 이곳 126㎡가 5.6억 원에 거래되었는데, 이는 운서동에서 가장 높은 실거래가입니다. 또 운서동에서 59㎡ 중 가장 높은 실거래를 보유한 단지는 영종주공스카이빌10단지이며 3.3억 원에 거래되었습니다.

신축 아파트가 많은 영종1동

영종1동(중산동)은 영종국제도시에서도 오른쪽 아래에 위치한 동네입니다. 송산을 비롯해 곳곳에 영종하늘도시 근린공원이 있어 녹지가 풍부한 것이 특징입니다. 영종1동에서는 e편한세상영종국제도시오션하임과 영종국제도시화성파크드림을 눈여겨볼 만합니다. e편한세상영종국제도시오션하임은 인천중산초등학교를 끼고 있으며 2018년 입주해 1,520세대가 살고 있습니다. 널따란 공원이 바로 옆에 있는 영종국제도시화성파크드림은 2019년 입주해 657세대가 거주하

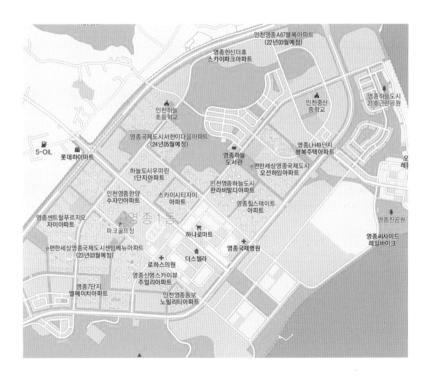

e편한세상영종국제도시오션하임

지요. 이 밖에 인천별빛초등학교 옆에 있는 영종하늘도시KCC스위첸이 그 뒤를 쫓고 있습니다. 2019년 입주한 이곳에는 752세대가 살고 있습니다.

영종1동에서 실거래가가 가장 높은 단지는 영종하늘도시한라비발디 186㎡로 12억 원에 거래되었습니다. 59㎡ 중에서 실거래가가 가장 높은 단지는 4.5억 원에 매매된 영종한신더휴스카이파크입니다.

하락기를 이기는
부동산 투자법

부동산 투자 목적은 크게 시세 차익과 임대 수익으로 나눌 수 있습니다. 둘 중 어느 쪽이 더 중요하느냐고 묻는 분들이 있습니다. 이에 대한 제 대답은 '각자가 현재 어느 쪽에 더 집중해야 하는지에 따라 다르다'는 것입니다. 최근 몇 년간의 부동산 시장을 놓고 본다면 시세 차익을 추구하는 것이 당연합니다. 임대 수익은 그다지 눈에 들어오지도, 성에 차지도 않는 수준이니까요. 하지만 시장이 언제나 이런 것은 아닙니다. 불과 10년 전만 해도 부동산 가격이 크게 상승하지 않으니 시세 차익보다는 임대 수익을 선호하는 사람이 훨씬 많았습니다.

그러니 때에 따라 유연하게 투자하는 것이 중요합니다. 부동산 상승기에는 약간의 자기 자본만 있으면 큰돈을 벌 수 있다는 사실을 깨닫고 너도나도 투자에 뛰어듭니다. 그리고 온통 긍정적인 미래만 그리게 되지요. 이때 자금이 없는 사람이 취할 수 있는 유일한 방법은 대출입니다. 물론 대출을 받아 투자하는 것이 꼭 나쁜 선택은 아닙니다. 자산을 늘리기 위해 적정한 대출은 반드시 필요합니다. 문제는 과도한 대출입니다. 지금까지 20여 년 이상 부동산 시장을 살펴본 입장에서 말씀드리면, 대출액이 지나치게 많은 사람은 하락기를 버티지 못했습니다. 부동산 하락은 금융시장을 비롯한 전반적인 경기 침체를 의미합니다. 경제 상황이 나빠진다고 판단하면 은행은 대출 한도를 줄이거나 상환 연장을 거부합니다. 채무자 입장에서는 갑자기 대출을 상환해야 할지도 모릅니다.

제가 아는 어떤 분은 아파트 3채에 투자했습니다. 그런데 신용대출에 마이너스 통장까지 하면 매월 이자만 350만 원 정도인데, 월급은 500만 원이라고 합니다. 그 말을 듣고 위험도가 높다고 조언했지만 이미 아파트 가격이 크게 상승했으니 상관없다고 하더군요. 하지만 매달 내는 이자가 350만 원에서 400만 원이 된다면 그만큼 생활비를 줄여야 하는데, 생각처럼 쉽지 않은 일이지요. 평범한 사람들에게는 생활비를 10만 원만 줄이는 것도 엄청난 고통이니까요.

보유한 아파트를 매도해 대출을 갚으면 되지 않느냐고 할 수 있지만, 경기 침체기에는 이조차 쉽지 않을 수 있습니다. 시간이 지날수록 집값이 떨어진다고 생각하면 매수자들이 구입 자체를 보류할 가능성이 높습니다. 결국 집은 팔리지 않고 상환 기일은 점점 다가오는, 그야말로 피 말리는 상황에 직면할 수 있고요. 물론 아파트 가격이 하락해도 대부분은 최대한 버티려고 할 겁니다. 금액이 가장 큰 자산이니 버틸 수밖에 없겠지요. 보유한 현금을 총동원하거나 추가 대출을 받아가며 버틸 겁니다. 그러다 한계에 다다랐을 때 더 이상 버티지 못하고 포기합니다. 이것이 바로 부동산 하락기에 많은 경매 물건이 쏟아지는 이유입니다.

결국 언제 올지 모를 부동산 하락기를 대비하기 위해서는 어느 정도 현금을 확보하는 것이 좋습니다. 상승기에는 자고 나면 집값이 상승하는 것에만 몰두해 현금 흐름을 무시하는 경우가 많지만, 현금은 위기가 왔을 때 나를 지켜주는 보호막이 될 수 있습니다. 하락기에는 살아남는 것이 중요합니다. 그동안 번 것은 큰 의미가 없어집니다. 제가 오랜 시간 지켜본 결과 상승장에 돈을 번 사람들은 정말 많았지만, 그중 적지 않은 이들이 하락장에서 떨어져나갔습니다. 오래도록 성공적으로 부동산 투자를 하는 분들의 비결을 꼽으라면 무리하지 않는 범위 내에서 투자를 한다는 것이 아닐까 합니다. 이런 분들은 무조건 시세 차익만 노리면서 투자하지 않습니다. 현금 흐름을 적당히 창출할 수 있는 부동산 자산을 보유합니다. 이를 통해 부동산 가격이 하락하더라도 버틸 수 있는 힘을 기르는 거지요.

처음 부동산에 투자한다면 시세 차익을 좀 더 추구하는 것이 맞습니다. 회사에 다니고 있다면 매월 일정한 현금을 확보할 수 있을 겁니다. 이를 바탕으로 시세 차익을 추구해 자산을 불렸다가 점차 현금을 쌓아가는 것이 최고의 투자 경로라고 할 수 있습니다. 아무리 자산이 많아도 현금이 나오지 않는 자산은 소용이 없습니다. 자산을 매도할 때까지는 사이버 머니와 다를 바 없으니까요. 궁극적으로 모든 투자의 끝은 현금이 되어야 합니다. 투자도, 차익도 좋지만 통장에 현금이 지속적으로 들어와야 비로소 안정적으로 생활할 수 있다는 사실을 반드시 기억하시기 바랍니다.

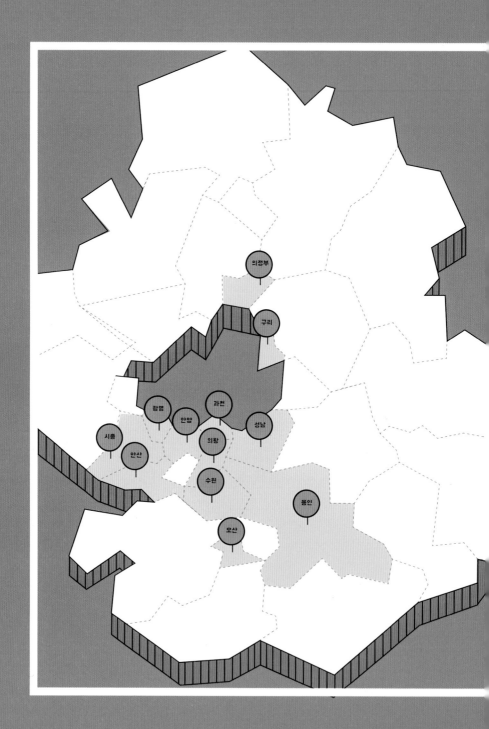

PART 4

경기도 도시

수원
성남
용인
과천
의왕
안양
광명
시흥
안산
구리
의정부
오산

우리에게 친숙한 경기도 도시

이번에는 국가에서 조성한 신도시를 제외한 경기도의 여러 도시를 산책할 차례입니다. 대부분 자연적으로 생성되어 오랜 기간 발전해왔거나, 본래는 인구가 적은 농촌이었으나 해방 이후 산업화 과정에서 도시로 승격된 지역들입니다. 본래 경기도는 대한민국뿐만 아니라 조선시대, 나아가 고려시대와 삼국시대에도 한반도에서 비중이 높은 지역이었습니다. 특히 지금과 같은 영토가 확정되고 서울이 수도가 된 조선시대에는 서울로 가려면 어느 지역에서 출발하든 경기도를 거쳐야 했지요. 그만큼 경기도 곳곳이 서울의 관문 역할을 수행해왔다고 할 수 있습니다. 해방 이후 대한민국이 발전하는 시기에는 일자리를 찾아 수도권으로 올라온 많은 인구를 수용하며 전통적인 위성도시로 자리 잡았고요.

이에 4장에서는 12곳의 도시를 살펴볼 예정입니다. 경기도 남부의 주요 도시로서 오랜 역사를 지닌 수원·성남·안양, 전통적으로 경기 북부 행정의 중심이었던 의정부, 짧은 시간에 위성도시로 급격히 발전한 광명·안산·의왕·구리, 최근 몇 년 새 폭발적으로 성장하고 있는 용인, 정부 청사가 모여 있는 과천, 이제 막 개발을 시작한 시흥, 2021년 전국에서 아파트 가격 상승률이 가장 높았던 오산 등입니다. 이 중 몇몇은 개발된 도심과 농촌 풍경이 섞여 흥미로운 풍경을 그려내는 곳도 있습니다. 그럼 지금부터 경기도 주요 도시와 각 지역의 핵심 아파트 단지들을 하나씩 살펴보겠습니다.

수원

인구	119만 명
아파트 물량	439개 단지
평균 평당 가격	2,145만 원
지하철 노선	1호선, 수인분당선, 신분당선
주요 생활환경	삼성전자, 성균관대학교, 아주대학교 등
특징	광역시를 제외하고 인구가 가장 많은 도시

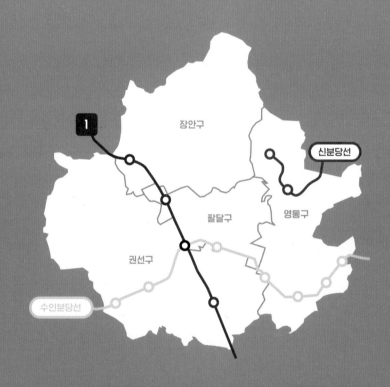

수원시는 경기도에서 인구가 가장 많은 도시입니다. 거의 120만 명이 살고 있는데, 광역시를 제외하면 전국에서 가장 많은 인구입니다. 실제로 수원은 인구밀도가 무척 높습니다. 수원은 북수원, 서수원, 동수원, 화성, 남수원 등 5개 생활권으로 나뉩니다. 수원역·수원화성·수원시청으로 연결되는 1도심, 그리고 정자동·광교신도시·영통동·오목천동·호매실지구인 5부도심과 1지역 중심으로 분류하죠. 수원에는 4개 구가 있으며 장안구 11만 5,000세대, 권선구 15만 2,000세대, 팔달구 8만 4,000세대, 영통구 14만 6,000세대가 살고 있습니다. 여기에 44개의 행정동과 56개의 법정동이 있습니다.

수원에는 성균관대학교와 아주대학교가 있고, 팔달산과 화성행궁 등 수원 주민이 아닌 사람들도 들어본 명소가 많습니다. 요즘은 수원 하면 삼성전자를 떠올릴 분이 많을 텐데, 실제로 매탄과 영통 등지에는 삼성전자 직원이 많이 살고 있습니다.

수원역과 팔달문, 인계동 일대는 수원시의 핵심 상권으로 꼽히고 학군은 '수원의 대치동'이라 불리는 영통이 유명합니다. 영덕중학교, 영일중학교, 태장중학교 등이 선호되는 학군입니다. 장안구에 있는 천천중학교와 대평중학교도 빼놓을 수 없겠네요. 그러면 지금부터 수원시를 자세히 살펴보겠습니다.

성균관대학교가 있는 장안구

장안구 면적은 33.17km²이고 약 27만 명이 살고 있습니다. 성균관대학교 자연과학캠퍼스와 동남보건대학교가 있습니다. 그러다 보니 장안구를 지나는 1호선 전철역에는 성균관대역이 있습니다. 수원 KT위즈파크 야구장과 수원종합경기장, 경기도인재개발원도 있고요. 또 광교저수지와 영동고속도로도 지나갑니다.

먼저 남북으로 좁고 길게 펼쳐진 율전동은 성균관대역이 동네를 나누고 있습니다. 성균관대역을 기준으로 남쪽에 위치하면서 율전동에서 가장 신축인 수원성균관대역동문굿모닝힐의 몸값이 가장 높습니다. 2017년 입주해 699세대가 살고 있지요. 이곳 85m²가 8억 원에 거래되었는데, 이는 율전동에서 가장 높은 실거래가입니다. 성균

화서역파크푸르지오

관대역 위쪽으로 넘어가 상률초등학교 근처에 있는 밤꽃마을뜨란채는 덕성산과 밤밭청개구리공원을 끼고 있어 녹지가 풍부한 곳입니다. 2005년 입주한 이곳에는 1,078세대가 거주합니다. 이 밖에 성균관대역에서 가깝고 율전초등학교와 가까운 신일이 있습니다.

정자동에는 SKC 공장과 동남보건대학교가 있습니다. 북쪽에서 남쪽으로 서호천이 흐르고요. 정자동에서는 경기도의료원수원병원과 명인중학교 사이에 위치한 화서역파크푸르지오가 대장 단지입니다. 2021년 8월 입주한 최신축으로 2,355세대가 살고 있습니다. 1호선 화서역 역세권이고 단지 앞에는 널따란 숙지산과 숙지공원이 펼쳐져 신축의 가치를 인정받고 있지요. 정자동 북쪽 끝으로 가면 수원SK스카이뷰가 있습니다. 정자문화공원과 다솔초등학교 사이에 위치하며 3,000세대가 넘는 대단지로 2013년에 입주했습니다. 효전

수원한일타운

초등학교 옆에 있는 화서역위너스파크도 있습니다. 2002년 입주해 583세대가 거주합니다.

조원동에는 장안구청과 수원야구장, 종합운동장 등이 있습니다. 장안구청 바로 옆, 1999년 입주한 수원한일타운은 무려 5,282세대나 되는 매머드급 단지입니다. 바로 앞에 있는 학교만 네 곳으로, 세대수가 많은 만큼 면적도 60~165㎡로 다양합니다.

이곳 165㎡가 10.9억 원에 거래되었으며 이는 조원동의 최고 실거래가입니다. 수성초등학교를 끼고 있는 주공뉴타운 1단지와 조원초등학교를 끼고 있는 2단지도 살펴볼 만합니다. 두 단지 모두 2001년에 입주했고 세대수만 768세대와 1,586세대로 다릅니다. 장안구에서 59㎡ 중 가장 실거래가가 높은 단지는 9.52억 원에 거래된 화서역파크푸르지오입니다. 다음은 7.5억 원에 거래된 수원SK스카이뷰입니다.

수인분당선 역이 많은 권선구

권선구는 42.29㎢ 면적에 약 36만 명이 거주합니다. 1호선인 세류역과 수인분당선 역 몇 개가 있습니다. 또 서수원IC와 서수원시외버스터미널이 있지요. 수원역은 행정구역상으로는 팔달구에 속하지만 권선구의 경계에 붙어 있습니다.

고색동에는 수인분당선 고색 역세권에 위치한 고색태산2차와 우림필유, 고색태산1차가 비슷한 시세를 형성하고 있습니다. 우림필유는 2005년 입주해 488세대가, 고색태산1차는 1997년 입주해 623세대가, 고색태산2차는 1998년 입주해 450세대가 거주합니다.

서수원시외버스터미널이 있는 구운동은 일월먹거리촌으로도 유명합니다. 구운동에서는 일월저수지와 일월공원 앞에 있는 단지들을 살펴보겠습니다. 먼저 1991년 입주한 구축이지만 1,680세대로 규모가 가장 큰 삼환은 공원과 가까워 주민들의 만족도가 높습니다. 삼환 건너편에 있는 일월청구는 2001년 입주해 524세대가, 일월청구 옆에 있는 코오롱하늘채는 1999년 입주해 676세대가 살고 있지요.

권선동에는 수인분당선 매탄권선역과 수원시청역이 있습니다. 수원버스터미널 옆으로 NC백화점과 이마트, 수원수산시장 있어 유동 인구가 많죠. 권선동에서는 1호선 세류역이 가까운 수원아이파크시티7단지 몸값이 가장 높습니다. 2016년 입주해 1,596세대가 살고 있습니다. 다음으로 수원아이파크시티2단지와 4단지도 살펴볼 아파트입니다. 두 단지 모두 2012년 입주했고 세대수만 각각 1,135세대와

수원아이파크시티7단지

889세대로 다릅니다.

세류동은 1호선 세류역과 수인분당선 매교역이 근처에 있습니다. 더블 역세권이며 번화가인 세류역에 가까울수록 가격이 높습니다. 세류역과 수원역 사이에 있으며 비교적 신축인 수원역해모로부터 살펴보겠습니다. 이곳은 세류초등학교를 낀 초품아로, 2015년 입주해 863세대가 살고 있지요.

다음은 수원역 초역세권인 대한대우입니다. 1999년 입주해 1,293세대가 사는 이곳은 구축임에도 수원역 바로 앞에 있어 1호선과 수인분당선, KTX를 모두 이용할 수 있다는 것이 커다란 장점입니다. 아울러 GTX-C 노선의 종착역이 수원역으로 예정되면서 가치가 더욱 높아지고 있지요. 또 다른 수원역 역세권 아파트인 수원역센트럴어반시티도 있습니다. 2015년 입주해 1,019세대가 거주합니다. 매교역 일대에서는 역까지 10분 거리면서 1999년 입주한 삼익과 현대가 살펴볼 만한 단지이며, 이 중 삼익을 보시면 됩니다.

대한대우

관광 명소가 많은 팔달구

팔달구 면적은 12.86㎢이고 인구는 약 17만 명입니다. 1호선 수원역·화서역과 수인분당선이 지나갑니다. 다른 지역에서도 유명한 팔달산과 화성행궁, 수원화성박물관, 그리고 수원월드컵경기장이 있죠.

먼저 월드컵경기장이 있는 우만동을 살펴보겠습니다. 아주대학교 남쪽에 있는 현대는 1985년 입주한 구축인데도 재건축 호재가 있어 몸값이 꽤 높습니다. 404세대가 거주합니다. 현대 맞은편에는 우만동에서 가장 대단지이면서 팔달초등학교를 끼고 있는 월드메르디앙이 있습니다. 2004년 입주해 2,063세대가 살고 있습니다. 공항버스터미널 근처에 있는 선경은 1995년 입주해 372세대가 거주하지요.

인계동에는 수원시청과 KBS경인방송센터가 있습니다. 수인분당선 수원시청역이 위치하죠. 매여울초등학교를 끼고 있는 래미안

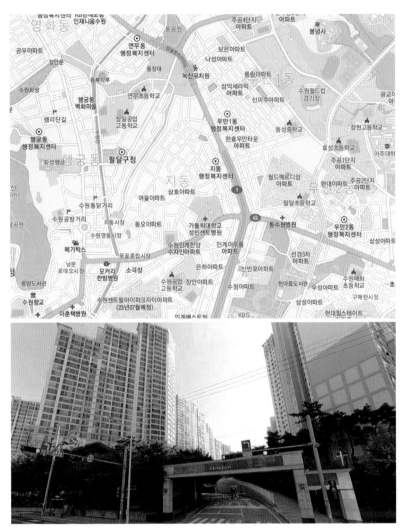

월드메르디앙

노블클래스1단지와 2단지가 선두에 있습니다. 모두 2009년 입주했고 세대수만 892세대와 459세대로 다릅니다. 참고로 인계동에는 현

래미안노블클래스1단지

재 짓고 있는 신축 단지가 두 곳이나 있습니다. 매교역 역세권이면서 2022년 7월 입주 예정인 매교역푸르지오SK뷰, 그리고 이곳 바로 건너편에 있으면서 2023년 입주 예정인 수원센트럴아이파크자이입니다. 두 신축 단지 바로 옆에 위치한 인계파밀리에는 2009년 입주해 431세대가 거주합니다.

화서동에는 1호선 화서역과 서호저수지, 그리고 숙지산이 있습니다. 이 동네에서는 1997년 입주해 582세대가 살고 있는 구축이지만 화서역 초역세권인 화서주공3단지의 가격대가 가장 높습니다. 화서역 건너편 율현중학교 아래에 있는 꽃뫼버들마을코오롱은 여기 산공원과 가깝습니다. 2002년 입주해 538세대가 살고 있지요. 마지막으로 수원제일중학교와 화홍초등학교 위에 위치한 화서위브하늘채를 살펴보시면 됩니다. 2009년 입주해 807세대가 거주하는 단지입니다. 화서동에서 가장 비싼 단지는 꽃뫼양지마을대우 118㎡로

9.99억 원에 거래되었습니다.

삼성전자가 위치한 영통구

영통구 면적은 27.67km²이고 약 36만 명이 살고 있습니다. 수원을 대표하는 기업 삼성전자가 입주해 있죠. 이 밖에 광교신도시와 아주대학교, 경기대학교 수원캠퍼스 등도 위치합니다. 영통구에는 수인분당선인 청명역·영통역·망포역·매탄권선역이 있습니다.

망포동은 삼성전자 바로 아래에 위치합니다. 망포역 역세권이고 바로 앞에 이마트트레이더스가 있는 힐스테이트영통이 대장 단지입니다. 2017년 입주해 2,140세대가 거주하지요. 이 단지 108m²가 13.8억 원에 거래되었는데, 이는 영통구에서 가장 높은 실거래가입니다. 힐스테이트영통 바로 옆에 있는 영통아이파크캐슬1단지와 2단지가 그 뒤를 따르고 있습니다. 모두 2019년 입주해 세대수만

힐스테이트영통

매탄위브하늘채

1,783세대와 1,162세대로 다릅니다.

삼성전자가 있는 매탄동은 수인분당선 북쪽에 자리합니다. 길 하나를 두고 광교신도시와 마주 보고 있으며 전철역으로는 매탄권선역이 있지요. 효원공원과 동수원초등학교 사이에 위치한 주공5단지가 제일 비쌉니다. 1985년 입주한 단지라 재건축 호재가 있습니다. 효원공원 바로 옆에 있는 매탄위브하늘채는 2008년 입주해 무려 3,391세대가 거주하는 대단지입니다. 이곳 129㎡가 10.6억 원에 거래되었는데, 이는 매탄동의 가장 높은 실거래가입니다. 원천초등학교와 동수원중학교 사이에 있는 매탄e편한세상은 2010년 입주해 580세대가 살고 있습니다.

영통동은 영흥공원이 넓게 펼쳐져 있으며 수인분당선 청명역·영통역·망포역이 있습니다. 수원가정법원, 수원시립도서관 등도 있지요. 청명역 역세권이며 영덕초등학교를 끼고 있는 벽산삼익이 가장 높은 가격대를 보입니다. 1997년 입주해 1,242세대가 거주하고 있습니다. 조금 아래로 내려오면 영통역 역세권이면서 영동초등학교 오른쪽에 있는 신나무실극동·풍림과 영동초등학교 왼쪽에 있는 신나무실6단지동보·신명, 그리고 건너편 삼성·태영이 비슷한 시세를 형성하고 있습니다.

영통구에서 59㎡ 중 가장 높은 실거래가를 기록한 것은 8.5억 원에 거래된 망포동의 힐스테이트영통입니다. 다음은 7.9억 원에 거래된 망포동 영통아이파크캐슬1단지입니다.

성남

인구	93만 1,000명
아파트 물량	97개 단지
평균 평당 가격	3,968만 원
지하철 노선	8호선, 수인분당선, 신분당선, 경강선
주요 생활환경	산에 둘러싸인 도시
특징	신도시와 구도심 간의 두드러진 차이

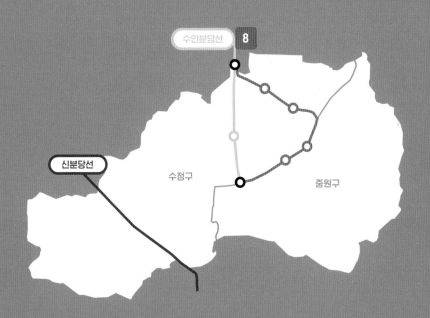

경기도 성남시는 남한산성 남쪽에 있다 하여 지금의 지명을 얻게 되었습니다. 면적은 약 141㎢이고 인구는 약 93만 명입니다. 성남시는 서울 근처에서 가장 먼저 개발된 도시였기에 초창기에 서울에서 이주한 사람이 많았습니다.

성남은 수정구, 중원구, 분당구 등 3개의 구로 이루어져 있습니다. 성남도시기본계획에 의하면 총 3개 권역으로 나뉩니다. 성남 도심은 중원구 여수동·도촌동, 수정구 고등동·시흥동, 그리고 분당구 야탑동·이매동 및 판교신도시입니다. 북부 지역은 중원구 상대원동·하대원동·중앙동·성남동과 수정구 단대동·수진동·복정동 등입니다. 마지막으로 남부 지역은 분당구 구미동·정자동·서현동·수내동·대장동이 해당됩니다. 분당구는 앞서 1기 신도시에서 다루었으므로, 여기서는 수정구와 중원구를 살펴볼 예정입니다.

성남은 권역에 따라 도시 경관이 매우 다릅니다. 신도시인 분당과 판교 모두 성남시에 속하지만, 그 외 지역은 '구(舊)성남'이라고 불릴 정도로 전혀 다른 모습을 보이기 때문이지요. 수정구에는 11만 4,000세대, 중원구에는 10만 세대가 살고 있습니다. 수정구와 중원구 곳곳에서 재개발을 진행 중인데, 경사가 가파른 지대가 많지만 비교적 문제없이 추진되고 있습니다. 학군을 살펴보면 중원구에서는 성남여자고등학교와 성일고등학교, 수정구에서는 풍생고등학교와 효성고등학교가 4년제 대학 진학률이 60% 이상인 학교로 꼽히고 있습니다.

8호선이 지나가는 수정구

수정구에는 약 24만 명이 살고 있습니다. 앞서 2기 신도시에서 살펴본 위례신도시의 성남시 위례동이 수정구에 속합니다. 수정구에는 수인분당선과 8호선이 지나가는데, 가천대학교 글로벌캠퍼스와 한국폴리텍1대학 성남캠퍼스, 을지대학교 성남캠퍼스 등 여러 학교가 있습니다. 이 밖에 수원지방법원 성남지원도 있죠.

단대동에는 8호선 단대오거리역과 남한산성입구역이 있습니다. 남한산성입구역 역세권 단대푸르지오가 대장 단지로, 2012년 입주해 1,015세대가 살고 있습니다. 단대푸르지오 위쪽에 있으면서 단대

단대푸르지오

산성역포레스티아

공원에 더 가까운 진로는 1998년 입주해 499세대가 거주합니다. 이 외에는 200세대 미만인 단지가 대부분입니다.

　다음으로 수정구청과 희망대공원이 있는 신흥동에는 8호선 수진역·신흥역·단대오거리역·산성역이 있습니다. 최근 신축 단지가 여럿 들어선 것이 특징입니다. 신흥동의 강자는 산성역포레스티아입니다. 2020년에 입주한 최신축에 산성역 초역세권이고 4,000세대가 넘는 대단지임을 고려하면 당연한 것 같습니다. 이곳 85㎡가 15.58억 원에 거래되었는데, 이는 신흥동에서 가장 높은 실거래가입니다. 희망대공원 아래쪽으로 청구와 한신도 있습니다. 1994년 입주한 청구는 493세대, 1990년 입주한 한신은 585세대가 살고 있지요.

수진동에서는 수진중학교 근처에 있는 삼부를 살펴볼 만합니다. 1996년 입주한 구축이지만 수인분당선 태평역 초역세권으로 수진공원이 바로 앞에 있고 탄천도 가까워 주민들 만족도가 높습니다. 834세대가 거주합니다.

태평동에는 분당수서간 도시화고속도로가 지나며 영장산과 영장공원이 위치합니다. 영장공원을 바로 앞에 둔 가천대역두산위브는 수인분당선 가천대역 역세권입니다. 2018년 입주한 준신축으로 503세대가 살고 있습니다.

언덕이 많은 중원구

중원구에는 약 21만 명이 살고 있습니다. 성남시청과 성남종합

롯데캐슬

운동장, 신구대학교가 있습니다. 성남일반산업단지가 있어 직주근접도 가능하지요. 분당선과 8호선이 교차하는 모란역과 8호선인 수진역·신흥역·단대오거리역·남한산성입구역이 있습니다. 중원

구에는 경사가 높거나 골목길 폭이 좁은 곳이 많습니다. 또 수정구와 마찬가지로 500세대 이상인 단지가 많지는 않다는 점을 알아두시면 좋을 듯 합니다.

먼저 여수동입니다. 여수동에는 성남시청과 서울교통공사 모란 차량사업소가 있습니다. 시청 근처에 있는 센트럴타운은 2012년 입주해 1,039세대가 살고 있지요. 길 하나만 건너면 야탑동인지라 야탑동 생활권에 속하는 것이 특징입니다.

중앙동에서는 2개 단지를 살펴보겠습니다. 단대오거리역 역세권인 롯데캐슬은 이 근방의 대장 단지로 2012년 입주해 545세대가 거주합니다. 마찬가지로 신흥역 역세권이면서 성남제일초등학교 옆에 위치한 중앙힐스테이트2차도 살펴보시길 권합니다. 2014년 입주해 751세대가 거주합니다.

이번에는 은행동을 볼까요? 은행초등학교 근처에 있는 은행주공1차는 1987년에 입주한 구축입니다. 재개발 호재가 있으며 연식

은행주공1차

은 오래되었지만 검단산 숲세권이라 만족하는 주민들이 많습니다. 남한산성입구역 역세권인 은행동현대는 1995년 입주해 1,258세대가 거주합니다. 중부초등학교를 낀 초품아에 은행식물원, 노루목공원이 바로 옆에 있고요.

금광동에서는 2006년 입주해 1,098세대가 거주하는 래미안금광이 있습니다. 단대오거리역까지 걸어가긴 조금 멀지만 검단산과 자혜공원, 황송공원 등 삼면이 녹지대에 둘러싸인 진정한 숲세권 아파트입니다. 이 밖에 성남동에는 성남종합운동장과 아주 가까운 성남어울림, 하대원동에서는 대원공원 옆에 위치한 성남자이와 성남테크노과학고 근처에 있는 아튼빌, 상대원동에서는 성남일반산업단지 근처에 있으면서 가장 대단지인 선경상대원2차를 살펴볼 만합니다. 선

래미안금광

경상대원2차는 49㎡로만 구성되어 있습니다.

끝으로 도촌동에서는 섬마을휴먼시아1·3·5단지가 있습니다. 전철역과는 거리가 좀 멀지만 공원과 여수천이 있어 한적한 풍경을 좋아하는 분들이라면 선호할 단지들입니다. 2010년 입주한 1단지는 842세대, 2007년 입주한 3단지는 408세대, 2010년 입주한 5단지는 633세대가 거주합니다.

중원구에서 가장 높은 실거래가는 135㎡가 13.65억 원에 거래된 여수동 연꽃마을4단지가 지니고 있습니다. 59㎡ 중 가장 높은 실거래가 기록을 세운 것은 여수동 산들마을로, 9.88억 원에 거래되었습니다. 중원구는 향후 신흥역에서 단대오거리역 사이에 신축 단지가 들어설 예정이니 성남시를 눈여겨보는 분들은 관심을 갖고 지켜보시길 권합니다.

용인

인구	108만 명
아파트 물량	406개 단지
평균 평당 가격	2,096만 원
지하철 노선	수인분당선, 신분당선, SRT 고속철도, 용인 에버라인 경전철
주요 생활환경	분당, 판교 직주근접
특징	현재 가장 빠른 속도로 팽창하는 도시

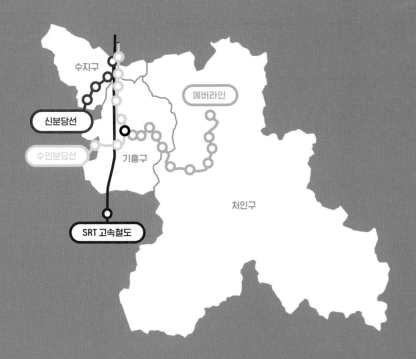

급격하게 성장하고 있는 도시 **용인**

용인 하면 가장 먼저 떠오르는 것이 에버랜드나 한국민속촌입니다. 수도권에서 거주하는 사람이라면 누구나 한 번쯤 가본 곳이죠. 경기도 내륙에 위치한 용인은 성남, 광주, 평택, 안성 등 경기도의 다른 도시와 맞닿아 있습니다. 수도권에서는 수원과 고양에 이어 세 번째로 인구가 많은 도시이자 가장 빠른 속도로 성장하는 도시이기도 합니다. 2000년 38만 명에 불과했던 용인시의 인구는 2021년 기준 110만 명 돌파를 눈앞에 두고 있습니다. 이처럼 인구가 증가하는 가장 큰 이유는 면적이 591km²로 매우 넓기 때문입니다. 곳곳에 택지 개발을 통해 주거지구가 생김에 따라 도시가 확장되고 있는 것이죠.

용인시는 수지구·기흥구·처인구로 이루어져 있는데, 이 순서대로 서울에서 멀고 교통편도 다소 불편합니다. 용인시 면적이 워낙 광활하고 도농 복합 지역이다 보니, 구마다 풍경이나 개발 정도에 차이가 많습니다. 예를 들어 용인시에서 가장 남쪽에 있는 처인구는 아직까지 전원 풍경이 남아 있는 지역으로 행정구역상 읍과 면이 있으며, 서울에서 가까운 수지구조차 경부고속도로 좌·우측 풍경이 전혀 다릅니다.

용인을 지나는 전철 노선은 분당선, 신분당선, 경전철 등입니다. 용인에서는 보정동의 신촌중학교, 풍덕천동의 이현중학교와 정평중학교, 죽전동의 대덕중학교, 신봉동의 홍천중학교, 상현동의 서원중학교 등이 선호도 높은 학교입니다.

강남 접근성이 좋은 수지구

수지구는 면적은 42.1km²이고 인구는 37만 명입니다. 탄천과 동막천, 성복천 등이 이 근방에서 만나 한강으로 흘러 들어가는데, 이로부터 '수지(水枝)'라는 지명이 유래했다고 합니다.

수지구는 경부고속도로를 중심으로 좌우로 나뉩니다. 경부고속도로 오른쪽에는 수인

동천센트럴자이

분당선인 죽전역과 신세계백화점, 이마트가 있습니다. 과거에는 이 일대가 수지구의 중심이었지만, 경부고속도로 왼쪽에 신분당선인 동천역·수지구청역·성복역·상현역이 개통되면서 지금은 중심축이 넘어간 느낌이지요. 수지구에는 대형 면적 아파트가 유독 많습니다. 신분당선 개통으로 강남 접근성이 획기적으로 높아지면서 수지구에 대한 관심이 많아졌습니다. 그럼 수지구를 동네별로 살펴볼까요?

먼저 동천동에는 신분당선 동천역이 있습니다. 동천동 왼쪽에는 타운하우스나 갤러리, 박물관 등이 있고 아파트 단지는 주로 오른쪽에 위치합니다. 동천역까지 걸어가기엔 다소 멀지만 2019년에 입주해 신축 프리미엄을 지닌 동천센트럴자이가 가장 비쌉니다. 1,057세

진산마을삼성5차

대가 거주하고 있습니다. 동천센트럴자이와 동천초등학교를 사이에 두고 있는 동천자이는 2018년 입주해 1,437세대가 살고 있지요. 남쪽으로 몇 블록 내려와서 한빛초등학교를 기준으로 모여 있는 래미안이스트팰리스단지 중에서는 2단지가 눈여겨볼 만합니다. 2010년 입주해 428세대가 살고 있는데, 85~124m²까지 다양한 면적이 있는 것이 특징입니다.

수지구청과 수지구청역이 위치한 풍덕천동에서는 수지초등학교 아래에 있는 e편한세상수지가 대장 단지입니다. 2017년 입주해 1,237세대가 사는 이 단지는 풍덕천동 끄트머리에 위치하는데 성복역과 매우 가깝습니다. 뒤편에는 정평공원과 신봉공원이, 앞에는 성복천이 흐르고 있고요. 이곳 99m²가 16.5억 원에 거래되었는데, 이는 풍덕천동에서 가장 높은 실거래가입니다. 한편 수지체육공원 옆에는 래미안수지이스트파크가 있습니다. 2015년 입주해 845세대가 살고 있죠. 풍천초등학교를 끼고 있으며 성복천과 가까운 진산마을삼

성5차는 2003년 입주했습니다. 1,828세대가 거주해 풍덕천동에서는 규모가 가장 큰 단지입니다.

성복동에는 신분당선 성복역이 있습니다. 성복역에서는 대체로 세대수가 많은 롯데캐슬 단지들이 선두에 있습니다. 명실상부한 선두 주자로 성복역 바로 앞에 있으며 롯데몰 슬세권인 성복역롯데캐슬골드타운은 2019년 입주해 2,356세대가 거주합니다. 성복역에서 도보 10분 정도 거리에 있는 성복역롯데캐슬파크나인은 2020년 입주해 534세대가 살고 있습니다. 그 옆에는 2021년 입주해 최신축인

성복역롯데캐슬골드타운

성복역롯데캐슬클라시엘에 1,094세대가 살고 있지요. 성복동에서 가장 높은 실거래가 기록은 100㎡가 16.3억 원에 거래된 성복역롯데캐슬골드타운이 지니고 있습니다.

상현동에는 신분당선 상

광교상록자이

현역이 있으며 역 좌우에 위치한 초역세권 단지들이 선두에 있습니다. 이 일대 동네 지명이 광교마을이다 보니, 아파트 단지명에도 '광교'가 붙은 곳이 많습니다. 상현역 오른쪽 광교상록자이는 2012년 입주해 1,035세대가, 상현역 왼쪽에 있는 광교경남아너스빌은 2011년 입주해 700세대가 거주합니다. 심곡어린이공원 옆에 있는 포레나광교상현은 2018년 입주해 639세대가 거주하고 있지요. 상현동 최고 실거래가 기록은 201㎡가 15억 원에 거래된 심곡마을광교힐스테이트가 지니고 있습니다.

마지막으로 죽전동입니다. 수지구에서 유일하게 경부고속도로 오른쪽에 위치한 동네로 수인분당선인 죽전역과 이마트, 신세계백화점이 있지요. 신분당선 동천역에서 가장 가까운 용인수지벽산타운1단지는 1997년 입주해 612세대가 살고 있습니다. 1단지 바로 옆에 있는 용인수지벽산타운2단지는 같은 해 입주해 684세대가 거주

용인수지벽산타운2단지

합니다. 대지초등학교 근처에 있는 대지마을3차2단지현대홈타운도 있습니다. 이곳은 2003년 입주해 537세대가 거주합니다. 용인수지 벽산타운1단지 135㎡가 12.3억 원에 거래되었는데, 이는 죽전동에서 가장 높은 실거래가입니다.

아파트 단지가 많은 기흥구

기흥구는 면적이 81.67㎢이고 인구는 약 44만 명입니다. 기흥구에는 한국민속촌과 골프장 등이 있으며 삼성전자 기흥캠퍼스가 신갈저수지 아래에 있습니다. 구 전체 면적이 넓다 보니 동네별로 거리가 떨어져 있어 생활권이 다른 것이 특징입니다. 기흥구에는 수인분당선과 용인 에버라인 경전철이 지나갑니다. 에버라인 경전철은 기

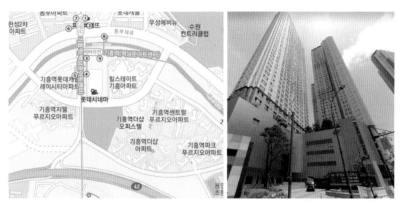

힐스테이트기흥

흥구 구갈동부터 처인구 포곡읍에서 운행하는 노선입니다.

기흥구는 워낙 인구가 많고 살펴봐야 할 아파트도 그만큼 많습니다. 기흥구에서 59㎡ 중 실거래가가 제일 높은 단지는 마북동 연원마을삼호벽산으로 7.7억 원에 거래된 바 있습니다. 그럼 기흥구를 동별로 살펴보겠습니다.

먼저 기흥구청과 분당선 기흥역이 있는 구갈동입니다. 넓은 골프장이 있고 아래쪽에 신갈천이 흐릅니다. 기흥역 초역세권이자 AK플라자 슬세권인 힐스테이트기흥의 몸값이 가장 높습니다. 2018년 입주해 976세대가 살고 있습니다. 그 바로 아래 위치한 기흥역더샵과 기흥역센트럴푸르지오 역시 2018년에 입주했고 세대수는 각각 1,219세대와 1,316세대입니다.

동백동에는 영동고속도로가 관통하지만 전철역이 없습니다. 아파트 단지들은 영동고속도로 남쪽에 있고요. 동백동에서는 2021년 입주한 신동백두산위브더제니스가 앞서나갑니다. 1,187세대가 거주하고 있지요. 이 단지 85㎡가 8억 원에 거래되었는데, 이는 동백동에서 가장 높은 실거래가입니다. 동백초등학교 아래에 있는 호수마을 상록롯데캐슬은 2007년 입주해 552세대가, 가람공원 옆에 있는 호수마을계룡리슈빌은 2006년 입주해 567세대가 살고 있습니다.

마북동에는 수인분당선 구성역과 칼빈대학교가 있습니다. 구성역에서 가까운 삼거마을삼성래미안1차가 마북동의 대장 단지로, 2002년 입주해 1,282세대가 거주하는 곳입니다. 래미안 위쪽 마북초등학교 옆에 있는 연원마을엘지는 1999년 입주해 396세대가 있고, 아래쪽 연원마을삼호벽산은 2000년 입주해 1,576세대가 사는 대단지입니다. 마북동에서 가장 높은 실거래가는 13.8억 원에 거래된 삼거마을삼성래미안1차 135㎡가 보유하고 있습니다.

보라동에는 한국민속촌과 용인자동차극장이 있습니다. 한국민속촌에서 가까운 용인보라효성해링턴플레이스가 제일 비쌉니다. 2019년 입주한 신축으로 970세대가 거주하고 있으며 이곳 85㎡가

삼거마을삼성래미안1차

8.1억 원에 거래되었습니다. 이는 보라동의 최고 실거래 가입니다. 조금 남쪽으로 내려오면 한보라마을5단지휴 먼시아가 있습니다. 나산초 등학교와 보라중학교, 이마트, 근린공원, 도서관 등이 모두 바로 앞에 있어 주민들의 만족도가 높습니다. 2006년 입주해 446세대가 살고 있지요. 바로 아래에 있는 한보라 마을6단지휴먼시아도 비슷한 시세를 형성하고 있는데, 2008년 입주해 762세대가 거주합니다.

한보라마을5단지휴먼시아

보정동에는 수인분당선인 보정역과 이마트트레이더스가 있습니다. 경부고속도로 왼쪽에 있으면서 뒤편에 소실봉과 공원이 있고 고급 빌라 느낌이 나는 성호샤인힐즈가 가장 높은 가격을 보입니다. 2005년 입주해 777세대가 거주합니다. 보정역 역세권이며 보정동 카페 거리에서 가까운 죽현마을동원로얄듀크는 2006년 입주해 706세대가 살고 있습니다. 바로 옆에는 용인신촌중학교를 낀 죽현마을아이파크도 있습니다. 2004년 입주해 1,466세대가 거주합니다.

파크시엘

신갈동에는 경부고속도로를 자주 다니는 분들에게 익숙한 신갈 IC가 있습니다. 경부고속도로를 기준으로 동네가 좌우로 나뉘며 수인분당선 신갈역이 있고요. 신갈중학교와 기흥고등학교 사이에 위치한 기흥더샵프라임뷰는 신갈동의 대장 단지입니다. 2013년 입주해 600세대가 조금 넘습니다. 경부고속도로 왼쪽으로 넘어오면 신흥덕롯데캐슬레이시티가 있습니다. 역세권은 아니지만 2019년 입주한 구갈동 최신축이기에 가치를 인정받고 있지요. 현재 1,597세대가 살고 있습니다. 신갈역 역세권인 파크시엘도 빼놓을 수 없죠. 2004년 입주해 923세대가 거주합니다.

언남동에는 경찰대학교가 있으며 전철역은 없습니다. 구성초등학교 근처에 있는 장미마을삼성래미안2차의 가격이 가장 높습니다. 단지 바로 앞에 탄천 지류가 흐르는 이곳은 2003년 입주해 1,219세대가 거주하고 있지요. 이곳 101㎡가 8.8억 원에 거래되었는데, 이는 언남동에서 최고 실거래가입니다. 영동고속도로를 기준으로 북쪽에 있는 스파펠리스리와 남측에 있는 용인구성성원 상떼빌2차도 살펴볼 만한 단지들입니다.

영덕동은 길 하나만 건너면 수원 광교 원천호수입니다. 따라서 호수 근처에 있는 단지는 대부분

가격대가 높은 편입니다. 원천호수에서 가까운 흥덕마을7단지힐스테이트는 2010년 입주해 570세대가 거주하고 있습니다. 흥덕마을5단지호반베르디움, 흥덕마을6단지자연앤스위첸이 그 뒤를 따르고 있는데, 두 단지 모두 2009년에 입주했고 세대수만 527세대와 502세대로 다릅니다.

마지막으로 중동은 동백호수공원을 비롯해서 한숲공원 등이 가운데에 자리 잡고 있습니다. 용인세브란스병원도 이곳에 있지요. 중일초등학교와 어정중학교 사이에 있는 신동백롯데캐슬에코1단지가 가장 비쌉니다. 특이하게도 단지가 반원형 형태를 띠며 2013년 입주해 1,900세대가 조금 넘습니다. 단지 옆에 널따란 한들공원이 있는 백현동일하이빌, 어정초등학교 위에 있는 신동백서해그랑블2차등도 살펴볼 만한 단지입니다. 백현동일하이빌은 2006년 입주해 743세대가, 신동백서해그랑블2차는 2014년 입주해 817세대가 거주하고 있습니다.

흥덕마을7단지힐스테이트

광활한 땅이 있는 처인구

처인구 면적은 약 467.55km²입니다. 용인시에서 차지하는 비중이 70%가 넘을뿐더러 우리나라에서 두 번째로 큰 자치구이자 서울 면적의 75%에 해당되는 면적이죠. 그에 비해 인구는 약 26만 명에 불과해 인구밀도가 굉장히 낮습니다. 에버랜드 용인시청, 용인대학교와 명지대학교 자연캠퍼스, 한국외국어대학교 글로벌캠퍼스 등이 모두 처인구에 있고요. 도심과 농촌의 모습을 함께 볼 수 있다는 점이 이 지역의 매력입니다. 도농 복합 지역인 만큼, 처인구의 아파트 단지들은 다른 수도권 지역에 비해 상대적으로 가격이 낮은 편입니다. 전철 노선으로는 용인 에버라인 경전철이 있습니다.

용인고림지구2차양우내안애에듀퍼스트

고림동부터 살펴보겠습니다. 고림동은 봉두산 주변으로 아파트가 펼쳐져 있습니다. 용인 에버라인 노선 고진역에서 멀지 않고 고림고등학교 근처에 있는 용인고림지구2차양우내안애에듀퍼스트는 2019년 입주해 1,098세대가 살고 있습니다. 이곳 85㎡가 6.5억 원에 거래되었는데, 이는 고림동에서 최고 실거래가 기록입니다. 조금 아래쪽으로 내려가면 덕영고등학교 옆에 자리한 양우내안애에듀파크도 있습니다. 2018년 입주해 737세대가 거주하죠. 두 단지가 비슷한 시세를 형성합니다. 조금 더 오른쪽으로 가면 영동고속도로 근방에 예진마을인정피렌체빌리지1~3차도 있습니다. 이 중 3차를 보시면 됩니다. 고림동은 전반적으로 조용하고 한적한 분위기입니다.

김량장동에는 처인구청과 용인 공용버스터미널이 있습니다. 김

행정타운두산위브2단지

량장동에서는 역북초등학교와 용신중학교 옆에 있는 용인삼환나우빌이 선두입니다. 2008년 입주해 458세대가 살고 있지요. 에버라인 김량장역 아래에 있는 김량장어울림은 2009년 입주해 484세대가 거주합니다. 용인공용버스터미널 아래에 있는 현대는 1995년 입주해 꽤 구축이지만 단지 바로 뒤에 경안천이 흐르며 용인중앙공원도 가깝습니다. 김량장동에서 가장 높은 실거래가는 6.25억 원에 거래된 삼환나우빌 125㎡가 지니고 있지요.

삼가동에는 용인시청을 비롯해 용인세무서와 경기용인동부경찰서 등 관공서가 들어서 있습니다. 용인대학교도 있고요. 에버라인 삼가역 아래쪽으로 용인행정타운두산위브 단지들이 모여 있는데, 세대수가 많은 2·3단지가 눈에 띕니다. 입주 연도는 2013년으로 같고 세대수만 2단지 624세대, 3단지 470세대로 다릅니다. 용인시청 옆에 있는 금령마을우남퍼스트빌은 2003년 입주해 451세대가 살고 있죠. 삼가동에서 제일 높은 실거래가 기록은 7.7억 원에 거래된 행정타운두산위브2단지 149㎡가 보유하고 있습니다.

역북동에는 에버라인 명지대역과 수원지방법원 용인시법원이 있습니다. 용인시청이 바로 옆에 있다 보니 신축 아파트가 많습니다. 동산그린공원과 역동저수지 근처에 있는 역북지웰푸르지오는 2017년 입주해 1,259세대가 거주합니다. 역동저수지 건너편에 함박초등학교를 끼고 있는 우미린센트럴파크는 2017

역북지웰푸르지오

년 입주해 1,260세대가 살고 있죠. 이 단지 85㎡가 7.15억 원에 거래되었는데, 이는 처인구에서 가장 높은 실거래가 기록입니다. 우미린센트럴파크 위에 있는 용인명지대역동원로얄듀크는 2018년 입주해 842세대가 거주하고 있습니다. 처인구의 59㎡ 아파트 중 가장 높은 실거래가는 5.78억 원에 거래된 용인역북명지대동원로얄듀크가 보유하고 있습니다.

과천

인구	6만 9,000명
아파트 물량	13개 단지
평균 평당 가격	5,421만 원
지하철 노선	4호선
주요 생활환경	청계산, 서울대공원, 국립과천과학관
특징	낮은 인구밀도, 빼어난 자연환경, 뛰어난 강남 접근성 등 모든 조건을 갖춘 주거지구

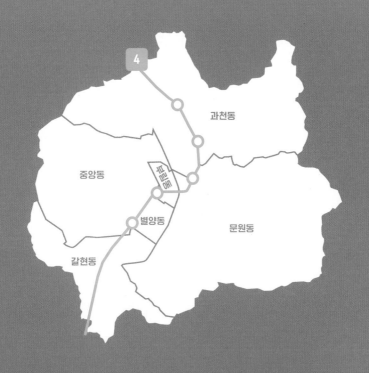

과천은 서울에 집중된 정부 행정 부처를 분산하기 위해 계획된 행정도시입니다. 엄연히 경기도에 속하지만 서울 지역 번호인 02를 씁니다. 그만큼 서울로 인식되는 도시가 아닐까 합니다. 면적은 35.9㎢로 전국에서 두 번째로 면적이 작은데, 인구는 7만 명이 채 되지 않아 인구밀도는 낮습니다. 관악산과 양재천 등 자연환경이 좋고 남태령 고개만 넘어가면 사당-방배와 연결되는 만큼 서울 접근성도 매우 뛰어나죠. 또 서울대공원, 서울랜드, 국립과천과학관, 국립현대미술관이 있어 문화생활까지 손쉽게 즐길 수 있습니다. 이처럼 과천은 여러모로 거주 환경이 좋아 여러 번 전국에서 살기 좋은 도시 1위를 차지한 적도 있으며, 그렇기에 소위 부촌이 형성되어 있습니다. 과천 전체 면적의 90%가 그린벨트 지역인 것도 특징입니다.

과천 인구 분포를 살펴보면 중앙동 3,700세대, 갈현동 3,500세대, 별양동 3,600세대, 부림동 4,200세대, 과천동 4,400세대, 문원동 3,000세대입니다. 과천시 아파트 물량은 총 8,464호로 부림동 6,453호, 중앙동 1,291호, 부림동 720호가 있습니다. 학군은 과천중학교와 문원중학교가 선호도 높은 학교로 꼽힙니다. 과천시 자체가 아파트가 많은 곳은 아니라서 여기서는 동네별 구분 없이 주요 단지를 알아보도록 하겠습니다.

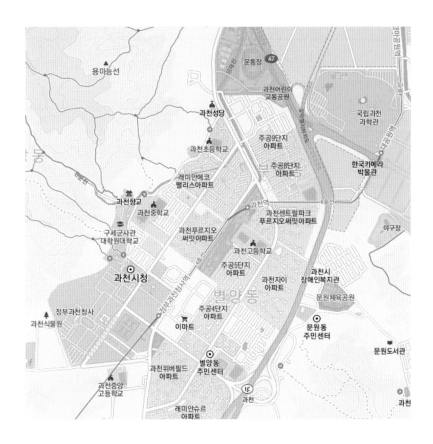

과천푸르지오써밋

중앙동에 있는 과천푸르지오써밋은 명실상부한 과천의 대장 단지입니다. 2020년 입주한 신축인 데다 단지 양끝에 있는 4호선 과천역과 정부과천청사역 모두를 이용할 수 있습니다. 조금만 걸으면 관악산과 중앙공원이 나오고 초·중·고등학교도 가까워 그야말로 이상적인 주거 조건을 갖춘 단지라고 할 수 있죠. 현재 1,571세대가 거주합니다. 이곳 85㎡가 22.3억 원에, 59㎡는 17.2억 원에 거래된 바 있습니다.

한편 원문동에 있는 과천위버필드는 2021년 입주해 과천에서 가장 신축입니다. 정부과천청사역 초역세권에 2,128세대가 사는 대단지입니다. 이 단지 85㎡가 21억 원에 거래된 바 있습니다. 별양동에

과천위버필드

주공8단지

있는 래미안과천센트럴스위트도 빼놓을 수 없습니다. 과천역 초역세권인 이곳은 청계초등학교와 과천고등학교, 중앙공원이 바로 앞에 있습니다. 2018년 입주해 543세대가 거주합니다. 래미안과천센트럴스위트 바로 옆에는 2020년에 입주해 1,317세대가 사는 과천센트럴파크푸르지오가 있지요.

이 밖에 2,899세대가 거주해 과천에서 가장 대단지인 래미안슈르, 청계산이 병풍처럼 펼쳐진 래미안에코팰리스 등이 있습니다. 과천에서 가장 비싼 단지는 115㎡가 28.3억 원에 거래된 과천센트럴파크푸르지오써밋입니다. 부림동에 위치하며 과천역 초역세권이죠. 다음으로는 중앙동에 있는 과천주공10단지입니다. 1984년 입주한 이곳 124㎡가 28억 원에 거래되었지요. 59㎡중 가장 높은 실거래가는 17.4억 원에 거래된 과천푸르지오센트럴써밋이 보유하고 있습니다. 과천에 있는 오래된 주공 단지가 전부 재건축을 했거나 추진 중이라 향후 과천의 가치가 더욱 높아지리라 생각합니다.

의왕

인구	16만 3,000명
아파트 물량	83개 단지
평균 평당 가격	2,621만 원
지하철 노선	1호선, 월곶판교선(예정)
주요 생활환경	청계산, 백운호수 등
특징	조용하고 차분한 경관과 자연환경이 어우러진 도시

소리 없이 떠오르는 도시 의왕

남북으로 길게 뻗은 의왕시는 경기도 다른 도시에 비해 상대적으로 인지도가 낮습니다. 성남, 수원, 과천, 안양, 용인, 안산 등 중량감 있는 여러 도시에 둘러싸여 있다 보니 존재감이 다소 희미했던 것이 사실입니다. 하지만 최근 신축 아파트가 여럿 들어서면서 강남과도 멀지 않고 인구밀도가 높지 않다는 점에서 주목받고 있습니다.

의왕시는 평촌신도시와 가까운 내손동, 의왕시청이 있는 고천동과 오전동, 의왕역이 위치한 부곡동으로 생활권이 나뉘어 있습니다. 면적은 53.99km²이고 인구는 16만 명으로, 면적과 인구 모두 경기도에서는 적은 편에 속합니다. 아파트 물량을 살펴보면, 부곡동 6,100호, 오전동 1만 1,000호, 내손1동 5,800호, 내손2동 6,100호, 청계동 1,800호로 총 3만 800호입니다.

의왕시에서는 내손1동의 갈뫼중학교와 오전동의 모락중학교가 선호 학군으로 꼽힙니다. 그럼 의왕시 곳곳을 살펴볼까요?

의왕역이 있는 **부곡동**

부곡동(삼동)에는 1호선 의왕역과 왕송호수가 있습니다. 한국교통대학교 의왕캠퍼스와 철도박물관, 현대로템 공장, 안양세관 등도 있지요. 부곡동에서는 가장 신축인 의왕파크푸르지오가 대장 단지입니다. 2019년 입주해 1,068세대가 거주하며, 단지가 산에 둘러싸여 호젓하고 조용합니다. 이 단지 85m²가 10.5억 원에 거래된 바 있는데, 이는 부곡동에서 가장 높은 실거래가입니다.

현대로템 공장 근처에 있는 부곡대우이안은 2003년 입주해 688세대가 거주합니다. 조금 더 남쪽으로 내려가면 덕성초등학교

의왕파크푸르지오

와 의왕고등학교 근처에 있는 효성청솔도 있습니다. 1997년 입주해 472세대가 거주합니다.

모락산을 낀 오전동

오전동은 모락산과 군포공업단지 사이에 있습니다. 주거지구는 대부분 오전동 왼쪽에 치우쳐 있죠. 오전동에서는 2021년 6월에 입주한 941세대의 최신축 의왕더샵캐슬의 몸값이 가장 높습니다. 의왕중학교 근처에 있는 의왕서해그랑블블루스퀘어는 2018년 들어서 있어 536세대가 거주합니다. 주상 복합으로 이마트와 각종 상점이 들어서 있어 주민들 입장에선 편의성이 좋습니다. 마지막으로 의왕초등학교 아래에 위치한 모락산현대를 보시면 됩니다. 2002년 입주해 1,614세대가 살고 있지요. 오전동에서는 11.5억 원에 거래된 의왕더샵캐슬 113㎡가 가장 높은 실거래가 기록을 세웠습니다.

의왕더샵캐슬

계원예대가 있는 내손동

계원예술대학교가 있는 내손동은 평촌고가도로를 기준으로 남북으로 나뉘며 의왕시 내에서는 평촌신도시 및 서울과 가장 가깝습니다. 의왕시에서 가장 개발된 동네로, 그런 만큼 내손동에 있는 단지들의 가격대가 높은 편입니다. 여기서는 내손1동과 2동을 함께 살펴보겠습니다.

내손동에서 가장 눈에 띄는 단지는 인덕원센트럴자이와 의왕내손e편한세상입니다. 두 단지가 앞서거니 뒤서거니 시세를 형성하고 있지요. 먼저 인덕원센트럴자이는 평촌고가도로 위쪽에 있으며 백운초등학교를 낀 초품아입니다. 2009년 입주해 2,540세대가 사는 대단지인데, 길만 건너면 평촌이라 학원가를 이용하기 좋습니다. GTX-C 노선에 대한 기대감이 반영된 단지이기도 하고요. 이곳 59㎡가 10.4억 원에 거래된 바 있는데, 이는 의왕시 전체에서 동일 면적 아파트 중 가장 높은 실거래가입니다. 또 이곳 169㎡는 15.6억 원

인덕원센트럴자이

에 거래되었는데, 이는 내손동의 최고 실거래가입니다.

의왕내손e편한세상은 내동초등학교와 내손초등학교를 끼고 있습니다. 2012년 입주한 이곳 역시 2,422세대가 사는 대단지입니다. 이 밖에 2009년 입주해 696세대가 사는 래미안에버하임, 갈뫼초등학교 길 건너에 있는 반도보라빌리지2단지, 갈뫼초등학교 바로 위에 있는 의왕상록, 갈뫼중학교 아래에 위치한 반도보라빌리지1단지 등이 있습니다.

청계산 자락에 위치한 포일동

청계산을 포함한 포일동은 걸어서 갈 수 있는 전철역은 없고 4호선 인덕원역이 가장 가깝습니다. 포일동에서는 가장 신축인 인덕원

인덕원푸르지오엘센트로

푸르지오엘센트로가 단연 눈에 띕니다. 2019년 입주해 1,774세대가 살고 있으며 포일공원과 학의천이 가깝습니다. 이곳 85㎡가 16.3억 원에 거래되었습니다. 이는 의왕시의 같은 면적 아파트 중 가장 높은 실거래가입니다.

다음으로 포일숲속마을1~5단지가 있습니다. 이 중 가장 북쪽에 위치한 3단지와 포일초등학교 위에 있는 4단지의 가격대가 높습니다. 반디공원을 사이에 둔 두 단지 모두 2011년 입주했고, 세대수는 각각 366세대와 510세대입니다. 참고로 포일동에서 청계산만 넘어가면 분당·판교입니다. 분당·판교로 출퇴근하면서 집값이 조금 더 저렴한 지역을 찾는 직장인이라면 포일동이 대안이 될 수 있습니다.

안양

인구	55만 명
아파트 물량	96개 단지
평균 평당 가격	2,182만 원
지하철 노선	1호선
주요 생활환경	관악산, 안양1번가 등
특징	오랜 역사를 지닌 경기도 남부의 관문

서울과 맞닿은 경기 남부의 관문 **안양**

안양시는 주변에 관악산, 청계산, 수리산, 모락산 등이 있어 자연환경과 잘 어우러진 도시입니다. 서울 금천구·관악구와 접한 도시이기도 하지요. 안양시 면적은 58.47㎢입니다. 인구는 약 55만 명으로 만안구 약 24만 명, 동안구 약 30만 명이 살고 있습니다.

안양은 오랜 역사를 지닌 도시인데, 권역에 따라 발전 정도가 매우 다릅니다. 동안구의 경우 1기 신도시인 평촌이 조성되면서 중산층의 거주지로 자리매김한 반면, 만안구는 낙후된 구도심이라는 이미지가 있죠. 한편 대부분의 수도권 도시들이 인구가 늘어나는데, 안양은 인구가 감소했던 것도 특이한 점입니다. 가장 큰 이유는 서울처럼 안양의 아파트 가격이 상승하면서 주변 도시로 이주한 경우가 많았기 때문이죠. 그럼에도 인구밀도가 낮지 않은 것도 흥미로운 지점입니다.

동안구는 평촌 신도시를 다루며 언급했으니 여기서는 만안구만 살펴보겠습니다. 만안구는 법정동 기준 안양동, 석수동, 박달동으로 나뉘어 있습니다. 주택 물량을 살펴보면 안양동 1만 6,000호, 석수동 1만 3,000호, 박달동 7,000호가 있습니다.

안양1번가로 유명한 안양동

안양동은 1호선인 안양역 인근 '안양1번가'로 유명합니다. 지금은 예전 같지 않지만, 평일이든 주말이든 언제나 유동 인구가 많고 북적대는 곳이었죠. 이 외에 1호선 명학역과 안양대학교와 성결대학교도 있습니다.

이 근방에서는 안양역에서 조금 떨어진 래미안안양 메가트리아의 몸값이 가장 높습니다. 안양천 옆에 자리 잡은 이 단지는 4,250세대가 사는 대단지로 2016년 입주했습니다. 안양역 역세권으로 안일초등학교와 안양천을 끼고 있는 안양역한양수

래미안안양메가트리아

자인리버파크가 그 뒤를 바짝 쫓고 있습니다. 2019년 입주해 419세대가 거주하지요.

2021년 입주해 가장 신축이면서 신성중고등학교와 안양세무서 사이에 있는 안양씨엘포레자이는 1,394세대가 살고 있습니다. 전철역과는 거리가 멀지만, 단지 뒤편에 수리산이 있어 호젓하고 경치를 즐기기에 좋죠. 또 다른 안양역 역세권인 주공뜨란채도 있습니다. 앞서 언급한 안양역한양수자인리버파크에서 조금만 남쪽으로 내려가면 보이는 이곳은 2004년 입주해 1,093세대가 거주합니다. 이곳 역시 안양천을 끼고 있습니다. 안양대학교 근처에 있는 수리산성원상떼빌1차는 2006년 입주해 469세대가 살고요. 안양동에서 가장 높은 실거래가 기록을 보유한 것은 래미안안양메가트리아 140㎡로 15.3억 원에 거래된 바 있습니다.

안양시의 최북단 석수동

안양시 북쪽 맨 끝에 있는 석수동은 서울 금천구와 맞닿아 있습니다. 석수IC가 있어 제2경인고속도로나 서해안고속도로를 편하게 이용할 수 있지요. 경인교육대학교 경기캠퍼스도 석수동에 있고요. 동네 대부분이 관악산인 것도 특징입니다.

석수동에서는 1호선 석수역 초역세권인 석수두산위브가 선두 주자입니다. 2010년 입주해 742세대가 사는 이 단지는 왼쪽에 안양천을 끼고 있습니다. 이곳 133㎡가 12.9억 원에 거래되었으며, 이는

석수두산위브

석수동에서 최고 실거래가입니다. 석수두산위브 건너편에 있는 석수역푸르지오는 2009년 입주해 542세대가 거주하고 있습니다. 마지막으로 연현중학교를 낀 석수LG빌리지는 2001년 입주해 1,872세대가 살고 있지요. 안양천과 습지공원이 가까워 주민들 만족도가 높습니다.

광명

인구	29만 4,000명
아파트 물량	84개 단지
평균 평당 가격	3,096만 원
지하철 노선	1·7호선, KTX, 신안산선(예정), 월곶판교선(예정)
주요 생활환경	이케아, 코스트코 등
특징	신설 노선 호재가 기대되는 지역

경기 서남부의 새로운 강자 광명

광명시는 국내에 진출한 스웨덴 가구 브랜드 이케아의 첫 번째 매장이 생긴 곳으로 유명합니다. 사실 광명은 서울과 매우 가까운 지역입니다. 경기도에 있으면서도 지역 번호를 서울과 같은 02를 사용하며, 서울 서남권 주민들이 KTX를 이용할 때 광명역을 찾곤 하지요. 또 광명은 일자리가 많은 가산디지털단지와는 7호선으로, 여의도와는 1호선으로 연결되는 만큼 직주근접을 실현하기에 좋은 도시입니다. 이런 면에서 여러모로 서울과 생활권이 겹치는 베드타운이라고 할 수 있습니다.

광명시 면적은 38.53km²이며 29만 6,000명이 살고 있습니다. 아파트 세대수를 살펴보면 광명동 7,100호, 철산동 1만 9,000호, 하안동 2만 5,000호, 소하동 1만 4,000호, 일직동 5,400호 등입니다. 광명시에서는 철산동의 철산중학교, 하안동의 하안중학교와 하안북중학교가 선호 학군입니다.

현재 1호선과 KTX를 이용할 수 있는 광명역은 향후 신안산선과 월판선도 정차할 예정이라 4개 노선이 지나는 쿼드러플 역세권이 될 예정입니다. 예정된 교통 호재가 있는 만큼 앞으로 광명시의 가치는 더욱 높아질 것으로 보입니다.

광명역이 가까운 광명동

광명동에는 7호선 광명사거리역과 경륜 경기장인 광명스피돔이 있습니다. 광명재정비촉진지구에서는 현재 공사가 한창 진행 중이지요. 2020년 입주해 가장 신축이며 2,104세대가 거주하는 광명아크포

광명해모로이연

레자이위브 가격이 가장 높습니다. 광명사거리역에서 조금 떨어져 있으며 단지 인근에 도덕산공원이 있습니다. 이곳 85m²가 12억 원에 거래되었는데, 이는 광명동에서 가장 높은 실거래가입니다.

광일초등학교와 명문고등학교 근처에 있는 광명해모로이연은 2011년 입주해 1,267세대가 살고 있습니다. 목감천을 끼고 있고 광명스피돔도 가깝습니다. 광명한진타운은 1997년 입주한 구축이지만 광명사거리역 역세권이라 가치를 인정받고 있습니다. 1,633세대가 거주합니다.

재건축이 활발하게 추진되는 철산동

철산동에는 광명시청과 7호선 철산역이 있습니다. 철산동의 특징은 대부분의 주공 단지가 현재 재건축을 추진하고 있다는 사실입니다. 철산동의 대장 단지는 2021년 입주한 최신축 철산센트럴푸르지오입니다. 798세대가 거주하는데, 철산역과 그리 멀지 않고 철산초등학교를 낀 초품아라 가치를 인정받고 있습니다. 2009년 입주해 2,072세대가 거주하는 철산래미안자이는 단지 앞에는 광덕산근린공원이, 뒤에는 안양천이 있습니다. 철산초등학교와 철산중학교도 단지 바로 옆에 위치합니다. 이곳 167m²가 15.8억 원에 거래되었는데, 이는 철산동에서 가장 높은 실거래가입니다.

광덕산근린공원 인근에는 철산푸르지오하늘채가 있습니다.

철산래미안자이

2010년 입주해 1,264세대가 거주하는 단지지요. 철산역 북쪽에 있는 철산주공8단지는 철산동에서 두 번째로 가격이 높지만 재건축조합원 지위 양도 제한인 관계로 여기서는 제외했습니다.

중·소형 면적이 많은 하안동

하안동은 주공아파트가 밀집되어 있는데, 중·소형 면적인 단지가 많습니다. 하안동에서는 광덕산근린공원 아래, 철산초등학교 바로 옆에 위치한 광명두산위브트레지움이 대장 단지입니다. 2009년

광명두산위브트레지움

입주해 1,248세대가 살고 있습니다. 이곳 148m²가 15.43억 원에 거래되었는데, 이는 하안동의 최고 실거래가입니다.

광명두산위브트레지움에서 길을 건너면 안현초등학교를 끼고 있는 e편한세상센트레빌이 보입니다. 2010년 입주해 2,815세대가 거주하는 대단지죠. 마지막으로 하안남초등학교에 있는 주공12단지는 1990년 입주한 구축으로 2,932세대가 거주합니다. 안양천이 단지 바로 옆에 자리하고 안양천만 건너면 서울 구로구이며 1호선 독산역을 이용할 수 있습니다. 지금은 재건축 호재로 주목받고 있지요.

휴먼시아 단지가 많은 소하동

소하동 서쪽은 구름산이, 동쪽은 택지 개발을 통해 휴먼시아 대단지가 들어서 있습니다. 기아자동차 공장이 있는 것도 특징입니다. 충현중학교를 끼고 있는 광명역세권휴먼시아4단지는 2010년 입주해 730세대가 거주하며, 도보 거리에 이케아 광명점이 있습니다. 소하천을 사이에 두고 4단지와 나란히 있는 광명소하휴먼시아5단지를 볼까요? 한내근린공원이 바로 옆에 있어 산책하기 좋은 단지이며 2009년 입주해 731세대가 거주합니다.

여기서 조금 대각선으로 건너편에는 광명신촌휴먼시아1단지도 있습니다. 안양천 바로 앞에 있는 단지로, 안양천만 건너면 1호선 금천구청역이 가깝습니다. 2010년 입주했고 859세대가 살고 있죠. 한편 광명소하휴먼시아2단지 136m²가 13.5억 원에 거래되었는데, 이는 소하동에서 가장 높은 실거래가입니다.

광명소하휴먼시아5단지

번화가의 중심 일직동

일직동에는 광명역과 함께 이케아, 롯데아울렛, 코스트코 등이 있습니다. 현재 1호선과 KTX를 이용할 수 있는 광명역에는 향후 안산과 여의도를 잇는 신안산선, 그리고 송도와 판교를 잇는 월곶판교선이 정차할 예정입니다. 좀처럼 보기 힘든 4개 노선 환승역이 되는 것이죠. 또 2022년 상반기에는 광명역 앞에 중앙대광명병원이 개원할 예정입니다. 이처럼 교통 호재와 다양한 생활 편의 시설이 들어설 예정인 일직동은 현재 광명시에서 가장 주목받는 지역이라고 할 수 있습니다.

일직동의 주요 단지는 모두 광명역 초역세권입니다. 먼저 광명역 왼쪽을 살펴보겠습니다. 일직동에서 가장 신축인 유플래닛광명

유플래닛광명역데시앙

역데시앙은 2020년 입주해 1,500세대가 살고 있습니다. 단지 바로 앞에 AK플라자를 비롯해 상권이 발달했고, 뒤편에는 가학산이 자리 잡고 있지요. 유플래닛광명역데시앙 바로 옆에 있는 광명역써밋플레이스는 2018년 입주해 1,430세대가 거주합니다.

광명역 오른쪽에는 광명역센트럴자이와 광명역파크자이가 있습니다. 2018년 입주해 1,005세대가 거주하는 광명역센트럴자이는 바로 뒤에 넓은 공원과 안양천이 있습니다. 광명역센트럴자이 바로 옆에 있는 광명역센트럴자이는 2017년 입주해 875세대가 살고 있지요. 광명시에서 59㎡ 중 제일 비싼 아파트는 철산동 철산주공8단지로 13억 원에 거래되었습니다. 다음으로 일직동 광명역센트럴자이가 11.95억 원에 거래되었습니다.

시흥

인구	51만 2,000명
아파트 물량	240개 단지
평균 평당 가격	1,637만 원
지하철 노선	4호선, 수인분당선, 서해선
주요 생활환경	시화공업단지, 오이도 등
특징	한창 개발이 진행 중인 도시

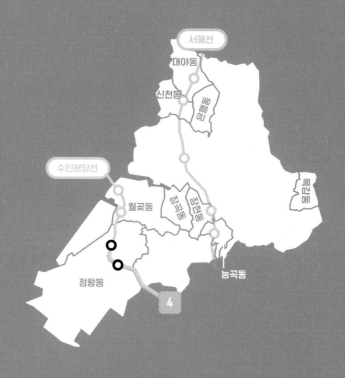

미래 가치를 노리는 도시 시흥

시흥시는 경기도에 있지만 서울시 금천구 시흥동과 혼동될 정도로 인지도가 상당히 낮습니다. 오히려 정왕이나 배곧, 목감 등의 지명이 더 유명하며, 이 지역들조차 시흥시 하위 행정구역이 아니라 인천이나 안산, 부천, 안양의 일부라고 알고 있는 사람들도 꽤 많습니다. 시흥시 내부에 꽤 많은 거주지역이 있는데, 생활권이 다르다 보니 같은 도시라는 동질감도 부족한 편이지요. 아직까지는 시화공업단지 인근이 시흥시의 중심지이며 시흥시청이 위치한 곳은 이제야 시흥장현지구라는 이름으로 개발하고 있습니다. 이런 점에서 앞으로 변신이 기대되는 도시이기도 합니다.

시흥시 면적은 138.66㎢로 인구는 50만 명입니다. 주택 물량은 대야동 1만 1,000호, 신천동 4,000호, 은행동 1만 6,000호, 목감동 1만

3,000호, 월곶동 5,800호, 정왕본동 2,400호, 정왕1동 5,300호, 정왕 2동 1만 호, 정왕3동 5,400호, 정왕4동 7,400호, 연성동 7,200호, 장곡 동 7,100호, 능곡동 7,000호 등입니다. 학군은 정왕동의 함현고등학 교가 선호 학군으로 꼽힙니다. 그럼 시흥시에 있는 아파트들을 살펴 보겠습니다.

서해선이 지나는 대야동·신천동

대야동은 시흥IC가 있어도 대중교통편은 적어 불편했는데, 서 해선 시흥대야역이 생기면서 개선되었습니다. 이 일대에서는 서해 선이 정차하는 신천역 초역세권인 시흥센트럴푸르지오가 가장 선 두에 있습니다. 2020년 입주한 신축이며 2,003세대가 살고 있습니 다. 향후 서해선이 연장될 경우를 기대하는 주민들이 많습니다. 이곳 107㎡가 10.2억 원에 거래되었는데, 이는 대야동에서 가장 높은 실 거래가입니다.

시흥대야역 근처에는 은계어반리더스도 있습니다. 2019년 입주 해 1,198세대가 거주하는 이 단지에서는 시흥IC와 밤비천물길공원 이 매우 가깝습니다. 마지막으로 신천역과 시흥대야역 사이에 있는 e편한세상시흥센텀하임은 2019년 입주해 659세대가 살고 있습니다.

신천동은 대야동 아래쪽에 위치하며 서해선 신천역이 있습니 다. 신천동은 500세대 이상 단지가 없는 것이 특징입니다. 이 근방

시흥센트럴푸르지오

에서는 신천역 역세권인 시흥신천삼환나우빌이 선두 주자입니다. 2012년 입주해 419세대가 살고 있죠. 그 바로 옆에 있는 휴먼시아는 2010년 입주해 313세대가 거주합니다. 마지막으로 2005년 입주해 369세대가 살고 있는 경남아너스빌을 보시면 됩니다. 신천동에서 가장 높은 실거래가 기록은 7억 원에 거래된 시흥5차푸르지오 123㎡가 지니고 있습니다.

은계호수공원이 있는 은행동

은행동 북동쪽에는 은계호수공원과 오난산이 있습니다. 대부분의 신축 단지는 오난산 자락과 공원으로 둘러싸인 곳에 자리 잡고 있

시흥은계호반써밋플레이스

지요. 은빛초등학교를 기준으로 위에 있는 시흥은계호반써밋플레이스는 2019년 입주해 816세대가 살고 있습니다. 바로 아래에 있는 시흥은계한양수자인더클래스는 2018년 입주해 1,090세대가 거주합니다. 마지막으로 은계상업지구 건너편에 있으며 오난산에서 가까운 은계브리즈힐은 2019년 입주해 835세대가 살고 있습니다. 은계브리즈힐 바로 위에는 은계우미린더퍼스트가 있습니다. 이곳 115㎡가 10.1억 원에 거래된 바 있는데, 이는 은행동에서 가장 높은 실거래가입니다.

주요 도로가 지나는 목감동

목감동에서는 물왕동·산현동·조남동·논곡동 등을 포함해 살펴

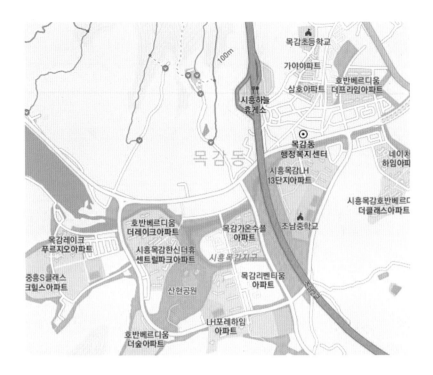

보겠습니다. 목감동수도권제1순환도로와 서해안고속도로가 지나는
이 일대는 아파트 단지 수가 많지 않고 대체로 목감동 서남쪽에 몰려
있습니다. 수도권제1순환도로 위쪽, 목감도서관 옆에 호반베르디움
더프라임이 있습니다. 목감동의 대장 단지로 2017년 입주해 580세
대가 살고 있지요.

수도권제1순환도로 아래쪽으로 내려오면 산현공원 왼쪽에 시흥
목감한신더휴센트럴파크가 보입니다. 2017년 입주해 693세대가 거
주하지요. 그 바로 옆에는 호반베르디움더레이크도 있습니다. 물광
호수와 따오기문화공원이 가까워 경관이 좋은 이곳은 2017년 입주

호반베르디움더프라임

해 766세대가 거주하고 있습니다. 한편 신흥능곡모아미래도에듀포레 106㎡가 8.5억 원에 거래되었는데, 이는 목감동의 최고 실거래가입니다.

서해 바다가 가까운 월곶동

서해 바다를 낀 월곶동에는 화신수산시장이 있습니다. 또 수인분당선 월곶역과 달월역이 있죠. 월곶동에는 아파트가 많지 않으며 서쪽 끝에 있는 월곶역 좌우에 들어선 풍림아이원 단지가 살펴볼 만

월곶풍림아이원2차

합니다. 이 중 역세권이자 월곶중학교를 낀 월곶풍림아이원2차가 대
장 단지입니다. 2005년 입주해 1,725세대가 살고 있는데, 걸어서 소
래포구에 갈 수 있다는 점이 매력이죠.

　역시 월곶역 역세권이며 월포초등학교를 끼고 있는 월곶풍림아
이원4차는 2006년 입주해 683세대가, 그 아래에 있는 월곶풍림아이
원3차는 2005년 입주해 560세대가 거주합니다. 월곶풍림아이원1차
200㎡가 7.4억 원에 거래되었는데, 이는 월곶동에서 가장 높은 실거
래가입니다.

개발이 진행 중인 장현동·능곡동

장현동(군자동)에는 시흥시청이 있으며 인근의 시흥장현공공주택지구는 개발이 한창입니다. 이 일대에서는 시흥능곡역에서 가까운 시흥금강펜테리움센트럴파크가 대장 단지입니다. 2021년 입주한 최신축으로 590세대가 거주합니다. 북쪽으로 조금 올라가면 시흥가온초등학교를 끼고 있는 장현호반써밋과 바로 옆 시흥능곡모아미래도에듀포레도 있습니다. 두 단지 모두 2020년 입주했고 장현호반써밋은 712세대, 시흥능곡모아미래도에듀포레는 928세대가 거주합니다. 신흥능곡모아미래도에듀포레 106㎡가 8.5억 원에 거래되었는데, 이는 장현동의 최고 실거래가입니다.

능곡동은 택지지구로 조성된 동네이며 시흥능곡역이 있습니다. 시흥능곡역에서 가까운 시흥장현제일풍경채센텀의 가격이 가장 높습니다. 2020년 입주해 698세대가 거주합니다. 이 밖에 승자초등학교 옆에 있는 능곡현진에버빌, 능곡초등학교 인근의 상록힐스테이

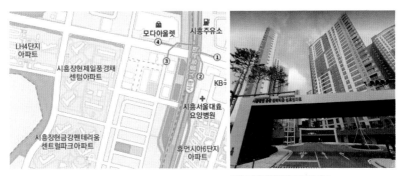

시흥금강펜테리움센트럴파크

트를 보시면 됩니다. 능곡현진에버빌은 2010년 입주해 203세대가,
상록힐스테이트는 2009년 입주해 321세대가 살고 있습니다.

오이도로 유명한 정왕동

정왕동은 오이도로 유명합니다. 시화공업단지가 있어 이곳에서
일하는 분들도 많고요. 정왕동에는 4호선이자 수인분당선 종착역인
정왕역, 그리고 4호선 오이도역이 있습니다. 정왕동에는 1990년대
지은 구축 단지가 많습니다. 그중 오이도역 바로 건너편에 있는 보성
이 제일 높은 몸값을 자랑합니다. 1998년 입주해 760세대가 살고 있
습니다. 시흥중학교 근처에 있는 주공4단지는 1998년 입주해 610세
대가, 송운중학교를 끼고 있는 건영2차는 1997년 입주해 710세대가
살고 있습니다. 정왕동에서는 6.65억 원에 거래된 대림3단지 117㎡

보성

가 가장 높은 실거래가 기록을 보유하고 있습니다. 한편 시흥시에서 59m² 중 실거래가가 가장 높은 아파트는 조남동 목감퍼스트리움으로 6.98억 원에 거래되었습니다.

안산

인구	65만 4,000명
아파트 물량	125개 단지
평균 평당 가격	1,754만 원
지하철 노선	4호선, 수인분당선, 서해선, 신안산선(예정)
주요 생활환경	반월국가산업단지로 인한 직주근접
특징	신안산선 호재가 반영된 재건축 열기

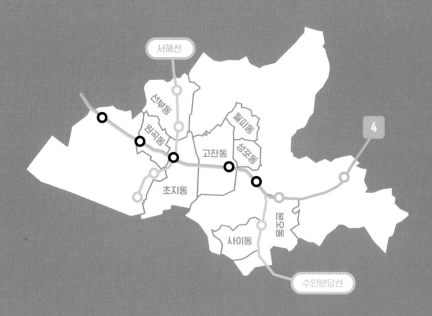

교통 호재로 가득한 안산

안산시는 반월국가산업단지와 시화국가산업단지로 널리 알려져 있습니다. 청년층이 많아 젊은 도시이며, 공단에서 일하는 외국인과 다문화 가족이 많은 도시죠. 안산은 4호선이 지나가는 길을 따라 남북으로 나뉩니다. 흔히 인천광역시 행정구역으로 알고 있는 대부도는 사실 안산시에 속합니다.

안산 면적은 155.73㎢이며 65만 명이 살고 있습니다. 주택 물량은 사동 4,000호, 사이동 6,000호, 해양동 3,800호, 본오2동 4,300호, 본오3동 4,100호, 월피동 4,500호, 성포동 8,5000호, 중앙동 7,200호, 호수동 1만 2,000호, 백운동 6,100호, 신길동 6,500호, 초지동 1만 5,000호, 선부1·2동 9,000호, 선부3동 8,500호 등이 있습니다.

안산에는 서쪽의 단원구와 동쪽의 상록구가 있습니다. '단원'은

조선의 화가 김홍도의 호에서, '상록'은 심훈의 소설『상록수』의 배경이 지금의 안산인 것에서 유래한 지명입니다. 단원구에는 약 30만 명이 거주하며 중소기업의 토대라 할 수 있는 반월특수공업단지가 위치합니다.

안산에는 많은 외국인이 거주하는데, 대부분이 단원구 주민입니다. 단원구는 상대적으로 재건축이 많이 진행되어 신축 아파트가 많고, 상록구는 재건축을 추진하려는 구축 아파트가 많습니다. 안산은 향후 여의도에서 안산을 잇는 신안산선이 개통되면 가치가 더욱 높아질 듯합니다. 안산의 선호 학군으로는 고잔동의 양지중학교, 사이동의 시곡중학교, 해양동의 해양중학교 등을 꼽을 수 있습니다.

안산의 중심 고잔동

단원구 고잔동은 중앙동과 호수동을 포함한 지역입니다. 안산시청과 서울예술대학교, 고려대학교 안산병원, 롯데백화점 등이 위치합니다. 4호선이자 수인분당선인 중앙역과 4호선 고잔역도 있죠. 중앙역은 안산에서 유동 인구가 많은 핵심 상권입니다.

고잔동에서는 중앙역 역세권으로 나란히 위치한 안산센트럴푸르지오와 힐스테이트중앙이 대장 단지입니다. 두 단지 모두 2018년에 입주했고 시세도 비슷합니다. 안산센트럴푸르지오에 990세대, 힐스테이트중앙에 1,152세대가 거주하며 안산센트럴푸르지오 옆으로

안산센트럴푸르지오

안산천과 근린공원이 있습니다.

중앙역 남쪽에는 초역세권인 고잔푸르지오3차도 있습니다. 2003년 입주해 1,134세대가 거주합니다. 전철역과는 조금 거리가 있지만 호수 조망권을 지닌 단지도 있습니다. 안산호수공원 앞에 있는 안산레이크타운푸르지오는 2016년 입주해 1,569세대가, 호수공원대림e편한세상은 2001년 입주해 2,073세대가 거주하는 대단지입니다.

서해선이 지나는 선부동

단원구 선부동에는 서해선 선부역과 달미역이 있습니다. 선부동 남쪽으로 갈수록 아파트가 많은데, 선부광장과 선부역을 중심으로

안산라프리모

단지가 육각형으로 퍼져 있는 것이 특징입니다. 원일초등학교 옆에 있으며 2020년 입주한 신축 안산라프리모의 가격대가 가장 높습니다. 2,017세대가 거주하고 있죠. 달미역 초역세권인 안산메트로타운 푸르지오힐스테이트는 2018년 입주해 1,600세대가 거주합니다. 서안산IC와 영동고속도로를 타기 쉽고 근처에 공원이 많습니다.

이외에 선부역 부근 안산라프리모 반대편에 있는 동명벽산블루밍은 2010년 입주해 766세대가 거주하지요. 선부동에서 가장 높은 실거래가를 기록한 것은 8.15억 원에 거래된 안산라프리모 85㎡입니다.

외국인이 많은 원곡동

　외국인이 많이 거주하는 단원구 원곡동에는 4호선과 수인분당선이 지나는 안산역이 있습니다. 또 이 두 노선은 물론, 서해선까지 정차하는 트리플 역세권 초지역도 가까이 있고요. 이 일대에서는 초지역에서 가까운 초지역메이저타운푸르지오에코단지가 선두 주자입니다. 2019년 입주해 1,244세대가 살고 있으며 길만 건너면 화랑유원지와 화랑저수지, 경기도미술관이 있습니다. 원곡동에서 가장 신축인 e편한세상초지역센트럴포레는 2021년 입주해 1,450세대가, 남쪽에 있는 한화꿈에그린은 2006년 입주해 670세대가 거주하고 있지요. 원곡동에서 가장 높은 실거래가 기록은 9.2억 원에 거래된 초지역메이저타운푸르지오에코단지 85㎡가 보유하고 있습니다.

초지역메이저타운푸르지오에코단지

화랑유원지가 있는 초지동

단원구 초지동에는 초지역과 단원구청, 화랑유원지, 그리고 반월국가산업단지가 있습니다. 초지역 바로 옆에 있는 초지역메이저타운푸르지오메트로단지가 단연 눈에 띕니다. 2019년 입주해 1,548세대가 사는 이 단지는 3개의 전철 노선과 화랑유원지, 공원 등이 가까워 가치를 인정받고 있죠. 이곳 85㎡가 9.8억에 거래되었는데, 이는 초지동에서 가장 높은 실거래가입니다. 또 59㎡가 7.74억 원에 거래되어 단원구 동일 면적 중 가장 높은 실거래가 기록을 세웠고요. 여기서 조금 더 올라가면 초지역메이저타운푸르지오파크가 있습니다. 이곳 역시 2019년에 입주한 신축으로 1,238세대가 거주합니다. 관산초등학교 아래에 있는 안산롯데캐슬더퍼스트는 2018년 입주해 469세대가 거주합니다.

초지역메이저타운푸르지오메트로단지

상록구의 관문 본오동

이제 상록구를 돌아볼 차례입니다. 상록구에는 약 35만 명이 살고 있으며 한양대학교 에리카캠퍼스, 사동공원 등이 있습니다. 본오동은 상록구의 관문으로 4호선 상록수역이 있으며 구축 아파트가 많습니다. 상록수역 역세권이며 본오공원 바로 옆에 있는 에버그린우성은 1990년 입주했고 1,080세대가 사는데, 본오동에서 가격이 가장 높습니다. 그 옆에 있는 태영과 신안2차, 한양 모두 1990년대 초반에 입주한 단지들입니다. 세대수는 각각 672세대, 776세대, 그리고 2,222세대입니다. 한양 157㎡가 6.2억 원에 거래되었는데, 이는 본오동에서 가장 높은 실거래가입니다.

에버그린우성

상록구의 대장 단지가 있는 사동

상록구 사동은 사이동과 해양동을 포함해 살펴보겠습니다. 이곳에는 수인분당선 사리역과 한양대학교 에리카캠퍼스, 한국농어촌공사 농어촌연구권, 상록구청이 들어서 있습니다. 사동에서는 신축인 그랑시티자이1차와 2차의 가격이 높습니다. 두 단지 모두 2020년 입주해 세대수만 3,728세대와 2,872세대로 다릅니다. 사동공원을 비롯해 녹지가 풍부하고 해솔초등학교와 해솔중학교를 끼고 있어 살기 좋은 곳입니다.

4호선 한대앞역 역세권인 늘푸른과 초당초등학교 근처에 위치한 주상 복합 e편한세상상록도 있습니다. 늘푸른은 1999년 입주해 647세대가, e편한세상상록은 2019년 입주해 559세대가 거주합니다.

그랑시티자이1차

신안산선 정차역이 신설될 성포동

상록구 성포동은 동네 왼쪽에 아파트가, 오른쪽에 노적봉이 자리 잡고 있습니다. 성포동에는 안산종합여객자동차터미널이 있으며 향후 신안산선 정차역이 생길 예정입니다. 터미널과 이마트, 홈플러스가 바로 앞에 있는 안산파크푸르지오가 대장 단지입니다. 2018년 입주해 1,129세대가 거주하죠. 이곳 102㎡가 11.2억 원에 거래되었는데, 이는 성포동에서 가장 높은 실거래가 기록입니다. 또 59㎡는 6.75억 원에 매매되었는데, 이는 상록구에서 동일 면적 아파트 중 가장 높은 실거래가입니다.

길 건너에 있는 주공4단지는 중앙역 역세권이면서 성어공원과 안산천이 가깝습니다. 1984년 입주한 구축이라 재건축에 대한 기대

안산파크푸르지오

감이 있습니다. 조금 더 북쪽으로 가면 성포초등학교를 낀 선경이 나옵니다. 1990년 입주했고 1,768세대가 사는 대단지입니다.

재건축에 대한 기대가 커지는 월피동

월피동은 성포동과 육각형 도로를 경계로 맞닿아 있습니다. 전형적인 베드타운으로 아파트와 다가구 등이 밀집된 동네입니다. 월피동에는 중소형 면적 단지가 많은데, 육각형 도로를 따라 배치된 월피주공1~3단지가 주목받고 있습니다. 건축한 지 30년이 다 되어가는 데다, 성포동에서 언급한 신안산선 정차역이 단지 바로 앞에 들어설 예정이기 때문입니다. 가장 큰 평형이 59㎡인 3단지가 5.6억 원에 거래되면서 월피동 전체에서 블루칩으로 등극했죠.

월피주공1단지

이 밖에 삼일초등학교를 낀 안산현대2차와 바로 옆에 있는 한양 1차가 살펴볼 만합니다. 안산현대2차는 1989년 입주해 770세대가, 한양1차는 1990년 입주해 1,362세대가 살고 있습니다.

구리

인구	19만 3,000명
아파트 물량	86개 단지
평균 평당 가격	2,579만 원
지하철 노선	경의중앙선, 8호선(예정)
주요 생활환경	한강시민구리공원, 장자호수공원, 구리농산물도매시장 등
특징	서울과 생활권이 겹치는 위성도시

서울과 가까운 아늑한 위성도시 구리

강원도에서 서울로 진입할 때 구리시 표지판이 보이면 드디어 서울에 다 왔다는 생각이 듭니다. 서울과 아주 가까운 지역이지만 의외로 잘 알려지지 않은 구리시는 서울 중랑구·노원구·광진구와 맞닿아 있습니다. 한강을 건너면 바로 강동구가 나오고요. 위아래로 길게 뻗어 있으며 면적은 33.33km²인데, 우리나라에서 가장 작은 도시입니다. 바로 옆에 있는 남양주시와 비교해도 상당히 작은 편이죠.

구리시는 내부에 대기업이나 생산 시설이 없는 전형적인 서울의 베드타운입니다. 특이한 점은 인구 20만 명이 채 되지 않는 도시임에도 상권이 발달했다는 점입니다. 이는 인근의 남양주시까지 포함한 생활권에서 오랫동안 중심지 역할을 해왔기 때문인 것으로 보입니다. 돌다리사거리는 곱창골목으로도 유명하며 여전히 구리 내에서는 번화가로 꼽힙니다.

구리의 주택 물량은 갈매동 9,400호, 동구동 1만 1,000호, 인창동 6,400호, 교문2동 5,900호, 수택1동 2,000호, 수택2동 2,100호, 수택3동 5,900호입니다. 구리에서 59㎡ 중 실거래가가 가장 높은 아파트는 인창동 e편한세상인창어반포레이며 8.33억 원에 거래된 바 있습니다. 구리의 학군을 살펴보면 비평준화 도시이며 교문동의 장자중학교와 교문중학교, 인창동의 동구중학교 등이 선호 학군으로 꼽힙니다. 최근 구리 갈매지구가 주목받고 있는데, 다산과 별내를 살펴볼 때 언급한 것처럼 향후 8호선이 연장된 별내선이 구리를 통과하면 더욱 발전할 지역입니다.

서울 동북부 생활권인 갈매동

갈매동은 서울 중랑구 신내동 바로 옆에 위치해 서울 동북부와 생활권이 겹치는 느낌이 있습니다. 갈매동에는 대부분 신축 단지가 들어서 있는데, 경춘선 갈매역 초역세권인 갈매역아이파크가 대장단지입니다. 2018년 입주해 1,196세대가 거주하며 갈매천과 갈매공원이 가깝습니다. 갈매역아이파크에서 조금 남쪽으로 내려오면 갈매초등학교가 가까운 구리갈매푸르지오가 보입니다. 2017년 입주해 921세대가 거주하죠. 이곳 113㎡가 12.3억 원에 거래되었는데, 이는 갈매동의 최고 실거래가입니다. 갈매동에서 가장 북쪽에 위치한 한

갈매역아이파크

라비발디는 2016년 입주해 1,075세대가 살고 있습니다.

서울 접근성이 좋은 교문동

교문동은 구리에서도 서울 접근성이 가장 좋은 동네입니다. 구리시청과 한양대학교구리병원, 구리시립체육공원, 이문안호수공원, 장자호수공원 등이 있습니다. 교문동에는 2023년 연장 개통될 8호선 토평역에 대한 기대감이 반영되어 있습니다. 이 중 토평역과 가깝고 장자초등학교 옆에 있는 장자마을신명의 가격이 가장 높습니다. 2001년 입주해 434세대가 살고 있습니다. 장자마을신명에서 북쪽으로 조금 올라가면 보이는 한가람은 1994년 입주해 712세대가 거주합니다.

장자마을신명

백문초등학교와 교문중학교 옆에 위치한 교문대우·동양고속도 함께 볼 만한 단지입니다. 역시 1994년 입주해 680세대가 살고 있지요. 이곳은 119㎡로만 이루어져 있는데, 12.73억 원에 거래되어 교문동 최고 실거래가를 기록했습니다.

주택이 밀집된 수택동

수택동은 주택 밀집 지역으로 돌다리곱창골목길이 유명합니다. 구리시립체육공원 근처에 있으며 2020년 입주해 수택동에서 가장 신축인 e편한세상수택센트럴파크는 733세대가 거주합니다.

부양초등학교와 구리중고등학교 옆에 있는 대림한숲도 살펴봐야겠죠. 1995년 입주한 구축이지만 수택동의 강자입니다. 대림한숲

e편한세상수택센트럴파크

바로 아래에 있는 LG원앙 역시 1995년 입주해 824세대가 살고 있습니다. 장자호수공원 인근에 있는 금호베스트빌은 163m²이 14억 원에 거래되었는데, 이는 수택동에서 가장 높은 실거래가입니다.

구리의 전통적 강자 인창동

인창동에는 롯데아울렛과 구리농수산물 도매시장, 조선왕조 역대 왕과 왕비의 왕릉이 모여 있는 동구릉 등이 있습니다. 경의중앙선 구리역도 인창동에 있고요.

2020년 입주해 가장 신축이면서 구리역에서 가까운 e편한세상 인창어반포레가 이 일대의 대장 단지입니다. 632세대가 거주하며 단지 뒤편에 인창중앙공원이 있습니다. 이곳 85m²가 11.6억 원에 거래

되었는데, 이는 인창동에서 가장 높은 실거래가입니다.

이번에는 북쪽으로 올라가볼까요? 동구릉 아래에 있는 인창e편한세상2차는 2006년 입주해 신축은 아니지만, 단지 바로 앞 구리도매시장사거리에 8호선 동구릉역이 신설될 예정이라 몸값이 높아졌습니다. 현재 621세대가 살고 있지요. 마지막으로 역시 동구릉역 인근이며 구리IC 바로 옆에 있는 원일가대라곡을 보시면 됩니다. 2005년 입주해 533세대가 주거하며, 단지 옆에 롯데아울렛이 있지요.

e편한세상인창어반포레

한강을 끼고 있는 토평동

　토평동은 남쪽에 한강을 끼고 있으며 강동대교만 건너면 서울 강동구와 연결되는 동네입니다. 토평동에는 아파트 단지가 많지 않은데, 시민의숲공원과 구리시립토평도서관 사이에 있는 토평마을e편한세상의 가격이 가장 높습니다. 2001년 입주해 678세대가 거주하는 이곳은 장자호수공원과 한강이 잘 보이는 단지라 주민들의 만족도가 큽니다.

　토평초·중·고등학교에 둘러싸인 상록은 2002년 입주해 488세대가 살고 있습니다. 수택초등학교 옆에 있는 SK신일은 2001년 입주해 492세대가 살고 있지요. 왕숙천이 가깝고 이곳 역시 한강 잠실 일대가 잘 보이는 단지입니다. 토평동에서 가장 높은 실거래가 기록은 삼성 135㎡가 보유하고 있는데, 13.3억 원에 거래되었습니다.

SK신일

의정부

인구	46만 3,000명
아파트 물량	242개 단지
평균 평당 가격	1,489만 원
지하철 노선	1호선, 의정부경전철
주요 생활환경	도봉산, 수락산 등 도시를 둘러싼 다양한 명산
특징	경기 북부의 전통적인 중심지

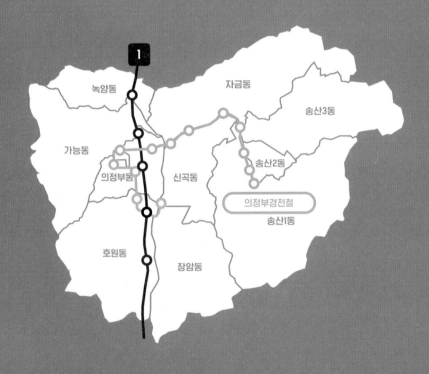

경기 북부 행정의 거점 의정부

의정부 하면 미군 부대나 부대찌개를 떠올리는 분이 많을 겁니다. 사실 의정부시는 경기도에서 수원시에 이어 두 번째로 시로 승격될 만큼 역사가 오래된 도시입니다. 경기도 다른 도시들에 비해 지리적으로 가운데에 위치하며, 경기도 및 경기도교육청 북부 청사가 있을 정도로 경기도 북부 행정에서 중요한 위치를 차지하죠. 면적은 81.54km²이며 46만 명이 거주하고 있습니다. 주한 미군이 오랫동안 이곳에 자리를 잡고 있었기에 미군 부대와 함께 도시가 성장해왔지요. 또 도봉산, 수락산, 사패산, 천보산 등 다양한 산이 의정부시 전체를 둘러싸고 있는 것도 특징입니다. 덕분에 주말마다 등산객으로 붐비는 지역이기도 하지요.

인구에 비해 상권은 다소 빈약한 편이라 도봉구나 노원구로 나가는 인구가 많았지만, 의정부역에 신세계백화점이 들어온 뒤로 의정부역 자체 상권이 발달했습니다. 지금은 의정부 시내에 코스트코도 들어와 있고요. 그럼에도 의정부시에서 일부 지역은 도봉구와 맞닿아 서울 생활권과 어느 정도 겹치는 면도 있습니다.

의정부시의 주택 물량을 보면 호원1동 7,000호, 호원2동 8,400호, 장암동 8,100호, 신곡1동 1만 2,000호, 신곡2동 1만 5,000호, 송산1동 1만 호, 송산2동 7,100호, 송산3동 1만 6,000호, 자금동 5,700호, 가능동 3,400호, 녹양동 5,000호 등입니다. 학군은 금오동의 천보중학교, 장암동의 동암중학교, 민락동의 민락중학교 등을 들 수 있습니다.

공공 기관이 많은 의정부동

의정부동은 1호선 의정부역과 의정부경전철이 지나며 시청과 세무서, 경찰서가 들어서 있습니다. 의정부부대찌개거리를 비롯한 상업지구도 발달했고요. 의정부동에서는 시청과 의정부예술의전당, 의정부경전철 범골역 인근 의정부롯데캐슬골드파크1단지와 2단지가 단연 눈에 띕니

의정부롯데캐슬골드파크1단지

다. 모두 2018년에 입주해 919세대와 931세대가 거주하죠. 두 단지
의 시세는 비슷합니다. 1단지 바로 옆에 있는 동화는 1995년 입주해
414세대가 살고 있지요.

길게 펼쳐진 호원동

호원동은 서울 도봉구 바로 위에 자리합니다. 1호선 망월사역과
회룡역, 의정부경전철 범골역, 경기북부병무지청과 신한대학교 의
정부캠퍼스가 있지요. 동네의 절반 이상이 산이고 아파트는 1호선이
지나는 길을 따라 남북으로 좁게 들어서 있습니다. 1호선과 의정부
경전철 더블 역세권인 회룡역과 가깝고 호원초등학교를 낀 호원한

호원한승미메이드

승미메이드가 선두에 있습니다. 2006년 입주해 448세대가 거주합니다. 한승미메이드 바로 옆에 있으며 마찬가지로 회룡역 역세권인 신일유토빌은 2003년 입주해 1,432세대가 살고 있습니다. 이곳 149㎡가 9.4억 원에 거래되었는데, 이는 호원동에서 가장 높은 실거래가입니다. 남쪽으로 조금 내려가면 1호선 망월사역 역세권인 신일유토빌플러스가 있습니다. 2004년 입주해 864세대가 거주합니다.

도봉구 생활권인 장암동

장암동 일부 지역은 서울 도봉구와 생활권이 겹친다고 할 수 있습니다. 7호선 종착역인 장암역이 있으며 장암동 왼쪽으로 중랑천이

수락리버시티1단지

흐릅니다. 장암동 대부분이 수락산에 걸쳐 있어 아파트는 장암동 남쪽 끝과 북쪽 끝에 위치합니다.

장암동에선 수락리버시티1단지와 2단지가 선두입니다. 1·7호선 더블 역세권인 도봉산역과 가깝고 인근에 다락원체육공원과 중랑천 등 녹지대가 많아 주민들의 만족도가 높지요. 1·2단지 모두 2009년 입주했고 세대수만 680세대와 473세대로 다릅니다. 2단지 59㎡가 6.35억 원에 거래되었는데, 이는 의정부시 동일 면적 중 두 번째로 높은 실거래가입니다. 8.6억 원에 거래된 2단지 115㎡는 장암동에서 가장 높은 실거래가 기록을 갖고 있고요.

북쪽으로 올라가면 의정부경전철 종착역인 발곡역이 있습니다. 발곡역 역세권인 의정부장암푸르지오1단지는 동암초등학교를 낀 초품아로 2004년 입주했고 494세대가 거주합니다.

경기도청 북부청사가 있는 **신곡동**

신동아파멜리에

신곡동에는 경기도청 북부청사가 있습니다. 왼쪽에 중랑천이 흐르고 가운데는 널 따란 추동공원이 자리 잡았지요. 의정부경전철 효자역·경기도청북부청사역·새말역·동오역이 있습니다. 신곡동에서는 추동공원과 가까운 e편한세상신곡파크비스타가 대장 단지입니다. 역세권은 아니지만 2019년 입주한 신축으로 1,561세대가 거주합니다.

경기도청 아래에 있는 e편한세상신곡포레스타뷰 역시 추동공원을 끼고 있지요. 2020년에 입주한 신곡동 최신축으로 1,773세대가 살고 있

습니다. 동오역 역세권에 신동초등학교를 끼고 있는 신동아파멜리
에는 2004년 입주해 547세대가 살고 있습니다. 중랑천을 건너 20분
정도 걸으면 1호선과 KTX를 이용할 수 있는 의정부역이 위치해 주
민들의 만족도가 높습니다.

용현산업단지가 있는 송산1동

송산1동(용현동)에는 용현일
반산업단지가 있습니다. 의정
부경전철인 어룡역·송산역·탑
석역이 있는데, 7호선 신설 역
이 생길 예정입니다. 송산 1동
아파트를 살펴보면 탑석역 역
세권인 현대1차의 가격이 가장
높습니다. 1992년 입주한 구축
이지만 역시 역세권 프리미엄
이 높은 것 같습니다. 986세대
가 거주하며, 재건축에 대한 기
대감도 반영되어 있지요. 이곳
130㎡가 7.9억 원에 거래되었는
데 이는 송산 1동의 최고 실거래

현대1차

가입니다.

용현산업단지 아래, 어룡역과 송산역 중간에 위치한 신도브래뉴 지역주택조합도 있습니다. 2006년 입주해 734세대가 거주하지요. 바로 옆에 있는 신도10차파크힐타운은 추동공원이 단지와 붙어 있습니다. 2001년 입주해 613세대가 거주합니다.

구축 단지가 많은 송산2동

송산2동(민락동 일부)은 전형적인 베드타운으로 주택과 공원이 많습니다. 송산역과 탑석역 중간에 있는 한라비발디가 선두 주자입니

한라비발디

다. 부용초등학교를 낀 초품아로 2003년 입주해 636세대가 살고 있습니다. 어룡역 역세권인 송산푸르지오는 2005년 입주해 706세대가 거주하고 있습니다. 마지막으로 송산역 역세권인 민락e편한세상은 2006년 입주해 474세대가 살고 있지요.

신축 단지가 많은 송산3동

송산3동(민락동 일부와 낙양동)에는 이마트와 코스트코, 의정부미술도서관 등이 있습니다. 전철역과는 거리가 다소 멀지만 의정부송산초등학교를 낀 호반베르디움1차가 대장 단지입니다. 2017년 입주해 1,567세대가 사는 대단지로, 민락천과 넓은 푸른마당근린공원, 활기체육공원이 가까이 있습니다. 이곳 85㎡가 6.98억 원에 거래되었는데, 이는 송산3동에서 가장 높은 실거래가입니다.

한편 활기체육공원 위쪽에는 송양초등학교를 낀 의정부민락푸

호반베르디움1차

르지오가 있습니다. 2015년 입주해 943세대가 살고 있지요. 좀 더 서쪽에 위치한 금강펜테리움센트럴파크는 2016년 입주해 716세대가 거주합니다.

대형 병원이 들어선 자금동

자금동은 금오동이라는 이름으로 더 유명하죠. 경기북부경찰청과 경기도교육청 북부청사, 가톨릭대학교 의정부성모병원, 을지대학교의정부병원 등 굵직한 기관이 들어서 있습니다. 자금동을 남북으로 나눴을 때 북쪽에는 천보산이 있으며 아파트 단지는 주로 남쪽에 자리합니다.

자금동에서는 의정부 경전철 경기북부청사역 역세권인 현대아이파크의 가격이 가장 높습니다. 단지 뒤편에는 천보산이 있고 앞쪽

에는 부용천이 흐르는 이곳은 2002년 입주해 814세대가 거주하죠. 의정부버스터미널 건너편에 모여 있는 금오신도브래뉴업2차도 살펴볼 단지입니다. 동오역 역세권으로

현대아이파크

2017년 입주해 1,111세대가 살고 있죠. 중량천과 시민공원도 가깝습니다. 마지막으로 2002년 입주한 구축이지만 자금동의 강자인 주공그린빌1단지를 보시면 됩니다. 자금동에서 제일 비싼 아파트는 현대아이파크 85㎡로 5.35억 원에 거래되었습니다.

의정부 북쪽에 위치한 가능동·녹양동

가능동은 홍선동을 포함해 살펴보겠습니다. 1호선 가능역과 의정부경전철 홍선역이 있습니다. 의정부지방법원과 검찰청도 있고요. 1호선 녹양역에 좀 더 가까운 힐스테이트녹양역은 가능동의 대장 단지입니다. 2018년 입주해 758세대가 거주합니다. 가능역 역세권이면서 의정부여자고등학교와 의정부공업고등학교 사이에 있는 의정부SK뷰는 2007년 입주해 1,019세대가 거주하지요. 의정부경전철 의정부시청역과 의정부세무서 근처인 브라운스톤홍선은 2008년 입주해 673세대가 거주합니다. 가능동의 최고 실거래가는 2021년 입주한 최신축 더샵파크애비뉴가 보유하고 있습니다. 97㎡가 7억 원에 거래되었습니다.

녹양동은 녹양역과 의정부종합운동장, 의정부의류타운이 들어선 곳입니다. 녹양역 인근에 녹양휴먼시아 단지가 모여 있습니다. 이 중 녹양초등학교를 끼고 있는 3단지, 그리고 녹양역과 가장 가까운

힐스테이트녹양역

4단지가 선두권입니다. 입주 연도는 2008년으로 같고 세대수는 각각 380세대와 332세대입니다. 남쪽으로 조금 내려가면 의정부법원과 검찰청 바로 위에 위치한 녹양힐스테이트가 보입니다. 2006년 입주해 1,196 세대가 거주하고 있습니다. 녹양동에서 실거래가가 가장 높은 단지는 녹양휴먼시아3단지로, 85㎡가 5.65억 원에 거래되었습니다. 의정부시에서 59㎡ 중 실거래가가 가장 높은 단지는 장암동 수락리버시티2단지로 6.35억 원에 거래되었습니다.

오산

인구	22만 9,983명
아파트 물량	72개 단지
평균 평당 가격	1,499만 원
지하철 노선	1호선, 수인분당선(예정)
주요 생활환경	물향기수목원, 오산대학교, 한신대학교 등
특징	최근 전국에서 집값 상승률이 가장 높은 도시

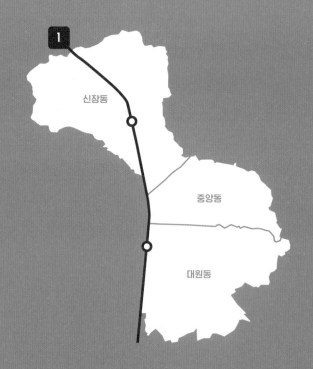

전국 집값 상승률 1위 오산

　　오산은 원래 화성군에 속하는 오산읍이었으나 1989년 오산시로 승격되었습니다. 오산 하면 오산 공군기지를 떠올리는 분도 있겠지만, 사실 공군기지는 오산이 아닌 옆 도시 평택에 있습니다. 평택에 주둔하는 주한 미군 입장에서는 '평택'보다 '오산'을 발음하기 쉬워서 실제 위치와 상관없이 기지 명칭을 오산으로 정했다고 하지요. 오산시는 화성시와 맞닿아 있고, 과거에 화성군 소속이었던 역사가 있어 생활권이 동탄 및 수원과 일정 부분 겹칩니다.

　　오산의 면적은 42.71㎢이며 인구는 약 23만 명입니다. 일개 읍이 시로 승격되다 보니 경기도 다른 도시에 비해 면적이 작은 편인데, 몇 년 전부터 주거지구가 개발되면서 아파트가 들어서고 인구가 유입되어 인구밀도는 높은 편이지요. 또 1호선 세마역 근처에는 한

신대학교가, 오산대역 근처에는 오산대학교가 자리해 젊은이들을 많이 볼 수 있는 도시이기도 합니다. 2012년 제18대 대통령 선거 당시에는 전국에서 30대 이하 유권자가 가장 많은 도시로 소개된 적도 있었습니다.

오산은 1호선을 기준으로 권역이 구분되는데, 크게 오산역 일대, 세교신도시, 운암산업단지로 나눌 수 있습니다. 가장동에 위치한 가장산업단지에는 아모레퍼시픽을 비롯한 화장품 기업이 밀집되어 있습니다. 한편 화성시에 있는 삼성전자 사업장이 멀지 않아 오산에서 통근하는 분들도 있고요.

동네별 인구 분포를 살펴보면 중앙동 1만 4,000세대, 대원동 2만 8,000세대, 남촌동 1만 3,800세대, 신장동 2만 5,000세대, 세마동 1만 2,900세대, 초평동 7,000세대 등이 거주하고 있습니다. 오산시의 주택 물량은 중앙동 9,400호, 대원동 2만 호, 남촌동 1,700호, 신장동 1만 7,700호, 세마동 9,600호, 초평동 6,600호 등입니다. 세교신도시의 경우 최근 몇 년 새 아파트 단지가 계속 들어서고 있고, 자녀를 둔 30~40대 인구가 많아 학생 수가 많은 편입니다. 자율형 공립 고등학교인 세마고등학교가 선호 학군으로 꼽힙니다.

현재 세교2지구 택지 개발이 계속 진행되고 있으며, 수인분당선과 GTX-B 노선을 오산까지 연장하는 방안이 논의되고 있는 만큼 앞으로 오산의 발전이 기대됩니다. 오산시에는 총 6개의 행정동(법정동은 24개)이 있으나 여기서는 법정동을 기준으로 아파트 단지가 많은 중앙동·대원동·신장동만 살펴보겠습니다.

오산시청이 위치한 중앙동

중앙동은 오산동과 부산동을 합한 행정동으로 이해하면 됩니다. 오산시청과 오산경찰서, 오산종합운동장 등 공공 기관과 시설이 들어선 동네이지요. 중앙동에서는 동탄일반산업단지 바로 아래에 있는 오산센트럴푸르지오가 대장입니다. 경부고속도로와 가깝고 오산종합운동장과 스포츠센터, 오산천과 공원이 바로 옆에 있어 주민들의 만족도가 높습니다. 2018년 입주해 920세대가 거주하고 있지요. 이곳 85㎡가 6.55억 원에 거래되었는데, 이는 중앙동의 최고 실거래가입니다.

이번에는 경부고속도로 건너편에 있는 두 단지를 살펴보겠습니다. 다온초등학교 맞은편에 나란히 위치한 오산시티자이1차2단지와 오산시티자이2차입니다. 이름이 비슷해 혼동하기 쉬운데 오산시티자이1차2단지는 2017년 입주해 941세대가, 오산시티자이2차는 2019년 입주해 1,099세대가 살고 있습니다.

오산시티자이2차

아파트가 많은 대원동

오산시에서 남쪽 끝에 위치한 대원동은 갈곶동·원동·청호동·고현동을 포함한 행정동입니다. 대원동에는 1호선 오산역이 있으며 경부고속도로가 동네를 동서로 나누고 있지요. LG생활건강물류센터를 비롯해 여러 기업의 공장도 들어서 있습니다.

여기서는 먼저 대원동 행정복지센터 아래에 있는 오산역e편한세상2단지를 살펴보겠습니다. 2007년 입주해 1,360세대가 거주하며 오산천, 오산맑음터공원과 가깝습니다. 2단지와 길 하나를 두고 마주하는 오산역e편한세상1단지도 살펴볼 만합니다. 원일초등학교를 낀 초품아로 오산역 역세권입니다. 단지 건너편에 쿠팡물류센터가 있으며 2007년 입주해 1,008세대가 살지요. 이곳 105㎡가 6.4억 원에 거래되었는데, 이는 대원동에서 가장 높은 실거래가입니다.

마지막으로 경부고속도로와 오산IC 바로 옆에 위치한 오산원동한양수자인을 빼놓을 수 없습니다. 2019년 입주해 495세대가 거주

오산역e편한세상1단지

하는 이곳은 역말저수지와 수변공원이 가깝고 뒤편에 산이 넓게 펼쳐져 있습니다.

세교신도시가 조성되고 있는 신장동

마지막으로 오산시 가운데에 위치한 신장동입니다. 내삼미동·수청동·은계동·금암동을 포함하는 행정동이지요. 1호선 오산대역이 있으며 물향기수목원, 고인돌공원 등 곳곳에 공원이 많습니다. 드라마 〈아스달 연대기〉 세트장과 세마고등학교도 신장동에 위치하고요. 오산대역과 세마역 인근에서는 택지지구를 개발하는 세교신도시 사업이 진행 중입니다. 그런 이유로 신장동은 오산시 내에서 신축 아파트가 많은 곳이기도 합니다. 특히 오산대역 인근 신축 단지의 시세가 높은 편이고요.

오산대역 초역세권이자 2020년 입주해 596세대가 거주하는 더샵오산센트럴이 이 일대의 선두 주자입니다. 대로만 건너면 넓은 물향기수목원이 있고 동탄신도시와 빠르게 연결되는 필봉산터널이 개통을 앞두었다는 점, 그리고 수인분당선과 GTX-B 노선이 오산대역까지 연장되는 방안 등이 수면 위로 떠오르면서 분양가에 비해 시세가 매우 큰 폭으로 상승했습니다.

더샵오산센트럴에서 북쪽으로 조금 올라가면 오산대역세교자이가 보입니다. 오산대역까지 걷기에는 조금 멀지만, 인근 단지 중 유

오산대역세교자이

일하게 초등학교를 끼고 있으며 세대수가 많아 가치를 인정받고 있습니다. 2018년 입주해 1,110세대가 거주하지요. 마지막으로 오산대역세교자이 옆에 있는 세교신도시호반베르디움은 2017년 입주해 855세대가 거주합니다. 바로 뒤에 필봉산이 있어 시원하게 트인 조망이 좋습니다.

한편 물향기수목원 바로 옆에는 녹지대 사이에 둘러싸인 오산대역꿈에그린이 있습니다. 이곳 155㎡가 9.4억 원에 거래되었는데, 이는 신장동의 최고 실거래가입니다. 오산에서 59㎡ 중 시세가 가장 높은 단지는 세마동 서동탄더샵파크시티로 6.6억 원에 거래되었습니다. 다음으로 실거래가가 높은 곳은 오산시티자이1차2단지이며 5.48억 원에 거래된 바 있습니다.

아파트 가격, 도대체 얼마나 올랐을까

어마어마하게 상승한 아파트 가격에 잠 못 이루는 분이 많습니다. 도대체 얼마나 오른 것일까요? 우선 다른 나라들과 비교해도 한국의 주택 가격은 엄청나게 상승했다고 이야기하는 경우가 있는데, 상황을 객관적으로 파악하기 위해서는 보다 넓은 관점에서 바라볼 필요가 있습니다. 이를 위해 글로벌프로퍼티가이드닷컴(www.globalpropertyguide.com)의 통계를 살펴보겠습니다.

지난 10년 동안 주택 가격이 가장 많이 상승한 곳은 터키 이스탄불로 무려 238.03%가 올랐습니다. 땅덩이가 좁아 주택 가격이 비싸기로 유명한 홍콩은 102.5%, 주택 가격이 대체로 안정적이라고 알려진 독일 베를린은 102.5%, 반대로 엄청나게 상승했을 것 같은 중국 베이징은 99%, 늘한국과 비교되는 미국 뉴욕은 77.67% 상승했습니다. 부동산 거품 붕괴 이후 여전히 부동산 침체기에 머물러 있을 것 같은 일본 도쿄는 50.56% 상승했고요. 그럼 가장 궁금한 서울은 어떨까요? 놀랍게도 33.08%밖에 상승하지 않았습니다. 해당 사이트에서 밝힌 바에 따르면 한국의 수치는 KB부동산 데이터를 기준으로 산출한 값입니다.

지금까지 언급한 상승률은 물가를 감안하지 않은 명목 상승률입니다. 예를 들어 지난 1년 동안 한국의 주택 가격이 3% 상승했고 인플레이션이 2%였다면, 실질 상승률은 1%입니다. 터키에서는 지난 10년 동안 물가가 엄청나게 올랐습니다. 물가를 감안한 터키 주택 가격의 실질 상승률은 19.25%입니다. 실질 상승률로 보면 뉴질랜드의 오클랜드가 98.14%로 제일 많이 올랐습니다. 베를린은 79.54%, 베이징은 61.02%, 뉴욕은 49.66%, 도쿄는 42.42%, 서울은 17.33%가 상승했네요.

서울의 아파트 상승률이 겨우 이 정도일 리 없다고요? 글로벌 금융위기 이후 지난 10년 동안 풀린 유동성으로 인해 부동산은 물론 주식 같은 자산 가치가 상승한 것은 사실입니다. 세계경제를 따라가는 우리나라 역시 이 같은 상황에 발맞춰 주택 가격이 올랐다고 볼 수 있습니다. 공급이 부족했던 것도 큰 영향을 미쳤지만 말이지요.

그럼에도 현실과 통계의 괴리가 큰 것은, 아마도 아파트에 집중된 우리나라 특유의 주택 시장 상황 때문이 아닐까 합니다. 글로벌프로퍼티가이드닷컴이 말하는 한국 주택 가격은 아파트, 단독, 연립 등을 모두 포함하고 있습니다. 다른 나라들은 우리처럼 아파트가 많지 않으며, 더구나 공동주택인 아파트는 중산층이 거주하는 주택이라기보다는 저소득층에 공급하는 임대주택이라는 관점이 강합니다. 하지만 한국에서는 가장 선호하는 주택이 아파트인 만큼 아파트의 가격 상승이 전체 주택 시장에 미치는 영향이 클 수밖에 없죠. 이것이 바로 사람들이 실거주 조건이나 환경뿐만 아니라 자산 가치까지 고려해 아파트를 매수하려는 이유이기도 합니다.

그럼 우리가 사는 현실로 돌아와 몇몇 아파트의 가격 변동을 들여다보겠습니다. 여기서 가격은 동일성을 위해 KB주택 시세 매매가에서 말하는 일반 평균가이며, 2013년 1월부터 시작하는 것을 기준으로 합니다. 선정한 아파트는 대부분 해당 지역에서 대장 단지들입니다.

먼저 재건축 이야기만 나오면 언제나 회자되는 서울 강남구 대치동 은마 84㎡는 2013년 1월 8.45억 원으로 가장 저렴했습니다. 2021년 5월에는 24.5억 원으로 약 190% 상승했죠. 학원 사거리로 유명한 서울 노원구 중계동 청구3차 84㎡는 2013년 1월 4.85억 원으로 가장 저렴했고, 2021년 5월에는 12.9억 원이 되면서 약 160% 상승했습니다. 이제 경기도를 살펴보겠습니다. 성남시 분당구 삼성한신 시범 84㎡는 2013년 5.8억 원으로 가장 저렴했으며 2021년 5월 14.6억 원으로 약 150% 상승했습니다. 평촌학원가로 유명한 안양시 평촌동 귀인마을현대홈타운 80㎡는 2013년 7월에 4.75억 원으로 가장 저렴했습니다. 2021년 5월에는 10.75억 원으로 약 130% 상승했지요.

이번에는 소형 면적도 살펴보겠습니다. 서울시 도봉구 쌍문동 한양4차 35.1㎡는 2013년 5월 1.3억 원으로 제일 저렴했는데, 2021년 5월 3.2억 원이 되면서 약 150% 상승했습니다. 부천 중동 설악주공 44.1㎡는 2013년 평균 1.43억 원으로 제일 저렴했지만 2021년 5월에는 2.65억 원으로 약 85% 상승했고요.

　이로부터 우리나라의 아파트 가격이 매우 큰 폭으로 상승했다는 것을 확인할 수 있습니다. 또 소형 면적이든 대형 면적이든, 경기도보다는 서울 아파트의 상승률이 더 큽니다. 독보적인 강남을 논외로 쳐도 말입니다. 따라서 만약 비슷한 가격이었다면 서울에 있는 아파트를 매수하는 것이 더 현명한 선택이었을 겁니다. 다만 기간을 줄여 2020년부터 살펴본다면 서울보다 경기도의 상승률이 훨씬 큽니다. 1기 신도시였던 분당부터 시작된 상승 기류가 점차적으로 전파되며 상대적으로 경기도 외곽인 동두천이나 안성의 아파트 가격까지 올랐던 것이지요.

　경기도를 벗어나 광역시까지 범위를 넓혀보겠습니다. 부산 해운대구 우동 경남마리나 84㎡는 2014년 3월 3.525억 원이던 것이 2021년 13.5억 원으로 약 280% 상승했습니다. 대구 수성구 범어동 경남타운 84㎡는 2012년 1월 2.275억 원에서 2021년 5월 12.6억 원으로 약 450% 상승했고요. 광주로 가볼까요? 남구 봉선동 포스코더샵 84㎡는 2012년 1월 2.8억 원이었지만 2021년 5월 7.25억 원이 되면서 약 160% 상승했습니다. 대전 서구 둔산동 크로바 84㎡는 2012년 1월 3.25억 원에서 2021년 5월 9억 원으로 약 180% 상승했네요.

　마지막으로 울산 남구 신정동 문수로2차아이파크1단지 84㎡는 2014년 6월 3.9억 원이던 것이 2021년 5월 11.25억 원으로 약 190% 상승했습니다. 이렇게 상승률만 놓고 보면 전국 광역시의 아파트 가격 역시 수도권과 큰 차이 없이 올랐다는 것을 확인할 수 있습니다. 대도시에 살고 있다면 지난 10년 사이 아파트를 매수했어야 한다는 결론이 나옵니다. 여기에 59㎡보다는 84㎡ 면적 아파트 가격이 훨씬 더 상승했고요.

이 시기에 아파트를 매수했다면 좋았겠지만, 그렇지 못했다고 해서 좌절할 필요는 없습니다. 어느 지역이든 잘 찾아보면 아직까지 크게 상승하지 않은 아파트가 있을 겁니다. 대부분 지역의 랜드마크 단지가 최소 100%씩은 상승했는데, 지금까지 20~30% 정도밖에 상승하지 않았다면 그 아파트는 상승 여력이 남아 있다는 의미죠. 따라서 500세대 이상이면서도 상승 폭이 얼마 되지 않는다면 투자를 고려해볼 만합니다. 물론 여기에 전제 조건은 있습니다. 이 책에서 소개한 도시까지입니다.

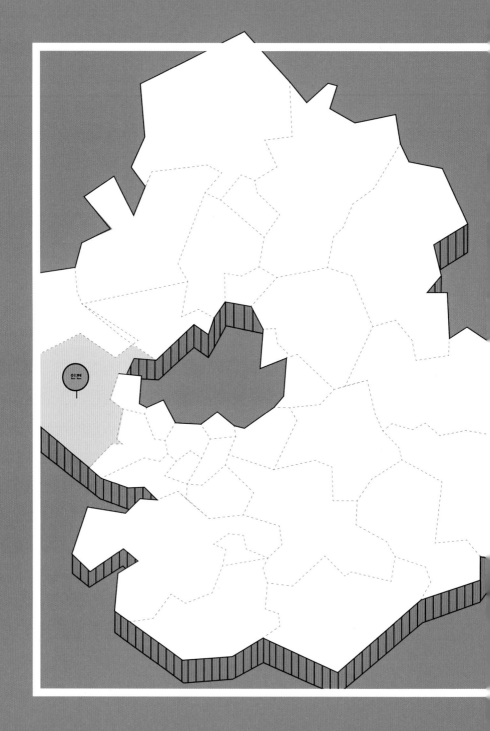

인천광역시

대한민국의 관문 인천광역시

인천광역시는 면적이 1,065.2㎢로 여러 광역시 중 가장 넓습니다. 인구도 약 294만 명으로 부산 다음으로 많죠. 광역시 중에서는 유일하게 서울시 바로 옆에 있는 도시로, 수도권이라는 명칭으로 포함되다 보니 광역시임에도 존재감이 다소 희미한 편입니다. 하지만 인천은 삼국시대 초기부터 역사서에 '미추홀'이라는 지명으로 등장해 왔으며, 조선 말기 인천항을 통해 서구 문물이 가장 먼저 들어온 도시입니다. 지금도 인천공항이 있어 대한민국의 관문이라고 할 수 있습니다.

인천광역시에는 8개의 구와 2개의 군이 있는데, 크게는 자체적인 생활권과 서울 출퇴근 생활권으로 구분할 수 있습니다. 지하철 1호선과 7호선, 수인분당선, 인천국제공항철도, 인천 도시철도

1·2호선, 그리고 KTX가 지나갑니다. 여기에 GTX-C와 D 노선이 예정되어 있고요. 그럼에도 생활권이 구분되어 있다 보니 아직 전철이 닿지 않는 동네인 경우 인천에서 서울로 통근할 때 여전히 광역버스를 이용하는 사람들이 많습니다. 그럼 지금부터 인천광역시 계양구·남동구·미추홀구·부평구·서구·연수구의 주요 아파트 단지들을 살펴보겠습니다.

계양구

인구	29만 4,000명
아파트 물량	148개 단지
평균 평당 가격	1,305만 원
지하철 노선	인천1호선, 공항철도
주요 생활환경	경인아라뱃길
특징	인천에서도 서울 출퇴근 직장인이 많은 지역

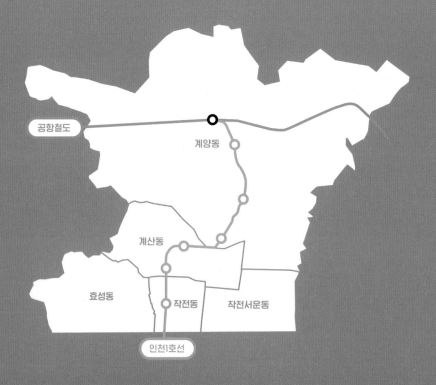

인천에서 가장 높은 산인 계양산의 이름을 딴 계양구는 45.57km²
면적에 약 29만 4,000명이 살고 있습니다. 인천 초입, 강서구 왼쪽에
위치한 동네로 인천광역시 내에서는 유일하게 서울시와 맞닿은 지
역입니다. 경인아라뱃길이 계양구 북쪽 일부를 관통하며 인천1호
선과 공항철도가 지나갑니다. 이 밖에 경인고속도로, 수도권제1순
환고속도로, 인천국제공항고속도로도 계양구를 지나죠. 계양구에
는 약 12만 7,000세대가 있습니다. 효성동 2만 1,000세대, 계산동 3만
4,000세대, 작전동 2만 세대, 작전서운동 1만 2,000세대, 계양동 3만
3,000세대입니다.

계양구는 서울 서부권과 가까운 만큼 인천 내 다른 지역에 비해
서울로 출퇴근하는 직장인이 비교적 많이 거주하며, 이는 아파트 가

격에도 영향을 미치고 있습니다. 서울 서부권에서 저렴한 집값을 찾아 계양구로 유입된 인구도 적지 않은 편이죠. 참고로 2018년 정부가 발표한 3기 신도시 지역에 이 일대가 포함되었습니다.

천마산을 낀 효성동

효성동은 위로는 천마산이 있고 아래로는 경인고속도로가 위치합니다. 동네 왼쪽 절반은 산지라서 주거지구는 오른쪽 절반 정도에 몰려 있죠. 효성동에서는 2021년 10월 입주한 최신축 e편한세상계양 더프리미어가 압도적인 선두 주자입니다. 여기에 인천1호선 작전역 역세권이고 1,646세대가 거주하는 대단지라는 프리미엄이 작용해 앞으로도 효성동의 대장 단지로 앞서나갈 것으로 보입니다.

남쪽 끝에 위치한 현대4차는 1995년 입주한 구축으로 919세대가 살고 있습니다. 성지초등학교 바로 옆이며 작전역과 홈플러스가 가

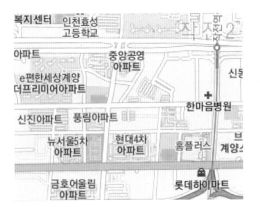

깝습니다. 인천효성초등학교 바로 옆에 있으면서 천마산 아래편에 위치한 두산도 살펴볼 만한 단지입니다.

e편한세상계양더프리미어

경인교대가 있는 계산동

계산동에서는 용종동을 포함해 살펴보겠습니다. 계산동에는 경인교육대학교 인천캠퍼스와 계양구청, 인천1호선인 경인교대입구역과 계산역이 있습니다. 롯데마트 근처에 있는 인천계양코아루센트럴파크는 2017년 입주한 신축으로 724세대가 거주하고 있습니다. 인천1호선 임학역 역세권이며 단지 앞뒤에 공원을 끼고 있죠. 부평초등학교 근처에 있는 신도브래뉴는 인천

신도브래뉴

1호선 계산역과 경인교대입구역 중간에 위치해 두 역을 모두 이용할 수 있습니다. 2005년 입주해 481세대가 거주합니다. 신대초등학교와 계산여자고등학교를 끼고 있는 초정마을하나는 임학역이 멀지 않고 단지 뒤에 서부간선수로와 계산천이 있어 산책하기 좋습니다. 1997년 입주해 972세대가 살고 있습니다.

부천시와 가까운 작전서운동

작진동과 서운동을 합한 작전서운동은 부천시와 접한 동네입니다. 홈플러스와 이마트, 그리고 작전역이 위치합니다. 또 서운일반산업단지가 있으며 계양체육관이 넓게 자리 잡고 있지요.

이 일대에서는 2021년 입주해 1,669세대가 사는 계양효성해링턴플레이스가 대장 단지입니다. 계양체육관과 서운체육공원, 서부간선수로가 가깝고 단지 바로 앞에 서운초·중·고등학교가 있습니다. 이곳 59㎡가 5.99억 원에 거래된 바 있는데, 이는 동일 면적 단지 중에서는 계양구 최고 실거래가입니다. 바로 옆에는 2009년 입

계양효성해링턴플레이스

주해 373세대가 거주하는 계양임광그대가 있습니다.

조금 서쪽으로 눈을 돌리면 작전여자고등학교 옆에 있는 작전현대1차와 작전현대2-2차도 있습니다. 1차는 1990년 입주해 570세대가, 2-2차는 1993년 입주해 904세대가 거주하고 있습니다. 이 밖에

화전초등학교 아래쪽에 있는 작전풍림아이원, 농협하나로마트 옆에 있는 동보2차 등을 보시면 됩니다. 작전동의 최고 실거래가는 7.6억 원으로 서운동경남아너스빌 133㎡가 그 주인공입니다.

경인아라뱃길이 관통하는 계양동

계양동은 귤현동·박촌동·병방동·임학동 등을 포함해 살펴보겠습니다. 계양동은 서울과 맞닿은 동네인데, 주거지구가 다소 드문드문 떨어져 있습니다. 경인아라뱃길이 남북으로 동네를 나누며 곳곳에 산이 많은 것이 이 근방의 특징이죠. 또 인천1호선과 공항철도가 지나갑니다.계양동에서는 인천1호선 박촌역 초역세권인 계양한양 수자인의 몸값이 가장 높습니다. 바로 뒤에 수도권제1순환고속도로가 있는 이 단지는 2011년 입주해 376세대가 살고 있죠. 계양한양수자인 바로 위에 있는 한화꿈에그린은 2005년 입주해 670세대가 거주합니다.

북쪽으로 조금 더 올라가면 인천1호선 귤현역 근처에 계양센트레빌 단지들이 들어서 있습니다. 경인아라뱃길과 가까운 곳

계양한양수자인

에 위치하는데, 이 중 1단지와 3단지를 보시면 됩니다. 두 단지 모두 2013년에 입주했고, 세대수는 1단지 715세대, 3단지 454세대입니다. 1단지 121㎡가 7.7억 원에 거래되었는데 이는 계양동의 최고 실거래가입니다.

미추홀구

인구	40만 6,000명
아파트 물량	183개 단지
평균 평당 가격	1,239만 원
지하철 노선	1호선, 수인분당선, 인천1·2호선
주요 생활환경	인하대학교, 인천대학교 등
특징	인천 중부에 위치한 자치구

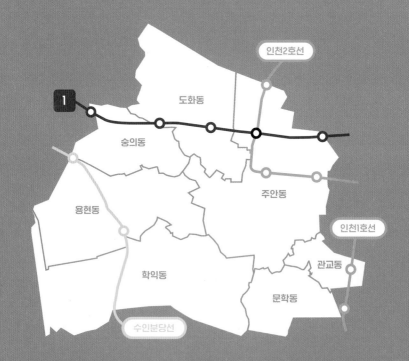

미추홀은 백제의 시조 온조의 형 비류가 처음 자리 잡은 땅으로 알려져 있습니다. 미추홀구의 행정구역명은 원래 남구였지만 2018년 7월에 역사적 지명을 따라 미추홀구로 변경되었습니다. 미추홀구 면적은 24.84km²에 인구는 약 40만 6,000명이 살고 있습니다. 미추홀구에는 지하철 1호선과 수인분당선, 인천2호선이 지나는데, 대부분 구를 관통하지 않고 가장자리를 따라 노선이 이어진 것이 특징입니다.

　　1호선 주안역 일대는 과거에는 인천에서 가장 번화한 지역이었지만 지금은 다소 쇠퇴한 느낌이 있습니다. 미추홀구에는 약 19만 2,000세대가 거주하며 숭의동 2만 1,000세대, 용현동 4만 2,000세대, 학익동 2만 세대, 도화동 2만 4,000세대, 주안동 6만 5,000세대, 관교동 6,000세대, 문학동 7,000세대 등이 살고 있습니다.

갯벌을 매립해 조성한 용현동

용현동은 원래 대부분이 갯벌이었던 지역으로 한국전쟁 당시 인
천 상륙 작전이 펼쳐졌던 곳이 바로 용현동입니다. 지하철 노선은 수
인분당선이 지나가며 인하대학교와 부속병원이 있습니다. 특이하게
도 옹진군청이 용현동에 위치하죠.

용현동에서는 3,971세대가 사는 매머드급 단지인 인천SK스카이
뷰가 선두 주자입니다. 2016년에 입주한 준신축으로 수인분당선 인
하대역 초역세권이기도 합니다. 이곳 133㎡가 9.35억 원에 거래된
바 있는데, 이는 용현동에서 최고 실거래가입니다. 또 이곳 59㎡는

인천SK스카이뷰

6.37억 원에 거래되었는데, 이는 동일 면적 아파트 중 미추홀구 최고 실거래가입니다.

인천SK스카이뷰 바로 아래에 있는 신창미션힐과 바로 위에 있는 용현성원상떼빌이 그 뒤를 따릅니다. 2004년 입주한 신창미션힐은 821세대가, 2009년 입주한 용현성원상떼빌은 550세대가 살고 있죠. 수인분당선 숭의역 역세권이자 인하대학교 부속병원 건너편에 있는 용현엑슬루타워는 2011년 입주했으며, 630세대가 거주합니다.

관공서가 많은 학익동·도화동

'학의 날개'라는 뜻을 지닌 학익동에는 인천지방법원과 검찰청, 미추홀경찰서, 경인방송 등 주요 관공서가 들어서 있습니다. 수인분당선 학익역이 신설될 예정이고요. 학익역 역세권이자 제2경인고속도로가 가까운 학익풍림아이원의 몸값이 가장 높습니다. 학산초등학교를 끼고 있는 이곳은 2007년 입주해 2,090세대가 사는 대단지입니다. 바로 옆에 있는 인천학익두산위브는 2011년 입주해 432세대가 살고 있죠. 학익풍림아이원 바로 위에는 인주중학교를 낀 동아풍림도 있습니다. 1999년 입주했고 1,480세대가 거주합니다. 인하대학교 근처에 위치한 엑슬루타워 183㎡가 11억 원에 거래되었는데, 이는 학익동의 최고 실거래가입니다.

다음으로 도화동을 살펴볼 차례입니다. 도화동에는 1호선 도화

역과 제물포역이 있습니다. 인천대학교 제물포캠퍼스와 인천기계일
반산업단지도 들어서 있습니다. 인천시에서 상대적으로 낙후된 지
역이었지만 도화지구에서 개발이 진행되면서 변신이 기대되는 곳입
니다.

　도화동에서는 1호선 도화역 역세권이면서 정부인천지방합동
청사 옆에 있는 더샵인천스카이타워1·2단지가 눈에 띕니다. 모두
2020년에 입주했고 1단지는 1,309세대, 2단지는 588세대가 거주합
니다. 2단지 75㎡가 7.3억 원에 거래되었는데, 이는 도화동에서 최고
실거래가입니다. 인천대학교 북쪽에 있는 도화역금강펜테리움센트
럴파크는 2020년 입주한 신축으로 479세대가 살고 있습니다. 걸어
갈 수 있는 거리에 지하철역이 없는 점이 조금 아쉽습니다.

인천학익두산위브

미추홀구의 번화가 주안동

    주안동에는 인천가정법원과 한국폴리텍대학 남인천캠퍼스, 그
리고 주안역이 있습니다. 1호선과 인천2호선 환승역인 주안역은 인

주안더월드스테이트

천의 핵심 상권이었지만, 수인분당선이 개통되면서 과거보다는 유동 인구가 줄어들었습니다. 이 일대에서는 1호선 간석역 초역세권이면서 경원초등학교를 끼고 있는 대단지인 주안더월드스테이트 아파트가 제일 비쌉니다. 2008년 입주해 무려 3,158세대가 거주합니다. 다음으로 주안역 역세권인 주안센트레빌을 볼까요? 2021년 입주한 최신축으로 1,458세대가 살고 있지요.

2010년 입주해 1,509세대가 거주하는 인천관교한신휴플러스는 전철역까지 걸어가기에는 조금 먼 곳에 위치합니다. 이 밖에 승학산 북쪽에 있는 진흥과 그 옆 쌍용주안 등이 있습니다. 주안동에서 제일 비싼 아파트는 주안더월드스테이트아파트 158㎡이며 7.5억에 거래되었습니다.

남동구

인구	51만 8,000명
아파트 물량	201개 단지
평균 평당 가격	1,497만 원
지하철 노선	1호선, 수인분당선, 인천1·2호선
주요 생활환경	남동인더스파크, 소래포구 등
특징	인천광역시의 중심지

인천광역시 동남쪽에 위치한 남동구는 면적 57.02㎢에 인구는 약 52만 명입니다. 남동구에는 인천시청과 인천지방경찰청을 비롯해 수도권에서 손꼽히는 규모의 산업단지인 남동인더스파크(옛 남동공단)가 자리 잡고 있습니다. 또 각종 프랜차이즈 가맹점과 상권이 몰려 있는 로데오거리, 수도권 인구가 많이 찾는 소래포구와 인천대공원, 인천에서 가장 규모가 큰 가천대길병원 등이 위치해 명실상부한 인천의 중심이라고 할 수 있죠. 동시에 주거지구와 업무지구, 농촌 등이 복합된 지역이기도 합니다.

여러모로 현재 인천의 도심이라고 할 수 있는 만큼, 남동구를 통과하는 지하철 노선도 많습니다. 1호선과 수인분당선, 인천1·2호선이 남동구를 통과하죠. 남동구에는 22만 7,000세대가 거주합니다.

구월동 4만 9,000세대, 간석동 4만 5,000세대, 만수동 5만 2,000세대, 논현동 2만 8,000세대 등입니다. 그럼 남동구의 아파트 단지들을 산책해보겠습니다.

남동구의 중심 구월동

남동구가 인천의 중심지라고 말씀드렸는데, 구월동은 남동구에서도 중심지라고 할 수 있는 곳입니다. 인천광역시청과 인천지방경찰청, 인천문화예술회관, 그리고 가천대길병원이 모두 구월동에 있거든요. 이외에 농산물도매시장, 뉴코아백화점과 엘리오스백화점 등이 위치한 로데오거리도 있고요. 그만큼 유동 인구가 많은 곳으로 구

구월아시아드선수촌센트럴자이

월동에서는 인천 1·2호선과 다양한 버스 노선을 이용할 수 있습니다.

구월힐스테이트롯데캐슬골드1단지는 단연 구월동의 랜드마크 단지입니다. 인천2호선 석천사거리역 초역세권인 이곳은 2007년 입주했으며 5,076세대가 사는 대단지입니다. 석천초등학교와 구월중학교가 단지 바로 옆에 있으며 건너편에는 시청이 있지요. 구월아시아드선수촌센트럴자이도 살펴볼 만한 단지입니다. 2015년 입주해 850세대가 거주하는 이곳은 인천 1호선 인천터미널역이 가깝습니다. 아시아드근린공원을 비롯해 단지 주변에 공원이 많아 녹지율이 높습니다. 바로 옆에는 구월유승한내들퍼스티지가 보입니다. 2016년 입주해 860세대가 살고 있지요.

구월힐스테이트롯데캐슬1단지 건너편에는 롯데캐슬골드2단지가 있습니다. 이곳 116㎡가 8.9억 원에 거래된 바 있는데, 이는 구월동에서 최고 실거래가입니다.

대중교통 환경이 좋은 간석동

간석동은 구도심이라고 할 수 있는 주안동 일대와 신도심이라고 할 수 있는 구월동을 잇는 동네이며, 그 때문에 인천 내에서도 대중교통 환경이 매우 좋습니다. 1호선 간석역과 인천1호선 간석오거리역, 그리고 인천지하철 1·2호선 환승역인 인천시청역이 있습니다. 버스 노선도 많고요. 간석동 북동쪽에는 만월산이 자리 잡고 있지요.

간석래미안자이

상아초등학교를 낀 간석래미안자이가 이 근방의 대장 단지입니다.

인천2호선 석천사거리역 초역세권이며 2008년 입주했고 2,432세대가 사는 대단지입니다. 이곳 143㎡가 8.9억 원에 거래되었는데, 이는 간석동에서 가장 높은 실거래가입니다. 또 이곳 59㎡ 역시 6억 원에 거래되며 남동구의 동일 면적 중 최고 실거래가를 기록했습니다.

간석래미안자이 건너편에 있는 어울림마을도 1,700세대가 넘는 대단지입니다. 2005년에 입주한 비교적 구축이지만 석천사거리역과 인천시청역을 모두 이용할 수 있고, 남북으로 길게 뻗은 중앙공원과도 가깝습니다. 주안역과 간석역 중간에 있는 간석한신더휴는 2019년 입주한 신축으로 643세대가 거주합니다. 단지 바로 위에 홈플러스가 있습니다.

만수산이 있는 만수동

비교적 길게 뻗은 만수동은 백범로가 동네를 남북으로 가르고 있습니다. 북쪽에는 광학산이, 남쪽에는 남동구청이 위치하며 인천 2호선 만수역과 남동구청역이 지나가죠. 만수동에서 가장 눈에 띄는 단지는 포레시안입니다. 2011년 입주해 3,208세대가 사는 이곳은 만수산 자락에 위치한 진정한 숲세권이라 할 수 있습니다. 초·중·고등학교가 단지와 붙어 있어 자녀를 키우기에도 좋은 환경입니다. 포레시안 바로 아래 있는 향촌휴먼시아2단지는 2012년 입주해 438세대가 거주합니다.

서쪽으로 조금 시선을 돌리면 인동초등학교 위쪽에 햇빛마을벽

포레시안

산이 있습니다. 이곳 역시 단지 바로 뒤에는 만수산, 길을 건너면 만월산이 있는 숲세권입니다. 인천2호선 모래내시장역에서 약 1km 떨어져 있고요. 만수동에서 가장 높은 실거래가 기록은 6.3억 원에 거래된 포레시안 85㎡가 보유하고 있습니다.

택지 개발로 조성된 서창동

관모산과 소래습지공원 사이에 있는 서창동은 제2경인고속도로가 남북으로 동네를 나누고 있습니다. 제2경인고속도로가 가까워 서울 서부권으로 이동하기 좋습니다. 동네 왼쪽에는 소래습지공원이, 오른쪽에는 장아산이 있고 주거지구 가운데에는 열십자 형태로 군데군데 공원이 자리하죠. 서창동은 택지 개발을 통해 조성된 동네라 건축된 지 10년 이내인 아파트가 많은 편입니다. 제2경인고속도로를

e편한세상서창

기준으로 남쪽에 있는 단지들이 북쪽에 있는 단지보다 신축이고요.

서창동의 선두는 한빛초등학교 근처에 있는 호반베르디움입니다. 2017년 입주해 600세대가 거주합니다. 만월초등학교 옆에 있는 e편한세상서창은 2017년 입주해 835세대가 살고 있지요. 만월중학교를 끼고 있으며 단지 바로 뒤에 장아산이 자리해 호젓한 자연경관을 즐길 수 있습니다. e편한세상서창과 수변공원을 사이에 두고 있는 서창센트럴푸르지오는 2018년 입주해 1,160세대가 거주합니다.

빠르게 발전하고 있는 논현동

논현동은 서울 강남이 아닌 인천에도 있습니다. 남동인더스파크와 소래습지생태공원, 소래포구가 있습니다. 서해 바다를 사이에 두고 안산시 정왕동과 마주하는 논현동은 원래 바다와 산, 공단뿐인 지역이었습니다. 그러던 중 '논현지구'라는 이름으로 개발되면서 공업단지와 산을 제외한 곳곳에 아파트가 들어섰

고, 지금처럼 주거지구와 공업지구, 그리고 포구가 어우러진 동네가 되었지요.

지리상으로 인천의 끝자락에 위치한 만큼 대중교통편도 좋지 않았지만, 수인분당선이 개통되면서 교통편이 획기적으로 개선되었습니다. 현재 수인분당선 소래포구역·인천논현역·호구포역이 있습니다. 이처럼 논현동은 아파트 단지가 들어서고 인구가 많아지면서 교통편과 상권도 발달하는 등 단기간에 급격하게 발전한 지역이라 할 수 있습니다. 이런 상황이 반영되어 논현동의 아파트 단지들은 남동구에서 가장 높은 실거래가를 기록하고 있죠.

논현동에서는 한화꿈에그린에코메트로 단지들 중에서 세 곳을 보시면 됩니다. 원동초등학교를 끼고 있는 한화꿈에그린에코메트로 5단지는 수인분당선 소래포구역 역세권으로 2010년 입주해 1,052세대가 거주합니다. 단지 바로 옆에는 한아름근린공원이 있고요. 5단지에서 두 블록 걸어가면 고잔초등학교와 소래도서관 사이에 7단지

한화꿈에그린에코메트로5단지

가 있습니다. 길만 건너면 널따란 늘솔길공원이 펼쳐져 주민들의 만족도가 높죠. 2011년 입주해 848세대가 살고 있습니다.

마지막으로 5단지 건너편에 인천고잔중학교를 끼고 있는 12단지가 있습니다. 2009년 입주해 1,298세대가 거주하는 이곳 역시 소래포구역 역세권이며 뷰가 좋습니다. 한편 해오름호수 옆에 위치한 10단지는 170m²가 11.5억 원에 거래되었는데, 이는 논현동 최고 실거래가입니다.

부평구

인구	48만 7,000명
아파트 물량	215개 단지
평균 평당 가격	1,625만 원
지하철 노선	1·7호선, 인천1호선
주요 생활환경	부평산업단지
특징	서울 통근자가 많이 거주하는 지역

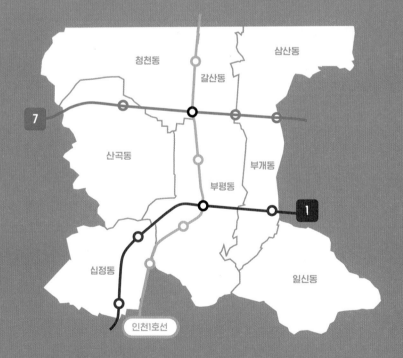

서울 통근 인구가 많은 **부평구**

부평구는 면적 32.01㎢에 인구는 약 49만 명입니다. 부평은 인천보다는 서울 생활권이라는 이미지가 강합니다. 1호선과 7호선이 지나면서 인천지하철 1호선과 경인고속도로까지 이용할 수 있기 때문에 그렇습니다. 한국GM 본사와 공장, 동서식품, 삼익악기 등 대기업의 공장이 들어서 있어 자체적인 일자리를 확보한 곳이라고 할 수 있습니다. 부평역사 지하는 전국에서 제일 넓고 출입구가 많은 것으로 유명합니다. 부평역 인근에는 문화 거리와 부평시장 등이 있으며 주변 상권은 인천 내에서 손꼽히는 규모입니다.

2010년대 후반에만 해도 인천에서 부평구의 인구수가 가장 많았지만, 현재는 인구가 줄어든 편입니다. 약 21만 세대가 살고 있는데 부평동 7만 세대, 산곡동 3만 2,000세대, 청천동 1만 8,000세대, 갈산동 1만 5,000세대, 삼산동 2만 4,000세대, 부개동 2만 8,000세대, 일신동 5,000세대, 십정동 1만 7,000세대입니다. 그럼 부평동부터 차례대로 살펴볼까요?

한국GM 공장이 있는 부평동

부평동에는 1·7호선과 인천1호선이 지나갑니다. 부평구청, 부평시장, 인천성모병원 등이 모두 부평동에 있습니다. 아파트를 살펴보면, 7호선과 인천1호선 환승역인 부평구청역과 가까운 래미안부평이 대장 단지입니다. 한국GM 부평공장과도 가깝고 주변에 신트리공원과 대원놀이공원, 굴포천 등 녹지대가 풍부한 이곳은 2014년 입주해 1,145세대가 살고 있죠. 인천1호선 부평시장역 역세권인 부평동아 1단지와 2단지도 있습니다. 부원여자중학교와 부원중학교, 그리고 모다아울렛을 낀 1단지는 1986년 입주해 2,475세대가, 부평시장역에 더 가까운 2단지는 1996년 입주해 2,128세대가 거주합니다.

부평구에서 재개발이 가장 활발한 산곡동

산곡동은 전반적으로 아파트가 많은 동네이며, 현재 부평구에서 재개발 사업이 가장 활발한 곳입니다. 동네 곳곳에 신축 아파트를 짓

산곡푸르지오

고 있지요. 게다가 얼마 전 7호선 산곡역이 개통되면서 많은 관심을 받고 있습니다. 주한 미군 부지 반환과 관련된 문제가 오랫동안 뜨거운 이슈이기도 합니다. 7호선과 신축 아파트 프리미엄으로 향후 산곡동의 가치가 더욱 높아질 것으로 보입니다.

산곡동에서는 산곡역 초역세권인 산곡푸르지오가 선두 주자입니다. 2011년 입주해 765세대가 살고 있습니다. 부마 초등학교를 사이에 두고 산곡푸르지오와 마주 보는 산곡한화2단지는 1999년 입주해 1,280세대가 거주합니다. 산곡한화2단지 바로 아래에는 금호이수마운트밸리가 있습니다. 부곡초등학교를 낀 초품아로 2007년 입주해 1,365세대가 살고 있지요. 이곳 135㎡가 8억 원에 거래된 바 있으며, 이는 산곡동의 최고 실거래가입니다.

부평국가산업단지가 들어선 청천동

인천부평경찰서와 부평국가산업단지가 위치한 청천동입니다. 한국GM 본사와 공장을 비롯해 여러 기업의 공장이 들어서 일자리가 풍부하고 인천1호선 갈산역이 있습니다. 청천동에서는 부평구청역과 산곡역 사이, 한국GM 맞은편에 있는 부평금호타운의 몸값이 가장 높습니다. 1998년 입주해 2,539세대가 거주합니다. 부평금호타운 바로 옆에 있는 쌍용은 1990년 입주해 510세대가 살고 있습니다. 부평금호타운에서 길 건너 용마초등학교를 낀 청천푸르지오도 있습니다. 1998년 입주해 2,257세대가 살고 있지요.

부평금호타운

굴포천이 있는 갈산동

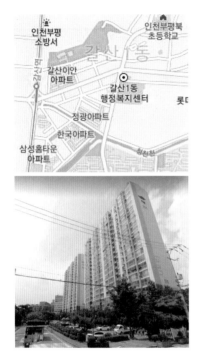

갈산이안

세로가 긴 직사각형 형태인 갈산동은 인근 계양구나 부천시와 생활권이 어느 정도 겹치는 지역입니다. 굴포천이 유명하며 수도산업본부와 한국전력공사 부지가 많은 부분을 차지합니다. 7호선과 인천1호선이 갈산동을 둘러싸고 지나가며 아파트 단지들은 주로 남쪽에 모여 있죠. 갈산동에서는 부평구청역과 굴포천 인근 단지들이 눈여겨볼 만합니다. 모두 1990년대 입주한 구축 단지들이지만 더블 역세권인 부평구청역과 가깝고 주변에 굴포천을 비롯해 녹지대가 풍부해 실거주하기에 모자람이 없습니다.

갈월초등학교를 낀 아주는 1992년 입주해 340세대가 거주합니다. 부평구청역은 물론, 굴포천과 공원이 가까이 있습니다. 여기서 북쪽으로 한 정거장만 더 가면 인천1호선 갈산역 바로 앞에 있는 갈산이안이 나옵니다. 갈산근린공원과 부평다목적실내체육관과 가까운 이곳은 2001년 입주해 414세대가 살고 있습니다. 마지막으로 삼산경찰서 옆 한국·동아·팬더를 보시면 됩니다.

아파트가 많은 삼산동

삼산동은 오디션 프로그램 촬영 장소로 자주 활용되는 삼산월드컨벤션센터와 삼산농산물도매시장이 있고, 7호선이 정차합니다. 상업 시설은 적은 반면 아파트가 많이 들어선 곳이기도 합니다. 삼산동에서 길 하나만 건너면 부천시입니다.

삼산동에서는 굴포초등학교와 진산중학교 사이에 있는 삼산타운6단지주공이 가장 높은 가격을 보입니다. 7호선 삼산체육관역 역세권에 삼산월드컨벤

삼산타운6단지주공

션센터와 분수공원이 가깝습니다. 길 하나를 건너면 부천영상문화

단지가 있고요. 2004년 입주해 784세대가 거주합니다. 6단지주공 옆에 있는 삼산타운7단지주공은 굴포천역이 가깝고 단지 바로 뒤에 굴포천과 공원이 있어 산책하기 좋습니다. 2004년 입주해 1,314세대가 살고 있지요.

다음으로 영선초등학교와 삼산중학교 사이에 있는 삼산타운2단지두산을 보시면 됩니다. 단지 바로 앞에 널따란 시냇물공원과 굴포천이 있는 이곳은 2005년 입주해 1,622세대가 살고 있습니다.

부천시와 접한 부개동

부개동은 남북으로 길게 펼쳐져 있고 1호선 부개역과 7호선 삼산체육관역·굴포천역이 있습니다. 부개동 역시 부천시와 맞닿은 동네로, 상동호수공원이나 부천영상단지의 경우 부천 시민들보다 오히려 부개동 주민들이 이용하기 더 좋습니다.

부개역 초역세권이자 부개서초등학교와 부흥고등학교를 낀 부개역푸르지오가 부개동의 선두입니다. 2010년 입주해 1,054세대가 살고 있습니다. 이곳 163㎡가 9.9억 원에 거래되었는데, 이는 부평구에서 가장 높은 실거래가입니다. 6.5억 원에 거래된 이곳 59㎡는 부개동의 동일 면적 아파트 중 두 번째로 높은 실거래가를 보유하고 있습니다. 전철역과는 조금 거리가 있지만 2020년 입주한 신축 부평코오롱하늘채에는 922세대가 살고 있지요. 참고로 부평코오롱하늘채

부평코오롱하늘채

바로 아래에는 2022년 입주 예정인 부평SK뷰해모로가 한창 건설 중입니다.

1997년 입주한 구축이지만 부개주공6단지도 눈여겨볼 만합니다. 1,240세대가 살고 있는데, 길을 건너면 바로 부천시이며 웅진플레이도시와 상동호수공원이 가까이에 있습니다. 일부 동에서는 호수공원이 보이기도 합니다. 부평구에서 59㎡ 중 가장 높은 실거래가를 보유한 단지는 6.8억 원에 거래된 부평래미안입니다.

서구

인구	44만 1,000명(청라국제신도시 제외)
아파트 물량	224개 단지
평균 평당 가격	1,150만 원
지하철 노선	인천2호선
주요 생활환경	검단일반산업단지, 물류단지 등
특징	지속적으로 개발하고 있는 지역

미래 가치를 품은 서구

인천광역시 서구는 지속적인 개발을 통해 청라국제도시와 검단 신도시, 루원시티 같은 새로운 주거지구를 계속 조성 중인 곳이지요. 원래 서구에서는 인천2호선과 공항철도만 이용할 수 있어 인천 내 다른 지역에 비하면 대중교통 환경이 좋지 않은 편이었습니다. 이 때문에 주민들은 대부분 광역버스를 이용했는데, 2021년 5월 인천2호선 석남역에 7호선이 개통되면서 교통 환경이 크게 향상되었습니다.

서구는 117.09㎢ 면적에 인구는 약 54만 명이 거주합니다. 산업단지와 주거지구, 농업지대, 재개발지대 등이 뒤섞여 있으며, 워낙 면적이 넓어 앞으로도 개발할 여지가 많다고 할 수 있습니다. 서구에는 약 23만 세대가 살고 있습니다. 검암경서동·연희동·가정동 각 1만 9,000세대, 청라동 3만 8,000세대, 신현원창동 1만 2,000세대, 석남동 2만 3,000세대, 가좌동 2만 6,000세대, 검단동 1만 4,000세대, 불로대곡동 9,000세대, 당하동·오류왕길동 각 1만 세대, 마전동 8,000세대 등입니다.

경인아라뱃길을 품은 검암경서동

검암경서동은 백석동·시천동·검암동·경서동을 포함한 법정동입니다. 간척지 매립을 통해 확장된 동네로 검암경드림파크와 인천국제CC가 있습니다. 인천2호선과 공항철도 환승역인 검암역, 그리고 인천2호선 검바위역이 있죠. 검암역 근처에는 경인아라뱃길이 있어 동네를 남북으로 나누고 있습니다.

더블 역세권 검암역 근처에 있는 서해그랑블이 대장 단지입니다. 2003년 입주해 950세대가 거주합니다. 서해그랑블에서 길을 건너면 검암초등학교와 검암중학교를 낀 풍림아이원2차도 있습니다.

2004년 입주해 718세대가 거주하며, 단지 뒤편에 수변공원이 있어 풍경이 좋습니다. 서해그랑블에서 남쪽으로 조금 내려가면 인천국제CC 근처에 아시아드대광로제비

서해그랑블

앙이 보입니다. 2017년 입주한 준신축으로 다른 단지와는 조금 떨어져 있어 한적하고 조용한 곳이지요. 720세대가 살고 있습니다. 이곳 128㎡가 8.5억 원에 거래되었는데, 검암경서동에서 가장 높은 실거래가입니다.

서구의 행정기관이 위치한 연희동

연희동은 공촌동·연희동·심곡동을 함께 살펴봅니다. 연희동에는 인천서구청과 인천서부경찰서, 서부소방서, 서구보건소 등 여러 공공 기관이 위치합니다. 가톨릭관동대학교국제성모병원도 있고요. 대체로 서쪽에는 광활한 연희공원과 인천아시아드주경기장이, 동쪽에는 인천2호선 아시아드경기장역과 주거지구가 들어서 있지요. 연희동 남쪽으로는 청라지구입니다.

먼저 인천2호선 서구청역과 아시아드주경기장 사이에 있는 극동늘푸른을 볼까요? 1997년 입주해 998세대가 살고 있습니다. 승학산 자락에 자리 잡은 숲세권 아파트입니다. 다음으로 서구청역 인근 인천서부경찰서 옆에 있는 대동입니다. 1996년 입주해 1,048세대가 거주하는데, 바로 뒤에 넓은 서곶근린공원이 있습니다. 아시아드주경기장 옆 광명은 1997년 입주해 604세대가 살고 있지요. 참고로 연

극동늘푸른

희동 구축 아파트들은 바로 아래 있는 가정동 루원시티 신축 단지들의 호재를 따라 가격이 상승하기를 기대하는 경우가 많습니다.

루원시티가 있는 가정동

가정동은 신도시 재생 사업으로 조성한 뉴타운 루원시티가 위치한 곳입니다. 승학산이 있으며 인천2호선이 지나가지요. 가정동에서도 주로 북동쪽에 신축 단지들이 들어서 있습니다.

가정동에서는 기원초등학교 근처에 있는 루원시티프라디움이 압도적인 대장 단지입니다. 2018년 입주한 준신축으로 1,598세대가 거주하지요. 인천2호선 가정역 역세권이며 심곡천 및 여러 근린공원과도 가깝습니다. 이곳 85m²가 8.99억 원에 거래되었는데, 이는 가정동에서 최고 실거래가입니다.

루원시티프라디움

이보다 북쪽에 위치한 루원호반베르디움더센트럴 역시 2018년 입주한 단지로 980세대가 살고 있습니다. 그 위에는 2018년 입주해 900세대가 거주하는 루원제일풍경채도 있습니다. 참고로 가정역 바로 앞에는 2022년 입주를 목표로 루원시티SK리더스뷰를 건설 중입니다.

최근 떠오르는 석남동

석남동에는 SK인천석유화학이 넓게 자리하고 있습니다. 인천 2호선 석남역에 새롭게 7호선이 연결되면서 많은 관심을 받게 된 지역이지요. 북쪽에서 남쪽까지 길게 석남녹지도시숲이 조성된 것도

인천석남금호어울림

특징입니다.

석남동에서는 석남역 역세권인 인천석남금호어울림이 선두 주자입니다. 2007년 입주해 769세대가 살고 있지요. 석남녹지도시숲 근처에 있는 서인천월드메르디앙은 2006년 입주한 단지로 778세대가 거주합니다. 마지막으로 석남동 가장 남쪽 끝에 있으면서 석남서초등학교 옆에 있는 석남경남아너스빌을 볼까요? 걸어가긴 약간 멀지만 인천2호선 서부여성회관역이 인근에 있으며 2006년 입주해 471세대가 살고 있지요. 석남동에서 가장 비싼 아파트는 6.1억 원에 거래된 이곳 115㎡입니다.

산업단지가 많은 가좌동

가좌동은 주안산업단지를 비롯한 산업단지가 많은 동네입니다. 그러다 보니 아파트 단지는 그리 많지는 않고 주로 북서쪽에 모여 있죠. 가좌동에는 인천2호선 인천가좌역과 가재울역이 있습니다. 여러 아파트 중에서도 동인천여자중학교와 제물포중학교 옆에 있는 인천가좌두산위브트레지움이 가장 높은 가격대를 보입니다. 인천가좌역과 가재울역 중간쯤에 위치하며 단지 뒤편에 호봉산이 있지요. 2017년 입주해 1,757세대가 거주합니다.

북쪽으로 조금 올라가면 가정초등학교 근처에 있는 가좌한신휴플러스가 있습니다. 2007년 입주해 2,276세대가 거주하는 대단지입

가좌한신휴플러스

니다. 전용 60~143m²의 다양한 면적으로 구성되어 있고 원적산 둘레 길이 바로 옆에 있어 산책하기 좋은 환경이죠. 이곳 143m²가 7억 원에 거래되었는데, 이는 가좌동의 최고 실거래가 기록입니다.

마지막으로 가좌한신휴플러스 인근에 있는 범양파크를 보시면 됩니다. 1990년 입주해 연식은 오래되었지만 호봉산 아래 위치해 조용하고 한적한 분위기를 느낄 수 있습니다. 현재 510세대가 살고 있습니다.

산이 많은 검단동

검단동은 마전동과 금곡동을 포함해 살펴보겠습니다. 검단동은 김포와 접하고 있는데, 실제로 과거에는 김포군 검단면이었다가 인천 서구에 편입된 동네입니다. 그 때문에 생활권 역시 인천보다는 김

검단우방아이유쉘

포에 더 가깝다고 할 수 있습니다. 동네 대부분이 산이며 주거지구는 남서쪽에 모여 있죠. 전형적인 베드타운으로 향후 택지 개발을 통해 주거지구가 지금보다 늘어날 예정입니다.

검단동에서는 인천2호선 검단사거리역 역세권으로 금곡초등학교와 검단중학교 사이에 있는 검단우방아이유쉘이 눈에 띕니다. 바로 뒤에 산이 있어 조용한 단지로 2017년 입주해 555세대가 거주합니다. 인천2호선 마전역 초역세권인 검단피오레대주1차는 2007년 입주했고 465세대가 살고 있습니다. 마전중학교와 원정초등학교가 매우 가깝습니다. 마전역에서 조금만 올라가면 보이는 검단아이파크는 단지 바로 옆에 능내초등학교와 꽤 넓은 근린공원이 있지요. 2007년 입주해 573세대가 살고 있습니다. 참고로 검단동에서 가장 높은 실거래가는 7.4억 원으로 검단2차아이파크 132㎡가 보유하고 있습니다.

미래 가치가 기대되는 당하동

당하동에는 인천2호선 완정역과 독정역이 있습니다. 당하동 왼쪽에 아파트 단지들이 모여 있는데, 당하동 오른쪽은 검단신도시에 포함되어 택지 개발이 예정되어 있지요. 신축 아파트가 들어서고 인구가 많아짐에 따라 향후 발전 가능성을 품은 곳입니다.

이 일대에선 검단SK뷰가 가장 앞서나가고 있습니다. 초등학교는 단지 내에 없지만 독정역과 이마트가 바로 앞에 있거든요. 2017년 입주해 530세대가 거주합니다. 다음으로 검단유승한내들에 듀파크는 2021년 9월 입주한 최신축입니다. 938세대가 거주하며 향

후 단지 바로 옆에 초·중·고등학교가 개교할 예정입니다. 신축 프리미엄을 타고 현재 당하동에서 가장 관심받는 단지이며, 이곳 92㎡가 7.02억 원에 거래되었는데, 이는 당하동의 최고 실거래가입니다.

완정역 역세권인 검단힐스테이트6차와 5차가 그 뒤를 따릅니다. 두

검단SK뷰   검단유승한내들에듀파크

단지 모두 2013년에 입주했고 5차는 412세대, 6차 454세대가 살고 있습니다. 6차가 역에 좀 더 가깝고 세대수가 많아 시세도 약간 더 높습니다. 검단SK뷰 위에 있는 당하KCC스위첸도 독정역 역세권입니다. 단지 앞에 실개천이 흐르는데, 2005년 입주해 1,015세대가 살고 있습니다.

검단일반산업단지가 있는 오류왕길동

오류동과 왕길동을 합한 행정동 오류왕길동을 살펴보겠습니다. 오류왕길동에는 검단일반산업단지와 인천터미널 물류단지, 드림파

검단자이2단지

크CC, 드림파크 야생화공원 등이 있습니다. 왼쪽은 바로 서해 바다를 접하고 있으며 남쪽에는 경인아라뱃길이 지나갑니다. 또 인천2호선 검단오류역·왕길역·검단사거리역이 위치합니다.

오류왕길동 내에 아파트 단지 자체가 많지는 않으며, 대체로 역세권 단지들이 앞서나가고 있습니다. 주요 단지를 살펴보면 왕길역 앞에 있는 검단자이1·2단지는 모두 2010년에 입주했습니다. 1단지에는 418세대, 2단지에는 413세대가 거주합니다. 연식과 세대수가 거의 같지만 2단지가 역 바로 앞에 있어 시세가 조금 더 높습니다. 초등학교는 1단지가 더 가깝습니다.

이 밖에 검단사거리역 바로 앞에 위치한 검단e편한세상은 2007년 입주해 1,003세대가 거주합니다. 이곳 134㎡가 6.2억 원에 거래되었는데, 이는 오류왕길동에서 가장 높은 실거래가입니다. 청라신도시를 제외하고 서구에서 59㎡ 중 가장 가격이 높은 아파트는 가정동 루원더퍼스트로, 5.17억 원에 거래되었습니다.

연수구

인구	20만 명(송도국제신도시 제외)
아파트 물량	98개 단지
평균 평당 가격	1,525만 원
지하철 노선	수인분당선, 인천1호선
주요 생활환경	남동인더스파크, 송도테마파크(예정) 등
특징	인천시의 전통적인 중산층 거주 지역

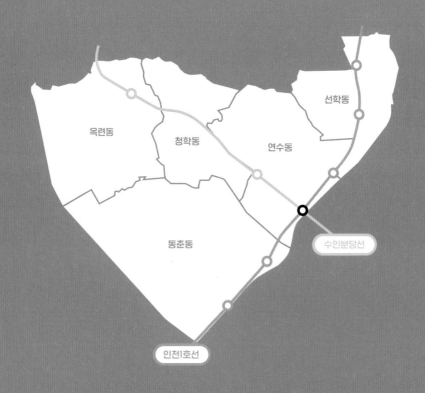

미래 가치를 품은 연수구

연수구는 54.95㎢ 면적에 약 39만 명이 살고 있습니다. 송도신도시가 행정구역상 연수구에 포함되지만 사람들은 보통 송도와 연수구를 분리해서 생각하지요. 연수구는 1990년대 1기 신도시를 조성하던 시절 형성된 지역이라 난개발이 적은 편입니다. 또 인천 다른 지역에 비해 중산층이 많이 거주하며, 대체로 지역이 잘 정비되어 있어 '인천의 강남'이라는 이미지를 지니고 있습니다. 상업 시설도 대단위보다는 작은 규모로 곳곳에 흩어져 있고요. 인천1호선과 함께 수인분당선이 지나갑니다.

연수구에는 약 15만 세대가 살고 있습니다. 옥련동 1만 6,000세대, 선학동 7,000세대, 연수동 2만 7,000세대, 청학동 1만 2,000세대, 동춘동 2만 1,000세대 등입니다. 여기서는 앞서 살펴본 송도신도시를 제외하고 연수구를 동네별로 살펴보겠습니다.

송도국제신도시와 가까운 옥련동

옥련동에는 인천광역시립박물관과 송도관광단지가 있으며 수인분당선 송도역이 위치합니다. 지금의 송도국제신도시가 생겨나기 전에는 이 일대를 송도라고 불렀습니다. 현재 신축은 없고 대부분 구축 아파트가 모여 있으며 현대아파트 단지가 많은 것이 특징입니다. 이 중 옥련초등학교를 기준으로 왼쪽에 있는 옥련현대2차와 오른쪽에 있는 옥련현대4차를 살펴볼 만합니다. 2차는 1995년 입주해 1,180세대가, 4차는 1997년 입주해 1,011세대가 거주하죠. 두 단지 모두 송도역까지 걸어가기엔 다소 먼 곳에 있습니다.

옥련현대2차에서 남쪽으로 조금 내려가면 옥련삼성이 나옵니다. 이곳은 1996년 입주해 612세대가 거주합니다. 수인분당선 송도

옥련현대2차

역 근처에 있는 아주 113㎡가 5.85억 원에 거래되었는데, 이는 옥련동의 최고 실거래가입니다.

인천아시안게임경기장이 있는 선학동

선학동에는 인천1호선이 지나갑니다. 지하철이 지나가는 길인

금호타운

경원대로를 기준으로 분위기가 다릅니다. 경원대로 오른쪽에 인천 아시안게임 선학경기장이 있고, 경기장 아래로 좁고 길게 뻗은 지역에 아파트 단지가 모여 있습니다. 이 중 인천1호선 선학역 초역세권이며 선학경기장 바로 옆에 있는 금호타운이 선두 주자로 540세대가 거주하지요. 금호타운 아래에는 선학초등학교와 가까운 선학뉴서울도 있습니다. 720세대가 살고 있는 이곳 127㎡가 5.48억 원에 거래되었는데, 이는 선학동 최고 실거래가입니다. 선학뉴서울 바로 옆에 있는 아주는 390세대가 거주합니다. 세 단지 모두 1992년 입주했습니다.

남동인더스파크와 가까운 연수동

인천1호선과 수인분당선이 지나가는 연수동에는 가천대학교 메디컬캠퍼스와 인천적십자병원이 있습니다. 바로 옆에는 남동인더스파크도 있고요. 그래서 공단에 출근하는 외국인 근로자들과 가천대학생들이 많이 거주하는 동네이기도 하죠.

연수동에서는 역세권이면서 승기천과 주변 공원이 가까운 단지들의 시세가 높습니다. 먼저 인천1호선과 수인분당선 환승역인 원인재역과 가장 가깝고 무려 2,044세대가 사는 대단지인 우성2차가 있습니다. 1995년 입주한 단지입니다. 원인재역 다음 정거장인 인천1호선 신연수역 앞에 있는 대림도 살펴볼 만합니다. 1993년 입주해 640세대가 거주합니다. 바로 옆에 연수초등학교를 끼고 있는 연수경남은 1993년 입주해 620세대가 살고 있고요. 한편 우성2차 옆에 있

우성2차

는 우성1차 132㎡가 7.2억 원에 거래되었는데, 이는 연수동의 최고 실거래가입니다.

신축 단지가 많은 동춘동·남동인더스파크 옆 청학동

동춘동에는 인천1호선 동춘역과 동막역이 있습니다. 연수구청도 이곳에 있지요. 동춘동 가운데쯤에 동춘터널이 있는데, 최근 몇 년 사이 터널 근방에 대단지 신축 아파트가 많이 들어섰습니다. 이 때문에 역세권이 아님에도 최신축인 이 일대 단지들이 앞서나가고 있습니다. 동춘터널과 인천1호선 사이에는 상대적으로 연식이 오래된 아파트들이 빼곡하게 들어서 있고요. 특히 동춘역 일대는 자녀를 키우는 30~40대 거주자가 많아서 마치 분당이나 일산 등 1기 신도

송도파크자이

시 같은 분위기가 있습니다.

자세히 살펴보면 송도테마파크가 들어설 자리 바로 옆이면서, 2019년 입주한 신축 송도파크자이가 압도적인 대장 단지입니다. 인천새봄초등학교를 낀 초품아로 1,023세대가 거주합니다. 이곳 102㎡가 11억 원에 거래되었는데, 이는 동춘동에서 가장 높은 실거래가입니다. 새봄초등학교 밑에는 송도파크레인동일하이빌이 있습니다. 이곳 역시 2019년 입주한 준신축으로 1,180세대가 살고 있죠. 대로변으로 나와 길을 건너면 동춘초등학교 근처에 연수서해그랑블1단지가 보이는데, 2017년 입주한 이곳에는 1,043세대가 거주합니다.

마지막으로 청학동입니다. 수인분당선이 지나가는 청학동에서는 연수하나1차의 가격이 가장 높습니다. 청학초등학교와 청학중학교, 인천바이오과학고등학교가 단지를 둘러싸고 있으며 바로 옆에 공원과 연수구보건소가 있지요. 1995년 입주해 724세대가 살고 있습니다. 연수하나1차 위에 있는 성호와 연수서해는 모두 1993년 입주했고 세대수만 각각 488세대와 294세대입니다. 연수구에서 59m² 아파트 중 가장 높은 실거래가를 보유한 곳은 연수동 우성2차이며, 4.5억 원에 거래되었습니다.

아파트, 지금 사도 될까

지난 10년 동안, 특히 최근 2년 동안 아파트를 매수한 사람과 그렇지 않은 사람의 자산 차이는 크게 벌어졌습니다. 이 때문에 아파트를 사지 않은 사람들의 허탈감이 무척 커졌지요. 사실 대부분의 사람들이 아파트 가격이 이렇게 상승할 것이라고는 꿈에도 생각하지 못했을 것 같습니다. 한발 더 나아가 가격 하락이나 조정만 기다리며 버티던 분들에게는 더욱 힘든 시간이었을 듯합니다.

하지만 아파트를 매수하지 않았다고 해서 크게 실수했다고 할 수는 없습니다. 오히려 거시 경제에 대해 촉각을 세우고 경제 지표를 살펴보면서 장기적으로 인구가 줄어든다는 사실을 근거로 구입하지 않은 분도 많았을 것입니다. 이분들이 놓친 것은 주택 가격은 길게 볼 때 물가 상승률과 연결된다는 사실이 아니었을까 조심스레 생각해봅니다. 여기에 더해 한국에서 아파트가 어떤 의미를 지니고 있는지 간과한 측면도 있습니다. 끝으로 주택은 수요와 공급이 엄청난 영향력을 발휘한다는 것을 고려하지 못한 것이지요.

'베블런 효과'라는 말이 있습니다. 어떤 물건의 가격이 올라도 과시욕이나 허영심 등으로 수요가 줄지 않는 현상을 의미합니다. 한국에서 아파트는 어느 정도 베블런 효과를 불러일으킵니다. 특정 지역이나 아파트에 거주한다는 것만으로도 사회적 신분이 되며, 사람들에게 인정받게 됩니다. 서울 사는 사람은 서울에 산다고 말합니다. 강남에 사는 사람은 강남에 산다고 말합니다. 특정 지역의 특정 브랜드 아파트에 거주하며 자신을 과시하는 현상은 인간의 욕망이 사라지지 않는 한 계속해서 이어지지 않을까 합니다. 게다가 단지로 대표되는 한국 아파트는 하나의 도시처럼 기능하기에 거주자 입장에서는 만족도가 높을 수밖에 없습니다. 전세 세입자도 결국 그 아파트에 살면서 모든 편의를 누리려고 하는 것이고요.

현재 아파트 보유 여부에 따라 자산 격차가 벌어지면서 사람들마다 처한 입장과 포지션이 천차만별입니다. 매수를 고려했던 사람들 중 일부는 저만치 높이 오른 가격에 망연자실하며 내 집 마련 자체를 포기하기도 합니다. 반면 이만큼 올랐으니 앞으로는 하락할 것이라는 희망으로 때를 기다리는 이들도 꽤 있습니다. 심지어 조정이 아닌 폭락할 것이라는 믿음을 갖고 있는 사람들도 적지 않고요.

'지금이라도 매수를 하는 것이 좋을까?'는 지난 몇 년 동안 늘 많은 이들이 궁금해하는 질문이었습니다. 정확히 10년 전에도, 서울 아파트 침체기에도 그랬습니다. 주택 시장의 다양한 상황을 목격해온 제가 들려드릴 수 있는 말은 '실거주한다면 사야 할 타이밍은 바로 지금'이라는 대답입니다. 가격의 상승과 하락은 자신이 어찌할 수 없는 영역입니다. 그 정확한 타이밍을 잡으려 노력하기보다는, 지금 내 상황을 살펴보는 것이 더 중요합니다.

이게 무슨 말이냐고요? 대략 10년이라는 기간을 놓고 보면, 아파트 가격은 최저 가격보다는 2배 넘게 상승하며 최고 가격에서는 20~30% 하락합니다. 2019년에 서울 강남을 비롯한 많은 아파트가 이미 2배 정도 상승했다고 앞서 말씀드렸습니다. 2배 상승해도 고점에서 다시 10~20%는 충분히 상승할 수 있습니다. 그 외에 서울과 경기도에서 덜 상승한 지역은 상승할 가능성이 충분하니, 이미 2배 상승한 지역이라도 앞으로의 하락 가능성을 염려하기보다는 매수하라고 말씀드렸지요.

실거주자 입장에서는 매수를 하는 것과 하지 않는 것 중 어느 쪽을 선택해도 안도와 좌절이 교차할 수밖에 없습니다. 만약 매수했는데 집값이 하락하면 실패고 상승하면 성공이겠죠. 반대로 매수하지 않은 상태에서 집값이 하락하면 성공이고 상승하면 실패입니다. 그런데 인간의 본능상 집을 산 뒤 집값이 하락했을 때보다 집을 사지 않았는데 집값이 올랐을 때 더 큰 박탈감을 느낍니다. 머뭇거리며 매수 시기를 계속 미루다 더 오른 가격에 사게 되면, 하락했을 때 받는 타격 또한 더 클 수밖에 없고요. 참고로 지금까지의 시장 상황을 돌아볼 때 집값이 하락했어도 계속 보유하고 있으면 결국 가격이 제자리를 찾아가고, 이후에는 그 이상의 가격으로 다시 올라간 경우가 많았습니다.

무엇보다 하락만 하면 매수할 수 있을 것 같지만, 막상 하락기가 되면 더 떨어질 수 있다는 생각에 결정을 내리지 못합니다. 언제까지, 어느 정도까지 하락할지 모르니 계속 기다리게 되는 거죠. 바닥을 기다린다고 하지만, 바닥이 언제일지는 누구도 모릅니다. 대략 이 정도면 바닥일 것이라 예상해도 더 떨어질 수 있다는 공포는 쉽게 이겨낼 수 없습니다. 어느 정도 투자를 해본 사람이 할 수 있는 영역이며, 나는 다를 것이라 생각은 오산입니다. 하락할 때 사는 것이 가장 좋다는 것을 알지만 현실에서는 남들이 움직이는 것을 보고서야 사는 것이 우리 인간입니다. 이를 생각한다면 상승할 때 매수하는 것이 합리적입니다.

KB부동산 시세 일반 평균가로 볼 때 강남구 대치동 은마 84㎡는 2007년 1월 13.25억 원이었다가 2013년 1월에는 8.45억 원으로 약 40%, 노원구 중계동 청구3차 84㎡는 2008년 7월 5.98억 원에서 2013년 7월 4.85억 원으로 약 18% 하락했습니다. 분당 삼성한신 84㎡는 2007년 3월 7.38억 원에서 2013년 3월 5.8억으로 약 20% 하락했습니다. 은마는 재건축 효과로 좀 더 상승한 측면이 있어 하락 폭도 상대적으로 컸다고 봅니다.

이 단지들의 하락 후 금액과 하락 폭을 살펴본 이유는 하락하더라도 어느 정도 예측하면서 버티면 된다는 것을 말하기 위해서입니다. 하락이 시작되면 얼마만큼 떨어질지 모른다는 것이 가장 큰 공포지요. 아무리 실거주하는 집이라 하더라도 좀 더 기다리고 살 걸 그랬다는 마음이 들 수 있습니다. 이런 생각이 들 때는 완전히 똑같을 순 없더라도 과거 데이터를 돌아보며 인내할 것을 권합니다. 과거는 현재를 바라보는 거울이니 말이죠. 은마, 청구3차, 삼성한신 모두 하락한 기간은 약 5~6년 정도였습니다. 그 외 대부분의 지역도 비슷했고요. 2013년을 저점으로 본다면 수도권 아파트들은 2021년까지 8년째 상승하고 있습니다. 역사상 이렇게 쉬지 않고 상승한 적이 없긴 합니다. 몇 년간 상승하면 1년 정도는 하락하거나 보합 상태에 있다가 다시 상승하는 패턴이었는데 말이죠.

모든 자산은 상승과 하락을 반복합니다. 상승과 하락 시기를 정확하게 맞힐 수 있다면 고민할 것이 적절한 시기에 매수와 매도를 반복하며 큰돈을 벌 수 있습니다. 그러나 엄청나 투자 고수라도 언제나 성공할 수는 없습니다. 그러니 투자가 아닌 실거주 목적의 내 집 마련이라면 타이밍보다 현재 자신의 상황을 고려해 고민하는 것이 맞습니다. 다시 강조하지만 실거주 목적의 주택을 구입하는 것은 '언제나 지금'입니다.

PART 6

경기도
신설 철도
완벽 분석

신설 철도 노선, 알아봅시다

수도권에서 이동할 때 전철만큼 중요한 것이 없습니다. 여러 대중교통 수단 중에서도 전철은 가장 빠른 시간에 안전하게 이동할 수 있는 교통수단입니다. 버스로 이동하는 사람들도 집 근처에 전철역이 생기면 주로 전철을 이용합니다. 특히 경기도나 인천시의 경우, 서울행 교통수단이 있는지 여부가 특정 지역의 부동산 가격을 결정하는 바로미터 역할을 합니다.

예를 들어 서울과 연결되는 노선이 들어온다는 소문만으로도 집값이 뛰곤 합니다. 그 때문에 보통 철도망 신설 계획이 발표될 때 가격이 상승하지요. 온갖 공청회와 예비 타당성 조사를 거치고 드디어 착공을 하면 또 한번 그 지역 집값이 뜁니다. 물론 실제 착공 기간은 무척 깁니다. 땅을 파는 작업이라 예측하지 못한 일이 수시로 발생하는 데다 공사비 문제도 자주 대두되고요. 그러다 보면 애초에 계획한 시점보다 개통 날짜가 연기되기 일쑤입니다. 따라서 나라에서 발표한 시점보다 몇 년은 늦어진다고 생각하는 것이 좋습니다. 이렇게 지난한 과정을 거쳐 최종적으로 전철역이 준공되면 그 지역 아파트 가격은 다시 오릅니다.

경기도와 인천시에는 현재 수많은 철도 노선이 연장되거나 신설될 예정입니다. 이미 착공하거나 계획만 세운 곳도 있고 타당성을 조사하는 곳도 있습니다. 참고로 경기도 내에서만 계획되는 노선은 대부분 사업성이 부족하다는 결과가 나옵니다. 정치적인 이유로 개통한 노선 중에는 이용자가 생각보다 적고 유지하는 데 많은 비용이 들어 중단되는 경우도 있지요. 이런 이유로 서울 지하철이 경기도로 확장될 때가 가장 좋습니다.

2021년 '제4차 국가 철도망 계획'이 발표되었습니다. 이는 정부가 의지를 가지고 추진하는 철도 사업입니다. 물론 계획된 모든 노선이 실제로 개통되는 것은 아닙니다. 사업성 관점에서 살펴볼 것인지, 혹은 복지 차원에서 살펴볼 것인지를 놓고 여전히 논란이 있지요. 현재 착공 후 공사를 진행 중인 곳도, 아직 타당성 조사 단계인 곳도 있습니다. 어찌 됐든 철도 노선이 신설되는 것만큼 좋은 일은 없으니 참고하는 차원에서 미리 알아두면 나쁠 것은 없습니다. 지금부터 말씀드리는 내용을 기억해두었다가 해당 지역 아파트 가격의 변화를 지켜보는 것도 큰 도움이 될 겁니다.

고속철도

수원발 KTX 직결 사업

수원은 인구 120만 도시답지 않게 대전행 KTX가 하루 4회 정도만 운행됩니다. 이에 2025년 개통을 목표로 경부선 서정리역과 고속철도(SRT) 지제역을 연계할 예정입니다. 경부 축 12회와 호남 축 6회를 합해 편도 기준 총 18회 열차를 운영할 계획이지요. 이 노선이 개통되면 경부선인 수원에서 부산까지 2시간 16분 소요되는데, 지금보다 약 28분 단축됩니다. 호남선인 수원에서 목포까지는 2시간 11분 소요되며, 약 57~141분까지 단축될 수 있고요. 이 사업으로 지제역이 트리플 역이 되어 주변 지역 아파트의 가치가 올라갈 가능성이 높습니다.

인천발 KTX 직결 사업

인천국제공항에서 출발하던 KTX가 폐지된 후 2025년 개통을 목표로 삼은 사업입니다. 인천 송도역에서 출발해 안산 초지역과 화성 어천역을 지나가는 노선이지요. 개통되면 송도역에서 부산까지 2시간 40분, 광주까지 1시간 55분, 목포까지 2시간 10분이면 도착할 수 있습니다. 개통될 경우 인천국제공항에서 출발하는 KTX도 다시 추진할 계획입니다. 이 중 초지역은 현재 4호선과 수인분당선, 서해선이 정차하는데, KTX 역과 신안산선까지 개통될 경우 가장 큰 수혜를 받지 않을까 생각합니다.

수도권 광역급행철도(GTX)

GTX-A 노선(삼성-동탄)

현재 많은 관심이 집중된 수도권 광역급행철도, 즉 GTX(Great Train eXpress)를 살펴보겠습니다. GTX 여러 노선 중 가장 인기 있고 영향력이 큰 노선이 GTX-A 삼성~동탄 구간입니다. 구간 길이는 39.5km로 2016년에 착공했습니다. 원래는 2023년 완공될 예정이었지만 현재 공정률이 10% 조금 넘는 수준이라 준공이 꽤 지체될 듯합니다.

정차역은 총 5개 역으로 동탄역, 용인역, 성남역, 수서역, 삼성역입니다. 삼성역 기준으로 동탄까지 약 18분, 용인까지 약 13분, 성남까지 약 8분, 수서까지 약 3분이 걸릴 것으로 발표되었습니다. 경기 남부에서 강남까지 이동 시간이 획기적으로 단축되는 것이지요.

현재 동탄역은 SRT 노선이 지나는데, 이곳에 GTX-A 노선이 추가되면 서울 접근성이 더욱 좋아집니다. 그만큼 동탄 지역에 확실한 호재라 할 수 있습니다. 용인은 수인분당선 구성역 근처에 역사가 생기며, 인근 지역 약 2,743,000㎡(83만 평)에 1만 1,000세대가 들어서는 용인 플랫폼시티가 2028년까지 준공을 목표로 추진되고 있습니다. 성남에서는 이매역과 판교역 사이에 GTX 정차역이 생길 예정이며 경강선을 환승할 수 있게 됩니다. 수서에서는 SRT 정차역인 수서역을 그대로 이용합니다.

GTX-A 노선(삼성-파주)

이번에는 강남과 경기 서북부를 잇는 노선을 살펴봅니다. 삼성 ~파주 구간은 46km입니다. 정차역은 총 7개 역으로 운정역, 킨텍스역, 창릉역, 대곡역, 연신내역, 서울역, 삼성역입니다. 개통된다면 운정역에서 서울역까지 20분, 킨텍스역에서 서울역까지 16분이면 이동할 수 있게 됩니다. 2018년 착공해 2025년 완공을 목표로 공사를 진행 중이지만, 세종문화회관 근처에서 유적이 발견되는 등 예정된 기간에 완공하기는 어려울 것으로 보입니다.

운정역은 복합환승센터로 탈바꿈할 예정인데, 주변에 파주운정 3택지개발예정지구가 있습니다. 킨텍스역 주변은 고양 일산 테크노밸리 사업을 추진하고 있고요. 공공 기관 이전과 고양 장항 공공주택지구가 개발될 예정입니다. 창릉역은 3기 신도시 중 하나인 창릉지구가 들어서는 곳이며 신도시를 염두에 두고 새롭게 추가되었습니다. 대곡역은 경의중앙선, 3호선, 서해선이 연결되는 복합 환승 센터로 변모할 예정입니다. 주변 지역에 대곡 역세권 도시 개발 사업이 추진 중이기도 합니다. 연신내역에서는 3·6호선을 환승할 수 있습니다.

GTX-B 노선(송도-마석)

송도역에서 마석역까지 연결되는 GTX-B 노선은 총 82.7km로 강남 일대를 통과하지 않습니다. 일부 노선은 지상 구간을 이용하며 2022년 착공해 2027년 개통을 목표로 합니다. 정차역은 총 13개 역으로 기존 3개 역과 신설 10개 역으로 구성됩니다. 송도역, 인천시청역, 부평역, 당아래(부천종합운동장)역, 신도림역, 여의도역, 용산역, 서울역, 청량리역, 망우역, 별내역, 평내호평역, 마석역으로 총 13개 역입니다. 개통된다면 송도에서 서울역은 1시간 22분에서 27분, 여의도에서 청량리는 35분에서 10분, 송도에서 마석까지는 2시간 10분에서 50분으로 이동 시간이 단축되지요.

각 정차역을 좀 더 자세히 살펴볼까요? 송도의 경우 인천1호선인 인천대입구역에 정차합니다. 인천시청역에서는 인천1·2호선으로 환승할 수 있습니다. 부평은 7호선 부평역에 정차하지요. 당아래역의 경우 7호선 부천종합운동장역에 정차하며 이곳은 대곡~소사선도 정차할 예정입니다. 신도림역에서는 1·2호선으로, 여의도역에서는 5·9호선으로 환승할 수 있습니다. 용산역은 1호선과 경의중앙선으로 환승할 수 있지요. 서울역은 GTX-B 노선의 핵심입니다.

이제 서울역을 지나 경기도 동북부로 이어지는 역들을 살펴보겠습니다. 청량리역은 1호선과 KTX로 환승할 수 있으며, 이곳에 GTX-C 노선이 지나갈 예정입니다. 망우에서는 7호선 상봉역에 정차하는데, 현재 복합 환승 센터 건설을 추진하고 있습니다. 별내는 별내역에서 경춘선으로 환승할 수 있으며, 이곳엔 8호선이 연장되는 별내선이 개통할 예정입니다. 평내호평역과 마석역은 모두 경춘선으로 환승할 수 있습니다. 향후 여월택지지구, 그리고 부천성골지구 도시 개발 지구와 역세권 개발 추진 등을 고려하면 부천종합운동장 주변이 가장 눈여겨볼 곳이 아닌가 생각합니다.

GTX-C 노선(덕정-수원)

경기도 양주시에 있는 덕정과 수원시를 연결하는 GTX-C 노선은 총 74.8km로 차량기지 1개 소를 포함합니다. 아직 추진 중인 노선이라 착공 시점 등은 확정되지 않았습니다. 총 10개 역으로 수원역, 금정역, 정부과천청사역, 양재역, 삼성역, 청량리역, 광운대역, 창동역, 의정부역, 덕정역입니다. 정차역으로 예정되는 모든 곳에서 기존 전철을 이용할 수 있다는 점이 GTX-C 노선의 가장 큰 특징이지요. 개통된다면 삼성에서 덕정까지 1시간 22분에서 27분, 삼성에서 수원까지 71분에서 26분으로 시간이 단축될 것으로 보입니다.

이 노선은 수익형 민자 사업으로 추진되다 보니, 기존에 확정된 곳 외에도 여러 지자체에서 정차를 요구하고 있습니다. 이 중 인덕원역과 왕십리역은 확정되었습니다. 그러자 의왕시가 반발해 정차역 신설을 추진하고 있고, 안산시는 자체 분담금을 내겠다며 열의를 보이고 있습니다. 그 외에 오산, 평택 등으로 연장 여부까지 현재 워낙 많은 이야기가 오가는 중이라 실제 사업은 다소 시간이 걸릴 것으로 봅니다.

GTX-D 노선(김포-부천)

경기도와 인천광역시의 제안으로 추진된 노선입니다. 원래는 김포시와 인천공항에서 출발하는 Y자 노선이 부천에서 합류한 후 하남까지 연결되는 노선이었지요. 국가 철도망 구축 계획에 포함은 되었는데 원안과 달리 김포에서 부천까지 연결되는 것으로 발표되었습니다. 김포 통진역, 장기역, 인천검단역, 계양역, 부천종합운동장역만 정차역이 된 것이지요. 부천종합운동장역에서 여의도역까지 GTX-B 노선을 이용해 연결하기로 한 것입니다. 김포 골드라인 장기역에서 여의도역까지 41분에서 24분, 용산역까지는 48분에서 28분으로 단축되는 효과가 있지만 김포 주민들의 반발이 심해 좀 더 지켜봐야 할 듯합니다.

광역철도

진접선(당고개~진접)

진접선은 현재 서울 노원구에 있는 4호선 종점인 당고개역에서 남양주시 진접까지 연장하는 노선으로 길이는 14.9km에 이릅니다. 사업 기간은 2010년부터 2022년까지입니다. 별내별가람역, 오남역, 진접역 등 3개 역이 추가로 생기며 15분 정도 소요됩니다. 기존 창동 차량기지가 진접으로 이동하며, 2025년 기존 차량기지가 철거한 자리에 바이오산업단지가 들어설 예정입니다. 또 3기 신도시인 남양주 왕숙지구로 인해 별가람역과 오남역 사이에 풍양역이 신설될 예정입니다.

별내별가람역은 남양주시 별내동 별가람마을 단지에 신설되는 역이지요. 제4차 국가 철도망 계획에 따르면 별가람역에서 8호선이 3km 연장되기에 이 노선이 더 중요한 듯합니다. 오남역 근처에는 왕숙지구와 왕숙2지구가 들어설 예정입니다. 진접역은 남양주시 진접읍에 신설될 역으로, 이처럼 두 가지 새로운 노선이 생기는 남양주에 어떤 변화가 올지 눈여겨볼 필요가 있습니다.

신안산선(여의도-안산·시흥)

신안산선은 안산과 시흥에서 각각 출발해 광명에서 합쳐진 뒤 여의도까지 이어지는 노선으로 44.7km 길이에 15개 역이 정차합니다. 사업 기간은 2019년부터 2024년까지로 예정되어 있는데, 지하 40m 이상 내려가는 노선이라 완공까지는 시간이 꽤 걸릴 듯합니다. 급행을 함께 운행해 안산의 한양대 에리카캠퍼스에서 여의도까지는 기존 100분에서 25분, 원시에서 여의도까지는 69분에서 36분으로 단축됩니다.

먼저 정차역은 여의도역, 영등포역, 도림사거리역, 신풍역, 대림삼거리역, 구로디지털단지역, 독산역, 시흥사거리역, 석수역, 광명역까지는 같고 그다음부터 노선이 Y자로 갈라집니다. 하나는 광명에서 목감역, 장하역, 성포역, 중앙역, 호수역, 한양대역으로 이어집니다. 다른 하나는 광명에서 학온역, 매화역, 시흥시청역, 시흥능곡역, 달미역, 선부역, 초지역, 시우역, 원시역, 국제테마파크역, 송산역으로 이어지지요. 송산역에는 차량기지가 들어설 예정입니다.

주요 역을 살펴보면 광명역은 KTX로 환승할 수 있으며 급행이 정차합니다. 목감역은 전철이 전혀 없는 곳에 신설되는 역이라 개통 후 이 일대가 확연히 달라질 것으로 보입니다. 장하역은 안산 장상

지구 공공 택지 지역이 들어섬에 따라 추가로 정차가 결정되었지요. 성포역은 안산 월피공원과 성포예술극장에 생깁니다. 중앙역은 4호선·수인분당선이 지나가는 곳으로 급행이 정차합니다. 호수역은 안산문화광장공용주차장 사거리에, 한양대역은 한양대 에리카캠퍼스 옆에 생기는데, 급행이 정차합니다. 시흥 방면은 서해선을 이용하며 시흥시청역에서 광명역까지 운행합니다.

별내선(암사-별내)

8호선 암사에서 남양주 별내까지 연장되는 노선으로 구간 길이는 14.6km입니다. 2023년 개통될 예정이었지만 조금 더 늦어질 듯합니다. 암사역, 토평역, 구리역, 구리도매시장역, 다산역, 별내역까지 6개 역에 별내별가람역이 추가되었습니다. 구리와 남양주 다산진건지구, 별내지구 등은 서울 간 대중교통이 꽤 불편한 편이라 이 지역 주민들은 별내선 개통을 손꼽아 기다리고 있습니다.

하나씩 살펴보면 토평역은 구리시 교문동 장자2 사거리에 생깁니다. 구리역은 경의중앙선으로 환승할 수 있고요. 구리도매시장역은 도매시장 사거리에 들어설 예정입니다. 다산역은 다산진건지구 중심부에 생길 예정인데, 아파트가 밀집된 지역에선 다소 떨어져 있습니다. 별내역은 경춘선으로 환승할 수 있습니다.

신분당선 연장(광교-호매실-봉담)

2023년 착공 예정인 노선으로 10.12km에 4개 역이 신설됩니다.

수원월드컵경기장역, 동수원역, 화서역, 호매실역으로 최근에는 서수원터미널에 있는 구운역이 추진 중입니다. 이 중 화서역에서는 1호선 환승이 가능합니다. 강남역까지 환승 없이 한 번에 갈 수 있는 신분당선이 연장되면 호매실은 앞으로 더욱 주목받을 듯합니다. 한편 제4차 국가 철도망 계획에서는 호매실까지 연결되기로 했던 신분당선을 봉담까지 약 7.1km 연장하기로 발표했습니다. 중간에 오목천역이 있는데, 여기서는 수인분당선으로 환승할 수 있습니다.

원종홍대선(원종-홍대입구)

현재 공사 중인 대곡소사선이 정차할 원종역부터 고강역, 신월역, 가양역, 상암역, DMC역을 거쳐 2호선 홍대입구역까지 잇는 노선입니다. 이 노선이 개통되면 5호선인 화곡역, 6호선인 상암역과 DMC역, 9호선인 가양역이 연결되어 이 일대의 전철 접근성이 매우 개선됩니다. 특히 부천 지역의 교통 개선 효과가 클 듯합니다. 2030년 개통을 목표로 하고 있습니다.

일산선 연장(대화-금릉)

일산과 파주 일대에서 지하철 3호선을 연장하는 노선입니다. 현재 대화역이 종점인데, 이를 파주 금릉까지 연장하려고 추진하고 있습니다. 총 10.7km 길이로 1개 역을 증축하고 4개 역을 신설할 계획입니다. 역의 정확한 위치가 발표되지 않다 보니 역세권이 아닌 일산과 파주 주민들 사이에서는 매우 관심 있는 사안입니다. 여러 정보를

종합하면 탄현, 한빛마을, 운정호수공원, 산내마을, 가람마을, 금릉역이 유력해 보입니다. 금릉역은 현재 경의중앙선이 지나는 곳이기도 하지요.

위례과천선(복정-정부과천청사)

위례에서 추진하는 다른 노선과 달리 위례과천선은 광역철도입니다. 오랜 기간 취소와 재추진이 이어지며 여러 지역에서 위례과천선과 연결을 추진하고 있다는 것은 그만큼 노선의 활용도가 좋다는 뜻이겠죠. 총 11개 역으로 8호선과 수인분당선으로 환승할 수 있는 복정역, 신문정역, 세곡역, 3호선과 수인분당선으로 환승할 수 있는 수서역, 수인분당선으로 환승할 수 있는 구룡역, 신분당선으로 환승할 수 있는 양재시민의숲역, 우면역, 주암역, 4호선으로 환승할 수 있는 경마공원역, 문원역, 향후 4호선과 연결될 GTC-X 노선인 정부과천청사역 등이 있습니다.

신분당선 용산 연장(강남-용산)

앞서 신분당선이 1단계로 호매실, 2단계로 봉담까지 연장된다고 말씀드렸습니다. 그런데 신분당선은 강남역을 기준으로 남쪽 끝에서만 연장되는 것이 아니라 북쪽으로도 연장될 예정입니다. 강남역보다 위에 있는 9호선 신논현역, 7호선 논현역, 3호선 신사역까지 연결되는 것이지요. 2027년에는 신사역부터 새로 신설되는 동빙고역, 국립중앙박물관역, 1·4호선과 경의중앙선을 이용할 수 있는 용산역까지 이어질 계획입니다.

신분당선 서북부 연장(용산-삼송)

경기도 서북부 지역의 교통난을 해소하기 위해 용산까지 연장될 신분당선을 서울역, 시청역, 상명대역, 6호선으로 환승할 수 있는 독바위역, 은평역, 진관역, 3호선으로 환승할 수 있는 삼송역을 지나도록 70개 역을 추가해 연장하는 방안이 제4차 국가 철도망 계획에 포함되었습니다. 2016년 발표된 제3차 국가 철도망 계획에서도 언급되었던 노선으로, 고양시에서 강남으로 연결되는 지금의 3호선이 굽이굽이 돌아가지만 신분당선이 연장되면 이동 시간이 매우 단축될 수 있어 해당 지역 주민들의 관심이 높았지요. 그러나 기획재정부 예비 타당성 조사를 통과하지 못해 향후 추이를 지켜봐야 합니다. 참고로 일산에서는 신분당선을 킨텍스까지 연장하는 것을 추진하고 있습니다.

옥정선(도봉산-옥정)

서울 지하철 1·7호선 환승역인 도봉산역에서 7호선을 연장하는 노선입니다. 도봉산역, 장암역을 거쳐 의정부 경전철인 탑석역을 지나 옥정까지 이어지지요. 2025년 준공하는 것을 목표로 하지만 복선화가 아닌 단선화라 운행 시간은 길 듯합니다. 추가로 포천까지 연장하는 방안을 추진하고 있습니다. 옥정역에서 출발해 옥정중앙역, 소흘역, 대진대역, 포천역 등 4개 역을 추가하는 안입니다. 이 노선이 개통되면 상대적으로 전철 노선에서 소외되었던 양주와 의정부 일대의 교통 여건이 매우 개선될 것으로 보입니다.

일반 철도

월곶-판교 복선 전철

월곶에서 판교까지 34.2km를 연결하는 노선으로 2025년까지 사업 기간이 예정되어 있습니다. 이 중 10.2km 구간은 신안산선과 선로를 공유합니다. 총 34.2km 중 약 26km는 복선, 약 8km는 단선입니다. 월곶역(수인선 환승), 장곡역(신설 역), 시흥시청역(소사원시선 환승), 광명역(신안산선 환승), 만안역(신설역), 안양역(경부선 환승), 안양운동장역(신설 역), 인덕원역(4호선·신수원선 환승), 청계역(신설역), 서판교역(신설), 판교역(신분당선 환승) 등 총 11개 역에 정차합니다. 이 노선이 개통하면 향후 송도에서 강릉까지 갈 수 있습니다.

신수원선(인덕원-동탄) 복선 전철

인덕원에서 동탄까지 39km 길이로 2026년까지 개통할 예정입니다. 총 17개 역이 있으며 1호선 서동탄역이 병점 차량기지로 활용됩니다. 정차역은 인덕원, 내손, 호계사거리, 오전, 의왕시청역, 북수원역, 장안구청역, 수원월드컵경기장역, 아주대입구역, 원천역, 홍덕역, 영통역, 서천역, 기산반월역, 능동역, 반송역, 동탄역입니다. 이 중 인덕원역에서는 4호선과 월곶판교선, 월드컵경기장역에서는 신분당선, 홍덕역에서는 용인경전철, 영통역에서는 수인분당선, 동탄역에서는 SRT와 GTX-A로 환승할 수 있습니다. 또 동탄역, 영통역, 수원월드컵경기장역, 오전역, 인덕원역에는 급행이 정차합니다.

서해선(대곡-소사)

부천시에 있는 소사역에서 고양시의 대곡역까지 연결되는 노선으로 현재 공사 중이며 2023년 개통 예정입니다. 1호선·서해선 환승역인 소사역에서 출발해서 7호선으로 환승할 수 있는 부천종합운동장역, 원종역, 5·9호선과 공항철도로 환승할 수 있는 김포공항역, 능곡역, 경의중앙선과 3호선으로 환승할 수 있는 대곡역까지 연결됩니다. 이를 통해 안산시에서 고양시까지 한 번에 갈 수 있게 되는 것이지요.

서해선(송산-홍성)

경기도 화성시 송산역에서 충청남도 홍성군 홍성역까지 연결되는 노선입니다. 서해선은 이미 개통한 서해선 소사원시 구간과 향후 개통할 대곡소사 구간까지 연결되며, 2022년에 개통될 예정입니다. 송산역에서 출발해 화성시청역, 향남역, 경기도 평택시의 안중역, 충청남도 아산시의 인주역, 충청남도 당진시의 합덕역, 충청남도 홍성군의 홍성역까지 총 90km가 연결될 예정입니다. 추가로 예산에서 삽교역 신설을 추진하고 있습니다.

포승-평택 철도 건설

평택에서 포승읍이 있는 평택역까지 연결하는 총 30.3km의 노선입니다. 평택, 숙성, 안중, 포승을 연결합니다. 평택~숙성 구간은 현재 개통되었고 숙성~안중은 공사 중입니다. 안중~포승 구간은 마지막 단계인데, 평택항이 있는 곳이기에 부지 매립과 함께 추진 중입니다. 안중은 서해선이 연결되는 노선이며 서해선과 함께 개통될 예정입니다. 향후 평택에서 부발선, 여주에서 원주선, 원주에서 강릉선이 연결되면 동서를 잇는 횡단 철도망이 완성됩니다.

이천-문경 철도 건설

경기도 이천시 부발역과 경상북도 문경시 문경역을 연결하는 노선입니다. 개통되면 경부선, 충북선, 중앙선, 문경선을 연결해 철도의 효율성을 높이는 것을 목표로 합니다. 2021년 2월 기준 공정률은 63.7%이며, 이천~충주 구간은 1단계 개통이 추진되고 있습니다. 충주~문경 구간은 7·9공구 공사가 진행 중입니다.

경원선(동두천-연천) 전철화

동두천부터 연천까지 20.9km를 연결하는 복선 전철화 사업입니다. 2023년까지 예정되어 있지요. 동두천은 기존 역사를 활용하고 소요산, 전곡, 연천은 개량 역으로 만들 계획입니다. 또 소요산에서 전곡역 사이에 초성리역이 신설됩니다. 개통된 후 연천~신탄리 구간은 단선 비전철, 신탄리~철원 구간은 개량해 대륙철도 연계망도 대비할 예정입니다. 2021년 2월 기준 공정률은 71.6%입니다.

경의선(문산-도라산) 전철화

문산에서 운천, 임진강을 거쳐 도라산까지 9.7km 길이의 단선 비전철을 단선 전철화하는 사업입니다. 문산에서 임진강까지 6km 는 개통된 상태이며, 사이에 운천역이 새롭게 신설되었지요. 현재 임진강~도라산 구간은 공사 중으로 공정률은 86.5%입니다. 향후 통일되면 개성까지 연결해 유라시아까지 진출하려는 원대한 목표를 지닌 노선입니다.

여주-원주 복선 전철

여주에서 서원주까지 22km 거리를 복선으로 전철화하는 사업으로 2023년 개통될 예정이지만, 현재 노반 기본 설계를 재착수한 상태라 몇 년은 더 걸릴 듯합니다. 수도권과 강원권을 연결해 강원권 지역 주민의 철도 편의성을 확대하는 것을 목표로 합니다. 개통되면 송도에서 수인선을 타고 가다가 이매역에서 경강선으로 환승한 뒤, 여주역을 거쳐 원주까지 갈 수 있습니다.

수서-광주 복선전철

서울시 강남구 수서에서 경기도 광주시까지 19.48km를 연결하는 노선이며, 2027년까지 사업 기간입니다. 이 중 14.48km는 신설이고 5km는 기존 노선을 활용합니다. KTX 정차역인 수서역에서 출발해 모란역을 거쳐 기존 경강선인 삼동역부터 경기광주역까지는 기존 노선을 활용합니다. 향후 강남에서 강릉까지 이동할 수 있게 해주는 노선입니다.

구로 차량기지 이전

제4차 국가 철도망 계획에 포함된 사업으로 구로 차량기지를 광명시로 이전하기 위해 구로역, 철산역, 하안역, 노은사역을 새로 개통해 연결하는 노선입니다. 이후에는 노은사역에서 수인분당선인 청학역까지 연결할 예정이고요. 다만 현재 광명시의 반대로 사업이 지지부진한 상태입니다.

제4차 국가 철도망 계획

위례삼동선

위례삼동선은 가칭 위례중앙역에서 출발해 성남시 수정구 을지대역, 중원구 신구대역, 성남하이테크밸리역을 거쳐 광주시 삼동까지 13.4km를 연결하는 노선입니다. 주로 성남의 구도심을 잇는 노선으로 무엇보다 성남일반산업단지가 연결되어 그동안 부족했던 교통수단이 개선되는 효과가 있습니다.

인천2호선 연장(인천시-고양시)

인천2호선을 고양시까지 연장하는 노선입니다. 인천2호선 독정역에서 검단신도시를 거쳐 김포시와 일산서구까지 약 18.6km를 연장하는 방안이지요. 이를 통해 걸포북변역에서 환승하면 김포골드라인을, 킨텍스역에서는 GTX-A를, 주엽역에서는 3호선을, 일산역에서는 경의중앙선으로 환승할 수 있게 됩니다. 개통될 경우 인천 서북부에서 킨텍스역까지 10분 소요되며, 킨텍스역에서 GTX-A로 환승해 삼성역까지는 30분 정도 걸릴 것으로 보입니다.

강동-하남-남양주선(9호선 연장)

현재 9호선은 4단계 연장을 진행하고 있습니다. 중앙보훈병원역, 길동생태공원역, 신명일역, 고덕역, 고덕강일1지구로 2027년 말 개통할 예정입니다. 2020년 정부에서 3기 신도시를 발표하자, 그중 하나인 남양주 왕숙지구에 전철이 연결되어야 한다는 여론이 커졌습니다. 이에 따라 9호선 5단계 연장이 추진되어 하남 미사역, 남양주 왕숙1·2지구, 그리고 풍양역이 연결될 예정입니다. 2025년 착공해 2028~2029년 개통하는 것이 목표이지요. 개통되면 왕숙1지구에서 강남역까지는 현재 70분에서 45분, 왕숙신도시에서 강동구까지는 현재 64분에서 14분으로 소요 시간이 크게 단축될 예정입니다.

송파하남선(오금-하남시청)

송파하남선은 지하철 3호선이 연장되는 안입니다. 역시 3기 신도시인 교산신도시의 광역 교통을 개선하려는 방안 중 하나로, 3호선 오금역에서 감일지구, 사창, 교산, 하남시청까지 연결하는 노선이지요. 이 중 하남시청역은 5호선과 환승되고요. 다만 현재 추진 중인 노선을 비롯해 다양한 논란이 있는 상태라 좀 더 지켜볼 필요는 있습니다.

수인분당선 연장(기흥-오산)

경기도 용인시 기흥이 종점인 수인분당선을 경기도 화성시(동탄)를 거쳐 오산시까지 연장하는 노선입니다. 현재 추진되는 정차역으로는 기흥, 한국민속촌, 공세, 동탄테크노밸리, 동탄, 문화디자인밸리, 동탄호수공원, 오산대, 세교2지구, 오산 등이 있습니다.

제2경인선(청학-노은사)

이 노선은 인천광역시장 선거 공약에서 언급되었는데, 인천 서남부 지역의 서울 접근성을 개선하고자 등장했습니다. 인천 연수구 청학에서 서울 노량진까지 35.2km 구간을 연결하는 노선이지요. 1호선 구로역까지는 기존 노선을 이용하고 이후 신설 노선으로 철산역(7호선 환승), 하안역, 노은사역, 옥길역, 은계역, 신천역(서해선 환승), 서창역, 도림역, 인천논현역(수인분당선 환승), 신연수역(인천1호선 환승), 청학역(수인분당선 환승)까지 이어집니다. 2024년 착공 후 2030년 개통되면 노량진에서 청학까지 이동하는 데 현재 80분에서 40분으로 단축될 예정입니다.

신구로선(시흥대야-목동)

서울 양천구 목동에서 경기도 시흥시 시흥대야를 잇는 노선으로 길이는 25.72km입니다. 정차역은 목동(5호선 환승), 양천구청역(2호선 환승), 고척역, 신개봉역, 궁동역, 온수역(1·7호선 환승), 항동역, 옥길역, 시흥대야역(서해선 환승)이지요. 시흥대야역에서 신구로선을 타고 목동역에서 5호선으로 환승하면 여의도까지 가는 데 30분 정도밖에 걸리지 않게 됩니다.

고양은평선(새절-고양시청)

고양시 창릉 일대가 3기 신도시로 선정되면서 추진되는 노선으로 향후 서부선과 연결될 예정입니다. 고양시청에서 서울 은평구에 있는 6호선 새절역까지 14.5km 구간에 3개 역이 신설될 예정입니다. 이렇게 되면 38분 정도 걸리던 서울 진입 시간이 20분으로 단축되고 향후 광역철도를 이용해 용산까지는 25분이면 도착할 것으로 보입니다.

추가 검토 사업

김포-검단 5호선 연장

제4차 국가 철도망 계획에 추가 검토 사업으로 반영된 노선으로, '김포한강선'이라는 명칭으로 추진되던 사업이었습니다. 길이는 24.2km로 5호선 방화역에서 김포·검단까지 잇는 노선입니다. 그

동안 김포와 인천은 차량기지만 개발하고 서울시는 2·5호선 차량기지 통합 이전으로 지자체 사이에 의견 충돌이 있던 사업이지요. GTX-D 노선의 불만에 대한 대안으로 추진 중입니다.

구리-남양주 6호선 연장(신내-남양주)

6호선 신내역에서 구리농수산물시장, 다산을 거쳐 왕숙2지구까지 연결하는 노선입니다. 원안은 마석으로 연결되는 노선이었으나 현재 남양주에서 양정을 거쳐 와부를 잇는 변경 노선을 추진하고 있지요. 이에 따라 현재는 어느 쪽으로 가느냐를 두고 주민들 간에 치열한 공방이 벌어지고 있습니다.

별내선 의정부 연장(별가람-탑석)

현재 별가람역까지 개통이 예정된 8호선 별내선이 의정부 탑석역까지 연장되는 노선입니다. 탑석역은 의정부 경전철로, 향후 7호선이 연장될 예정이기도 하지요. 다만 별내선이 연장되면 환승 시 240m를 걸어야 하는 불편함이 있습니다.

구리 연장선

기존에 하남 연장노선으로 되어 있는 9호선과 별개로 강동구에서 구리역까지 6.5km을 연결하는 사업입니다. 교통난 해소를 원하는 구리시에서 추진하고 있지만 경제성과 사업비 확보 등의 문제가 있어 실현되기까지 넘어야 할 산이 많습니다.

면목선 구리 연장

1호선과 수인분당선, 그리고 경의중앙선과 경춘선까지 총 4개 노선을 이용할 수 있는 청량리역에서 6호선 종점인 신내역까지 총 9.05km를 연결하는 서울경전철 노선이 추진되고 있습니다. 이 중 7호선인 면목에서 구리까지 연결되는 노선을 면목선으로 추진하는 사업입니다.

청라 2호선 연장(홍대입구-청라)

2호선 홍대입구에서 출발해 부천 대장 신도시인 원종홍대선을 지나 인천 청라국제도시까지 연결하는 노선입니다. 홍대입구에서 청라까지 연결하는 32.78km 구간과 까치산역에서 화곡역까지 연결하는 1.9km를 합하면 총 34.68km 구간입니다. 인천1호선 작전역과 인천2호선 가정역도 정차할 예정입니다.

인천2호선 안양 연장(인천대공원-안양)

인천2호선 인천대공원역에서 경기 시흥과 광명을 거쳐 안양까지 20km 구간을 연결하는 광역철도 노선입니다. 원안은 독산 연장이었으나 사업성이 부족하다는 평가를 받아 안양 방면으로 연결하는 안을 추진하게 되었지요. 연장선은 박달역과 비산역 등을 신설해 정차하는 방안이 거론되고 있습니다.

인천신항선(월곶-인천신항)

인천신항선은 인천 연수구 신항에서 경기도 시흥 월곶역까지 총 12.5km를 연결하는 단선 철도입니다. 제3차 국가 철도망 계획에는 시흥 차량기지로 연결하는 방안을 추진했으나 제4차 국가 철도망 계획에서 월곶역까지 연결되는 것으로 변경되었습니다.

경강선 연장(삼동-안성)

경기도 광주시 삼동역에서 용인 처인까지 1단계, 용인 처인에서 안성까지 2단계로 연결하는 노선입니다. 총 57.37km로 삼동역, 태전역, 양벌리역, 외대입구역, 에버랜드 종합운동장역, 천리역, 이동역, 남곡역, 남사역, 양성역, 안성역 등 12개 역에 정차할 예정입니다.

조리금촌선-통일로선(삼송-금촌)

향후 신분당선이 삼송역까지 연결되면 관산을 거쳐 금촌역까지 이어지는 노선입니다. 통일로선을 이용한 구간으로, 6개 역을 추가해 총 사업비 1조 9,200억 원이 소요되는 사업입니다. 삼송, 신원, 벽제, 관산, 가장, 내유, 조리, 금촌에 정차할 예정이며, 금촌에서 경의중앙선을 환승할 수 있습니다.

교외선(의정부-능곡)

교외선은 1963년 8월에 개통되어 서울 교외선으로 불리며 운행되던 곳이었습니다. 현재는 운행이 중단되었는데, 양주시, 고양시,

의정부시를 연결해 2024년에 운행을 재개할 예정입니다. 의정부역 (1호선 환승), 송추역, 온릉역, 장흥역, 일영역, 벽제역, 삼릉역, 원릉역, 대정역, 대곡역(3호선·경의중앙선), 능곡역(경의중앙선)이 연결될 것으로 보입니다.

경춘선- 수인분당선 직결

현재 수인분당선은 청량리역까지 연결되어 있습니다. 청량리역에서는 경춘선도 이용할 수 있지요. 이에 따라 구리시와 남양주시에서는 수인분당선과 경춘선을 청량리역에서 연결하자는 입장을 내세우며 추진하고 있습니다.

부록

아파트
시세 정리표

다음은 본문에서 언급한 아파트의 입주 연도와 세대수, 그리고 59㎡ 및 84㎡의 가격을 억 단위로 정리한 표입니다. 여기서 가격은 2021년 4분기까지 국토교통부에 등록된 실거래가 중 가장 높은 가격입니다. 또 59㎡ 면적은 없지만 비슷한 면적을 보유한 아파트일 경우, 괄호 안에 그 면적을 별도로 표기해 이해를 돕고자 했습니다.

1기 신도시

분당

	아파트	입주 연도	세대수	59m²	84m²
야탑동	탑마을선경	1992	976		13.4
	장미1단지동부	1993	1134	10.47	13
	장미1단지코오롱	1993	1082	9.5	12.9
	장미8단지현대	1993	2136	9.03	12.5
이매동	아름6단지선경	1993	370		16.5
	이매청구	1992	710	11.9	16.3
	이매진흥	1993	832	12.49	15
	이매삼성10단지	1994	1162	10.15	14.8
서현동	시범삼성한신	1991	1781	11.9	16
	시범우성	1991	1874	11.5	15.7
	시범한양	1991	2419	11	15.5
	시범현대	1992	1695	11.9	14.9
분당동	샛별우방	1994	811	9.65	14.15
	샛별삼부	1992	588	9.8	13.95
	샛별라이프	1992	796	9	13.45
	샛별동성	1992	582	9	12.4
수내동	양지1단지 금호	1992	918		16.6
	양지2단지청구	1992	768		16.5
	양지3·5단지금호한양	1992	814	8.5	16
	파크타운롯데	1993	842		15.75
정자동	파크뷰	2004	1829		18
	상록우성	1995	1762	(57)12.6	16.95
	상록라이프	1994	750		14.5
	임광보성	1995	568		14
	느티마을공무원3단지	1994	770	13	
	느티마을공무원4단지	1994	1006	13	

금곡동	청솔유천화인	1995	624		13.9
	청솔한라	1995	768	10.89	13.85
	청솔서광영남	1995	408		13.59
	청솔대원	1994	820		13.45
구미동	까치롯데·선경	1995	1124		14.15
	까치대우·롯데·선경	1995	976		14.1
	까치신원	1995	882	11.2	13.6
	무지개5단지청구	1995	932	9.05	12.45

일산

	아파트	입주 연도	세대수	59m²	84m²
장항동	호수2단지현대	1994	1144	5.3	7.9
	호수5단지청구	1994	668		7.7
	호수1단지대우	1996	388		6.3
마두동	강촌우방	1993	766		8.1
	강촌동아	1993	720		8
	백마3단지금호한양	1995	1116		7.8
	강촌라이프	1992	1558		7.5
백석동	일산요진와이시티	2016	2404	9.2	13
	흰돌3단지국제·한진	1994	816		7.3
	흰돌5단지서안	1994	628	5.79	7.2
	백송선경,코오롱8단지	1994	604		6.4
대화동	킨텍스꿈에그린	2019	1100		14.7
	대화8·9·10단지 킨텍스아이파크	2003	811		7.8
	장성1단지동부	1995	410		7.2
	성저3단지풍림	1996	534		6.5
주엽동	강선14단지두산	1994	792	5.5	8.98
	문촌16단지뉴삼익	1994	956	6.28	8.85
	문촌19단지신우	1994	658	6.28	8.4
	강선15단지보성	1993	604	5.27	7.6
	강선7단지삼환유원	1993	816	5.95	7.5
식사동	위시티자이1단지	2010	1244		7.97
	일산자이2차	2020	802	6.24	6.92
	은행3단지SK뷰	2003	539		6.1

	아파트				
중산동	일산센트럴아이파크	2018	1802	7	8.5
	하늘5단지휴먼시아	2007	1150		6.75
	하늘2단지휴먼시아	2007	1000		5.45
	산들2단지e편한세상	2002	692		5.25
풍동	숲속2단지두산위브	2006	888		6.37
	숲속7단지주공	2006	982		5.93
	숲속3단지뜨란채	2006	382		5.89
	단풍성원1차	1998	892	3.69	5.6
탄현동	일산에듀포레푸르지오	2018	1690	5.1	6.45
	일산임광진흥	2009	905	4.3	5.3
	탄현11단지동신	2000	516		5.5
	탄현큰마을대림현대	2001	2588	3.98	5

중동

	아파트	입주 연도	세대수	59m²	84m²
중동	중동센트럴파크푸르지오	2020	999		13.5
	래미안부천중동	2015	616	8.1	9.8
	팰리스카운티	2009	3090	7.33	9.05
	포도삼보영남	1994	1836	6.21	8
	금강마을주공4단지	1994	1962	(41)3.95	(51)5.29
	은하마을주공1단지	1995	795	(37)2.29	(49)5.05
	미리내은하수타운	1993	1540	(33)3.4	(54)4.99
상동	행복한금호어울림	2002	422		10.75
	진달래대림e편한세상	2002	639		8.6
	진달래효성	2002	708		9
	라일락대우·유림	2002	572		8.9
	라일락신성미소지움	2002	955	7.5	
	백송풍림아이원	2002	812	6.67	
	하얀경남	2002	414	6.05	

평촌

	아파트	입주 연도	세대수	59m²	84m²
평촌동	향촌롯데	1993	530	9	14
	귀인마을현대홈타운	2002	967	8.6	12.85
	향촌현대5차	1993	780	8.9	12.77
	향촌현대4차	1992	552	9.35	12.7
관양동	평촌더샵센트럴시티	2016	1459	11	15.4
	인덕원마을삼성	1998	1314	10.5	13.3
	동편마을3단지	2012	1042		13.2
	현대	1985	904		10.2
비산동	평촌래미안푸르지오	2021	1199	8.95	13.73
	은하수신성	1992	508	8.45	11.5
	은하수벽산	1992	620	7.6	11.3
	비산e편한세상	2008	486		10.37
	비산삼성래미안	2003	3806	7.6	9.5
호계동	평촌더샵아이파크	2019	1174	10.28	13.85
	평촌어바인퍼스트	2021	3850	9	12
	무궁화경남	1994	590	7.58	11
	무궁화효성·한양	1992	800	6.93	9.65

산본

	아파트	입주 연도	세대수	59m²	84m²
산본동	래미안하이어스	2010	2644	9.5	12.4
	e편한세상금정역에코센트럴	2007	677	7.4	9.75
	주몽마을대림	2002	525	7.85	8.85
	세종주공6단지	1994	1827	6.27	7.95
	우방목련	1994	792		7.1
	산본매화주공14단지	1995	1847	(49)4.99	
	개나리주공13단지	1995	1778	(49)5.1	(59)5.85
	산본주공11단지	1991	1400	(49)5.55	(58)6.5
	설악주공8단지	1996	1471	(49)4.99	

2기 신도시

판교

	아파트	입주 연도	세대수	59m²	84m²
판교동	판교원5단지푸르지오	2009	567		16.8
	판교원3단지푸르지오	2009	486		16.1
	판교원9단지한림풀에버	2009	1045		16
삼평동	봇들7단지엔파트	2009	585		19
	봇들1단지판교신미주	2009	1147		17
	봇들4단지휴먼시아	2009	748	14.5	16.85
백현동	백현마을2단지휴먼시아	2009	772		21
	백현마을5단지휴먼시아	2009	584		19.8
	백현마을7단지휴먼시아	2009	464		18.6
운중동	산운9단지대방노블랜드	2008	266	14	15.8
	산운10단지로제비앙	2009	257	13.5	15.35
	산운13단지휴먼시아데시앙	2010	1396		15.3

광교

	아파트	입주 연도	세대수	59m²	84m²
원천동	광교중흥S클래스	2019	2231		18
	광교아이파크	2018	958		15.7
	광교더샵	2018	686		13.95
광교1동	자연앤힐스테이트	2012	1764		16.3
	광교e편한세상2차	2011	442		11.14
	광교웰빙타운호반베르디움	2011	555		10.8
광교2동	광교호수마을호반써밋	2011	1188		13.47
	광교레이크파크한양수자인	2012	453		12.4
	광교마을40단지	2013	1702		10.1

김포한강

	아파트	입주 연도	세대수	59m²	84m²
구래동	한강신도시반도유보라4차	2018	461		7.4
	호반베르디움더레이크2차	2018	344		7.3
	호반베르디움더레이크3차	2018	336		6.5
	김포한강아이파크	2018	1230		6.3
운양동	한강신도시2차KCC스위첸	2018	1296		7.7
	김포한강이랜드타운힐스	2018	550		7.65
	한강신도시롯데캐슬	2014	1136		7
	풍경마을래미안한강2차	2014	1711		6.95
마산동	e편한세상한강신도시2차	2018	807		6.2
	한강신도시반도유보라3차	2017	662	5.4	6.2
	한강동일스위트더파크뷰2단지	2020	711		6.09
	한강동일스위트더파크뷰1단지	2020	1021		5.63
장기동	e편한세상캐널시티	2017	639		8.47
	한강센트럴자이1단지	2017	3481		7.42
	한강센트럴자이2단지	2017	598		6.75
	한강신도시초당마을중흥S-클래스리버티	2012	1470		6.49

운정

	아파트	입주 연도	세대수	59m²	84m²
운정1동	해솔마을7단지롯데캐슬	2014	1880	5.38	6.9
	가람마을7단지한라비발디	2012	978	4.78	6.45
	가람마을11단지동문굿모닝힐	2010	624	2.9	5.8
	가람마을5단지휴먼시아	2014	821		5.5
운정2동	운정신도시센트럴푸르지오	2018	1956		9.4
	힐스테이트운정	2018	2998	7.3	9
	운정화성파크드림시그니처	2020	1047	5.57(63m²)	7.8
	산내마을한라비발디플러스6단지	2013	823	4.95	6.28

운정3동	운정신도시아이파크	2020	3042	5.98	9.7
	롯데캐슬파크타운II	2018	1169	6	8
	한빛마을9단지 롯데캐슬파크타운	2017	1076	6.1	7.85
	한빛마을5단지캐슬앤칸타빌	2012	2190	5.5	7.3
교하동	책향기마을15단지 상록데시앙	2007	644		6.47
	책향기마을12단지진흥효자	2005	439		5.5
	책향기마을10단지 동문굿모닝힐	2005	1009		5.28
	숲속길마을7단지 월드메르디앙센트럴파크	2006	480		5.2

동탄

	아파트	입주 연도	세대수	59m²	84m²
동탄1동	동탄시범다은마을월드메르 디앙반도유보라	2007	1473	7.09	9.8
	동탄시범한빛마을 동탄아이파크	2007	748	(61)8.3	9.8
	동탄시범한빛마을 삼부르네상스	2007	732		8.9
동탄2동	동탄솔빛마을신도브래뉴	2007	584		7.18
	동탄솔빛마을쌍용예가	2007	938		6.95
	나루마을한화꿈에그린 우림필유	2007	724		6.95
동탄3동	서동탄역파크자이	2018	982		7.5
	숲속마을모아미래도1단지	2008	870		7.25
	동탄숲속마을자연앤 경남아너스빌	2008	641		7.23
동탄4동	동탄역시범더샵센트럴시티	2015	874		14.8
	동탄역시범우남퍼스트빌	2015	1442	11	14.8
	동탄역시범한화꿈에그린 프레스티지	2015	1817		14.5

	아파트	입주 연도	세대수	59m²	84m²
동탄5동	동탄센트럴자이	2015	559		11.9
	동탄역센트럴상록	2017	1005		11.5
	동탄역푸르지오	2017	832		11.2
동탄6동	동탄역반도유보라아이비파크8.0	2019	710		14.9
	동탄역린스트라우스	2018	617		14.5
	동탄역반도유보라아이비파크8	2018	671		14.47
동탄7동	더레이크시티부영3단지	2018	706		12.95
	동탄더샵레이크에듀타운	2019	1538		12.17
	더레이크시티부영4단지	2019	1080	(60)8.25	11.9
동탄8동	금호어울림레이크	2018	812	7.83	9.5
	동탄호수자이파밀리에	2018	1067	7.2	9.5
	동탄2신도시금호어울림레이크2차	2019	681		8.98

고덕

	아파트	입주 연도	세대수	59m²	84m²
비전1동	더샵지제역센트럴파크1BL	2020	2124	5.58	7.47
	평택센트럴자이1단지	2019	998	5.27	7.25
	더샵지제역센트럴파크3BL	2019	1280	5.5	7.2
비전2동	평택비전레이크푸르지오	2019	621		7.95
	신영평택비전지웰푸르지오	2019	717		7.8
	평택비전에듀포레푸르지오	2018	977		6.4
세교동	힐스테이트지제역	2020	1519	6	8
	힐스테이트평택3차	2019	542		6.7
	힐스테이트평택2차	2018	1443		6.45
용이동	평택용이금호어울림1단지	2015	1591		5
	평택용이금호어울림2단지	2015	624		5
	e편한세상평택용이1단지	2017	949		4.98
고덕면	고덕국제신도시파라곤	2019	752		9.8
	고덕국제신도시제일풍경채	2019	1022		9.27
	고덕신도시자연앤자이	2019	755		9

옥정

	아파트	입주 연도	세대수	59m²	84m²
옥정동	양주옥정대방노블랜드	2021	1483		7.24
	e편한세상옥정에듀써밋	2018	1160		6.5
	e편한세상옥정어반센트럴	2017	761		6.45
	e편한세상옥정더퍼스트	2019	1566		6.2
	율정마을13단지	2014	962		4.7
	e편한세상옥정메트로포레	2020	2038		4.6

위례

	아파트	입주 연도	세대수	59m²	84m²
서울시 송파구 위례동	위례중앙푸르지오1단지	2016	163		18.5
	송파위례24단지꿈에그린	2013	1810	14.5	16.7
경기도 성남시 위례동	위례더힐55	2015	1380		16.4
	위례자연앤래미안e편한세상	2016	1540		16.3
	위례자연앤센트럴자이	2017	1413	14.6	15.9
경기도 하남시 위례동	위례롯데캐슬	2016	1673		14.9

수도권 신도시

다산·별내

	아파트	입주 연도	세대수	59m²	84m²
다산1동	다산한양수자인리버팰리스	2017	640		11.5
	힐스테이트다산	2019	1283		11
	다산아이파크	2017	467		10.95
다산2동	다산펜테리움리버테라스2차	2019	1304		10.8
	다산펜테리움리버테라스1차	2018	944		10.35
	다산반도유보라메이플타운 2.0	2019	1261		10.4

별내동	별내아이파크2차	2015	1083		9.5
	별내한화꿈에그린더스타	2012	729		8.65
	남양주별내우미린스타포레	2019	585		8.4
	신안인스빌	2012	874		8.35
	별내푸르지오	2015	1100		8
	모아미래도	2014	558		8

미사강변

	아파트	입주 연도	세대수	59m²	84m²
덕풍동	하남더샵센트럴뷰	2016	672		11
	하남풍산아이파크5단지	2008	365		10.5
	하남풍산아이파크1단지	2008	686		10.5
풍산동	미사강변센트럴풍경채	2019	726		12.33
	미사강변신안인스빌	2019	734		12.1
	e편한세상미사	2018	652		11.7
미사1동	미사강변푸르지오	2016	1188		13.9
	미사강변골든센트로	2014	1541	9.75	12.3
	미사강변하우스디더레이크	2016	821		11.6
미사2동	미사강변센트리버	2016	1145	9.47	11.5
	리버나인	2014	712		11.5
	미사강변도시베라체	2015	615		10.65

호매실

	아파트	입주 연도	세대수	59m²	84m²
금곡동	호반베르디움더센트럴	2017	1100		9
	호반써밋수원	2017	567		8.99
	수원모아미래도 센트럴타운1단지	2017	680		8.5
	수원모아미래도 센트럴타운2단지	2017	772		8.44
호매실동	한양수자인파크원	2018	1394		8.09
	극동스타클래스	2017	999		7.94
	호매실금호어울림에듀포레	2019	532		7.2

배곧

	아파트	입주 연도	세대수	59m²	84m²
배곧동	시흥배곧C2호반써밋플레이스	2019	905		10
	시흥배곧C1호반써밋플레이스	2019	890		10
	시흥배곧SK뷰	2015	1442	6(62m²)	9.45
	호반베르디움센트럴파크	2015	1414		8.95
	호반베르디움센트로하임	2017	1647		8.65

송산

	아파트	입주 연도	세대수	59m²	84m²
새솔동	송산대방노블랜드리버파크5차	2021	608		8.3
	송산신도시대방노블랜드1차	2018	731		8
	반도유보라아이비파크	2018	980		7.5
	송산그린시티이지더원레이크뷰	2018	782		7.48
	송산신도시대방노블랜드더센트럴3차	2019	872		7.3
	더펠리체휴먼빌	2018	750		7.3

송도

	아파트	입주 연도	세대수	59m²	84m²
송도1동	송도웰카운티3단지	2010	515		9.6
	송도웰카운티1단지	2008	980		8.99
	송도웰카운티4단지	2010	465		8.2
송도2동	송도더샵그린워크3차(18블록)	2015	780		11.6
	송도더샵13단지하버뷰	2011	553		8.97
	송도더샵하버뷰II(15단지)	2012	548		8.8

송도3동	송도글로벌파크베르디움	2017	1153		11.5
	송도더샵센트럴시티	2018	2610	8.7	11.5
	송도에듀포레푸르지오	2016	1406	7.7	11
송도4동	송도더샵퍼스트파크F15블록	2017	872	10	14.7
	송도더샵퍼스트파크F14블록	2017	869	9	13.7
	송도더샵마스터뷰21블록	2015	692		11.9
송도5동	송도SK뷰	2019	2100		11
	더샵송도마리나베이	2020	3100		9.8
	송도오션파크베르디움	2020	1530		8.575

청라

	아파트	입주 연도	세대수	59m²	84m²
청라1동	청라골드클래스커낼웨이	2016	269		8.3
	호반베르디움(A20블록)	2011	620		8.2
	청라호반베르디움(A14블록)	2011	745		8
청라2동	청라제일풍경채에듀앤파크2차	2017	1581		9.4
	청라센트럴에일린의뜰	2018	1163		9.3
	청라호반베르디움(29블록)	2012	2134		8.93
청라3동	청라한양수자인레이크블루	2019	1534	7.68	12.95
	청라센텀대광로제비앙	2018	674		8.47
	청라호수공원한신더휴	2020	898		8.28

영종

	아파트	입주 연도	세대수	59m²	84m²
영종1동	e편한세상영종국제도시오션하임	2018	1520		6.5
	영종국제도시화성파크드림	2019	657		6.5
	영종하늘도시KCC스위첸	2019	752		6.25
운서동	영종금호베스트빌2단지	2003	452		4.95
	금호베스트빌1단지	2002	360		4.65
	영종어울림1차	2009	328		3.95

경기도 도시

수원

장안구	아파트	입주 연도	세대수	59m²	84m²
율전동	수원성균관대역 동문굿모닝힐	2017	699	6.45	8
	밤꽃마을뜨란채	2005	1078	4.17	5.6
	신일	1997	824	4.87	5.6
정자동	화서역파크푸르지오	2021	2355	9.52	12.69
	수원SK스카이뷰	2013	3498	7.5	10
	화서역위너스파크	2002	583		7.5
조원동	수원한일타운	1999	5282	6	7.92
	주공뉴타운1단지	2001	768		5.3
	주공뉴타운2단지	2001	1586	4.65	5.25
권선구	**아파트**	**입주 연도**	**세대수**	**59m²**	**84m²**
고색동	고색태산2차	1998	450	4.45	5
	고색태산1차	1997	623	4.2	4.9
	우림필유	2005	488	4.47	4.5
구운동	삼환	1991	1680		6.35
	코오롱하늘채	1999	676	4.95	5.9
	일월청구	2001	524	4.75	5.9
권선동	수원아이파크시티7단지	2016	1596	6.6	8.3
	수원아이파크시티2단지	2012	1135		8
	수원아이파크시티4단지	2012	889		7.88
세류동	수원역해모로	2015	863	6.65	8.25
	수원역센트럴어반시티	2015	1019	5.9	7.55
	삼익	1999	344	3.75	4.49
팔달구	**아파트**	**입주 연도**	**세대수**	**59m²**	**84m²**
우만동	현대	1985	404		8.1
	월드메르디앙	2004	2063		8.1
	선경	1995	372	4.4	5.5
인계동	래미안노블클래스1단지	2009	892	6.5	8.55
	래미안노블클래스2단지	2009	459	6.17	7.4
	인계파밀리에	2009	431	5.75	6.9

화서동	화서주공3단지	1997	582		8.93
	꽃뫼버들마을코오롱	2002	538		8.1
	화서위브하늘채	2009	807	5.55	8.05

영통구	아파트	입주 연도	세대수	59m²	84m²
망포동	힐스테이트영통	2017	2140	8.5	11.5
	영통아이파크캐슬1단지	2019	1783	7.9	10.7
	영통아이파크캐슬2단지	2019	1162	7.38	9.75
매탄동	주공5단지	1985	1240	7.4	10.5
	매탄e편한세상	2010	580	7.25	8.8
	매탄위브하늘채	2008	3391	6.68	8.75
영통동	벽산삼익	1997	1242		9.05
	신나무실극동풍림	2000	776		8.48
	벽적골삼성태영	1997	832		8.17

성남

수정구	아파트	입주 연도	세대수	59m²	84m²
단대동	단대푸르지오	2012	1015	10.1	11.5
	진로	1998	499	6.5	7.8
신흥동	산성역포레스티아	2020	4089	11.45	15.58
	한신	1990	585	8.68	10.29
	청구	1994	493		9.6
수진동	삼부	1996	834	7.99	10
태평동	가천대역두산위브	2018	503	8.7	9.65

중원구	아파트	입주 연도	세대수	59m²	84m²
여수동	센트럴타운	2012	1039		13.15
중앙동	롯데캐슬	2012	545	9.65	12
	중앙힐스테이트2차	2014	751	8.8	10.7
은행동	은행주공1차	1987	1900	8.05	9.8
	은행동현대	1995	1258		8.98
도촌동	섬마을휴먼시아1단지	2010	842		9.8
	섬마을휴먼시아5단지	2010	633		9
	섬마을휴먼시아3단지	2007	408		8.85
금광동	래미안금광	2006	1098	7.5	8.5
성남동	성남어울림	2006	507	7.73	10.7

하대원동	성남자이	2007	910	7.47	8.8
	아튼빌	2003	1541	7.7	8.5
상대원동	선경상대원2차	1994	2510	(49)6.55	

용인

수지구	아파트	입주 연도	세대수	59m²	84m²
동천동	동천센트럴자이	2019	1057	10.2	13.45
	래미안이스트팰리스2단지	2010	428		13
	동천자이	2018	1437		12.49
풍덕천동	e편한세상수지	2017	1237		13.7
	래미안수지이스트파크	2015	845		11.4
	진산마을삼성5차	2003	1828		10.5
	정자뜰마을태영데시앙1차	2004	648		10.5
성복동	성복역롯데캐슬골드타운	2019	2356		14.95
	성복역롯데캐슬파크나인	2020	534		12.9
	성복역롯데캐슬클라시엘	2021	1094		12.56
상현동	광교상록자이	2012	1035	11.5	14.2
	광교경남아너스빌	2011	700		12.68
	포레나광교상현	2018	639		10.05
죽전동	용인수지벽산타운1단지	1997	612	7.75	9.8
	용인수지벽산타운2단지	1997	684	7.63	9.55
	대지마을3차2단지 현대홈타운	2003	537		9.5
기흥구	아파트	입주 연도	세대수	59m²	84m²
구갈동	힐스테이트기흥	2018	976		11.97
	기흥역더샵	2018	1219		10.9
	기흥역센트럴푸르지오	2018	1316		10.17
동백동	신동백두산위브더제니스	2021	1187		8
	호수마을상록롯데캐슬	2007	552		6.5
	호수마을계룡리슈빌	2006	567		6
마북동	삼거마을삼성래미안1차	2002	1282		12.4
	연원마을엘지	1999	396		10.97
	연원마을삼호벽산	2000	1576	7.8	9.9

	아파트	입주 연도	세대수	59m²	84m²
보라동	용인보라효성해링턴플레이스	2019	970		8.1
	한보라마을6단지휴먼시아	2008	762		6.15
	한보라마을5단지휴먼시아	2006	446		5.3
보정동	성호샤인힐즈	2005	777		11.2
	죽현마을동원로얄듀크	2006	706		10.7
	죽현마을아이파크	2004	1466		10.28
신갈동	기흥더샵프라임뷰	2013	612	7.78	9.1
	신흥덕롯데캐슬레이시티	2019	1597	6.7	8.6
	파크시엘	2004	923		8.5
언남동	장미마을삼성래미안2차	2003	1219	5.85	8.5
	스파팰리스리가	2013	533		7.3
	용인구성성원상떼빌2차	2005	860		6.5
영덕동	흥덕마을5단지호반베르디움	2009	527		9.45
	흥덕마을7단지힐스테이트	2010	570		9.4
	흥덕마을6단지자연앤스위첸	2009	502		8.6
중동	신동백롯데캐슬에코1단지	2013	1902		7.3
	백현동일하이빌	2006	743		7.17
	신동백서해그랑블2차	2014	817		6.98
처인구	**아파트**	**입주 연도**	**세대수**	**59m²**	**84m²**
고림동	2차양우내안애에듀퍼스트	2019	1098		6.5
	양우내안애에듀파크	2018	737		6.1
	예진마을인정피렌체빌리지3차	2003	516	2.6	3.6
김량장동	용인삼환나우빌	2008	458		5.6
	김량장어울림	2009	484	4.19	4.76
	현대	1995	755	3.1	3.38
삼가동	행정타운두산위브2단지	2013	624		5.5
	용인행정타운두산위브3단지	2013	470		5.4
	금령마을우남퍼스트빌	2003	451		4.45
역복동	우미린센트럴파크	2017	1260	5.5	7.15
	역북지웰푸르지오	2017	1259	5.39	7.05
	용인명지대역동원로얄듀크	2018	842	5.3	6.9

과천

	아파트	입주 연도	세대수	59m²	84m²
중앙동	과천푸르지오써밋	2020	1571	17.4	22
	래미안에코팰리스	2007	659	14.9	17.3
원문동	과천위버필드	2021	2128	16.25	21.9
	래미안슈르	2008	2899	14.7	18.3
별양동	래미안과천센트럴스위트	2018	543	16.5	18.8
부림동	과천센트럴파크 푸르지오써밋	2020	1317		21

의왕

	아파트	입주 연도	세대수	59m²	84m²
부곡동	의왕파크푸르지오	2019	1068		10.5
	부곡대우이안	2003	688	5.5	6.9
	효성청솔	1997	472	5.4	6.9
오전동	의왕더샵캐슬	2021	941	7.86	9.63
	의왕서해그랑블브루스퀘어	2018	536		8.55
	모락산현대	2002	1614		7.5
내손동	인덕원센트럴자이	2009	2540	10.4	13
	의왕내손e편한세상	2012	2422	9.5	12.5
	래미안에버하임	2009	696	7	9.97
	반도보라빌리지2단지	2002	766		8.4
	의왕상록	2002	447		8.35
	반도보라빌리지1단지	2002	560		7.9
청계동	인덕원푸르지오엘센트로	2019	1774		16.3
	포일숲속마을3단지	2011	366		13
	포일숲속마을4단지	2011	510		12.6

안양

	아파트	입주 연도	세대수	59m²	84m²
안양동	래미안안양메가트리아	2016	4250	8.88	11.5
	안양역한양수자인리버파크	2019	419	8.1	10
	안양씨엘포레자이	2021	1394	7.07	8.9
	주공뜨란채	2004	1093	7.78	8.7
	수리산성원상떼빌1차	2006	469	5.5	6.67
석수동	석수두산위브	2010	742	8.15	10
	석수LG빌리지	2001	1872	5.25	9.4
	석수역푸르지오	2009	542	7.9	9

광명

	아파트	입주 연도	세대수	59m²	84m²
광명동	광명아크포레자이위브	2020	2104	8.9	12
	광명해모로이연	2011	1267	7.85	9.9
	광명한진타운	1997	1633	8	9
철산동	철산센트럴푸르지오	2021	798	11.5	15.55
	철산래미안자이	2009	2072	10	13.5
	철산푸르지오하늘채	2010	1264	10	12.5
하안동	광명두산위브트레지움	2009	1248	9.9	13.5
	e편한세상센트레빌	2010	2815	10	11.97
	주공12단지	1990	2392	8.38	10.55
소하동	광명소하휴먼시아5단지	2009	731	7.99	9.75
	광명신촌휴먼시아1단지	2010	859	7.2	8.95
	광명역세권휴먼시아4단지	2010	730		9.48
일직동	유플래닛광명역데시앙	2020	1500		15.2
	광명역써밋플레이스	2018	1430	11.8	14.9
	광명역센트럴자이	2018	1005	11.95	14.7
	광명역푸르지오	2017	640	11.35	14.7
	광명역파크자이	2017	875	11.75	14.5

시흥

	아파트	입주 연도	세대수	59m²	84m²
대야동	시흥센트럴푸르지오	2020	2003	5.53	8.68
	은계어반리더스	2019	1198		8.25
	e편한세상시흥센텀하임	2019	659		8.2
신천동	시흥신천삼환나우빌	2012	419	5.18	6.5
	휴먼시아	2010	313	4.5	5.47
	경남아너스빌	2005	369	4.08	4.95
은행동	시흥은계호반써밋플레이스	2019	816		8.65
	시흥은계한양수자인 더클래스	2018	1090		8.37
	은계브리즈힐	2019	835		7.76
목감동	목감호반베르디움더프라임	2017	580		9.2
	호반베르디움더레이크	2017	766		8.2
	시흥목감한신더휴 센트럴파크	2017	693		8.1
월곶동	월곶풍림아이원2차	2005	1725	4.9	5.9
	월곶풍림아이원4차	2006	683		5.63
	월곶풍림아이원3차	2005	560	4.13	5
장현동	시흥금강펜테리움 센트럴파크	2021	590		7.92
	장현호반써밋	2020	712		7.72
	시흥능곡모아미래도 에듀포레	2020	928		7.65
능곡동	시흥장현제일풍경채센텀	2020	698		8.18
	시흥능곡현진에버빌	2010	203		7.5
	상록힐스테이트	2009	321		6.95
정왕동	보성	1998	760	4.32	5.45
	시화주공4단지	1998	610	3.3	4.5
	건영2차	1997	710	3	4.5

안산

단원구	아파트	입주 연도	세대수	59m²	84m²
고잔동	힐스테이트중앙	2018	1152	7.4	10
	안산센트럴푸르지오	2018	990		10
	안산레이크타운푸르지오	2016	1569	7.45	9.95
	안산고잔푸르지오3차	2003	1134		7.45
	호수공원대림e편한세상	2001	2073		7.08
선부동	안산라프리모	2020	2017	6.15	8.15
	안산메트로타운푸르지오힐스테이트	2018	1600	5.25	6.75
	동명벽산블루밍	2010	766	4.8	6
원곡동	초지역메이저타운푸르지오에코단지	2019	1244	7.5	9.2
	e편한세상초지역센트럴포레	2021	1450	5.2	6.78
	한화꿈에그린	2006	670	2.78	6
초지동	초지역메이저타운푸르지오메트로단지	2019	1548	7.74	9.8
	초지역메이저타운푸르지오파크단지	2019	1238	7.55	9
	안산롯데캐슬더퍼스트	2018	469	5.8	7.95

상록구	아파트	입주 연도	세대수	59m²	84m²
본오동	태영	1991	672	(61)3.5	5.1
	한양	1990	2222	3.65	4.7
	에버그린우성	1990	1080	3.43	4.65
	신안2차	1993	776		4.3
사동	그랑시티자이1차	2020	3728	4.9	8.65
	그랑시티자이2차	2020	2872	5.78	8.5
	늘푸른	1999	647		6.1
	e편한세상상록	2019	559	4.25	5.9
성포동	안산파크푸르지오	2018	1129	6.75	9.3
	주공4단지	1984	780		6.7
	선경	1990	1768	(62)4.2	5.9
월피동	안산현대2차	1989	770		4.53
	한양1차	1990	1362	3.7	4.5
	월피주공3단지	1995	660	5.6	

구리

	아파트	입주 연도	세대수	59m²	84m²
갈매동	갈매역아이파크	2018	1196		9.95
	구리갈매푸르지오	2017	921		8.8
	한라비발디	2016	1075		8.48
교문동	장자마을신명	2001	434		12
	교문대우,동양고속	1994	680	(61)7.05	9.7
	한가람	1994	712	7.45	8.92
수택동	대림한숲	1995	956	(62)6.6	9.4
	LG원앙	1995	824		8.85
	e편한세상수택센트럴파크	2020	733	5.9	8.65
인창동	e편한세상인창어반포레	2020	632	8.3	11.6
	인창e편한세상2차	2006	621	7.2	8.95
	원일가대라곡	2005	533	6.7	8.75
토평동	토평마을e편한세상	2001	678		10.7
	상록	2002	488		9
	SK신일	2001	492		8

의정부

	아파트	입주 연도	세대수	59m²	84m²
의정부동	의정부롯데캐슬골드파크 1단지	2018	919	6.45	7.8
	의정부롯데캐슬골드파크 2단지	2018	931	6	7.95
	동화	1995	414	2.95	3.7
호원동	호원한승미메이드	2006	448	5.2	7.25
	신일유토빌플러스	2004	864	4	6.84
	신일유토빌	2003	1432	5.45	6.8
장암동	수락리버시티1단지	2009	680	5.95	7.48
	수락리버시티2단지	2009	473	6.35	6.7
	의정부장암푸르지오1단지	2004	494	4.45	6

신곡동	e편한세상신곡파크비스타	2019	1561	5.6	7.43
	신동아파밀리에	2004	547	4.25	5.75
	e편한세상신곡포레스타뷰	2020	1773	5.09	5.41
송산1동	현대1차	1992	986		6.45
	신도브래뉴지역주택조합	2006	734	3.09	4.75
	신도10차파크힐타운	2001	613	2.98	3.57
송산2동	한라비발디	2003	636		6.52
	민락e편한세상	2006	474	4.49	5.74
	송산푸르지오	2005	706		5.7
송산3동	호반베르디움1차	2017	1567		6.98
	금강펜테리움센트럴파크	2016	716	4.99	6.9
	의정부민락푸르지오	2015	943		6.5
자금동	현대아이파크	2002	814		5.5
	주공그린빌1단지	2002	686		5.1
	금오신도브래뉴업2차	2007	1111	3.96	4.99
가능동	힐스테이트녹양역	2018	758	5.5	7.15
	브라운스톤흥선	2008	673	3.98	5.92
	의정부SK뷰	2007	1019	4.31	5.5
녹양동	휴먼시아3단지	2008	380		5.65
	휴먼시아4단지	2008	332		5.54
	녹양힐스테이트	2006	1196	4.1	4.95

오산

	아파트	입주 연도	세대수	59m²	84m²
중앙동	오산센트럴푸르지오	2018	920		6.55
	오산시티자이1차2단지	2017	941	5.48	6.5
	오산시티자이2차	2019	1099	5.46	6.48
대원동	오산역e편한세상2단지	2007	1360		5.59
	오산원동한양수자인	2019	495	4.8	5.5
	오산역e편한세상1단지	2007	1008		5
신장동	더샵오산센트럴시티	2020	596		7.6
	오산대역세교자이	2018	1110		7.35
	세교신도시호반베르디움	2017	855		6.94

인천광역시

계양구

	아파트	입주 연도	세대수	59m²	84m²
효성동	e편한세상계양더프리미어	2021	1646	5.6	7.3
	현대4차	1995	919	3.2	4.8
	두산	1997	957	3.2	4.4
계산동	인천계양코아루센트럴파크	2017	724	5.99	7.9
	초정마을하나	1997	972		5.2
	신도브래뉴	2005	481	(57)3.8	5.15
작전서운동	계양효성해링턴플레이스	2021	1669	4.7	6.74
	계양임광그대가	2009	373		6
	작전풍림아이원	2003	468		5.25
	작전현대2-2차	1993	904		4.7
	동보2차	2000	502		4.63
	작전현대1차	1990	570		4.55
계양동	계양한양수자인	2011	376	5.2	6.57
	계양센트레빌3단지	2013	454		6.45
	계양센트레빌1단지	2013	715		6.28
	한화꿈에그린	2005	670	4.3	6

미추홀구

	아파트	입주 연도	세대수	59m²	84m²
용현동	인천SK스카이뷰	2016	3971	6.37	7.8
	신창미션힐	2004	821	4.25	5
	용현성원상떼빌	2009	550		5
	용현엑슬루타워	2011	630	3.7	4.2
학익동	학익풍림아이원	2007	2090	4.8	5.88
	인천학익두산위브	2011	432	2.09	5.8
	동아풍림	1999	1480	3.9	4.25

	아파트		세대수		
도화동	더샵인천스카이타워2단지	2020	588		6.3
	더샵인천스카이타워1단지	2020	1309		6.3
	도화역금강펜테리움 센트럴파크	2020	479		4.73
주안동	주안더월드스테이트	2008	3158	5.6	6.8
	주안센트레빌	2021	1458	4.75	5.99
	인천관교한신휴플러스	2010	1509	3.98	5
	진흥	1995	828	3.33	4.15
	쌍용주안	1984	768		3.7

남동구

	아파트	입주 연도	세대수	59m²	84m²
구월동	구월스테이트 롯데캐슬골드1단지	2007	5076	5.9	7.6
	구월아시아드선수촌 센트럴자이	2015	850		7.43
	구월유승한내들퍼스티지	2016	860		7.18
간석동	간석래미안자이	2008	2432	6	7.7
	어울림마을	2005	1733	4.7	6.28
	간석한신더휴	2019	643	4.45	6.1
만수동	포레시안	2011	3208	4.45	6.3
	향촌휴먼시아2단지	2012	438	4.4	5.07
	햇빛마을벽산	2000	2073	3.5	4.28
서창동	호반베르디움	2017	600		7.65
	이편한세상서창	2017	835		7.3
	서창센트럴푸르지오	2018	1160		7
논현동	한화꿈에그린에코메트로 5단지	2010	1052		7.6
	한화꿈에그린에코메트로 12단지	2009	1298		7.15
	한화꿈에그린에코메트로 7단지	2011	848		7

부평구

	아파트	입주 연도	세대수	59m²	84m²
부평동	래미안부평	2014	1145	6.8	8
	부평동아1단지	1986	2475		8.42
	부평동아2단지	1996	2128	5.27	7.35
산곡동	산곡푸르지오	2011	765	6.15	7.9
	금호이수마운트밸리	2007	1365	5.88	7.1
	산곡한화2단지	1999	1280	5	6.4
청천동	부평금호타운	1998	2539	5.2	6.29
	청천푸르지오	1998	2257	4.25	5.35
	쌍용	1990	510	3.42	4.8
갈산동	아주	1992	340		5.38
	한국동아팬더	1993	840		5
	갈산이안	2001	414		4.95
삼산동	삼산타운6단지주공	2004	784		8.25
	삼산타운7단지주공	2004	1314		8.2
	삼산타운2단지두산	2005	1622		7.65
부개동	부개역푸르지오	2010	1054	6.4	8.3
	부평코오롱하늘채	2020	922	5.65	6.77
	부개주공6단지	1997	1240		6.48

서구

	아파트	입주 연도	세대수	59m²	84m²
검암경서동	서해그랑블	2003	950		6.75
	풍림아이원2차	2004	718	4.65	5.97
	아시아드대광로제비앙	2017	720		5.9
연희동	극동늘푸른	1997	998	2.65	4.1
	광명	1997	604	2.45	3.92
	대동	1996	1048	2.35	3.79
가정동	루원시티프라디움	2018	1598		8.99
	루원호반베르디움더센트럴	2018	980		8.03
	루원제일풍경채	2018	900		7.5

석남동	인천석남금호어울림	2007	769	3.98	5.27
	서인천월드메르디앙	2006	778	3.7	4.82
	석남경남아너스빌	2006	471	3.28	4.35
가좌동	인천가좌두산위브트레지움	2017	1757	4.5	5.84
	가좌한신휴플러스	2007	2276	3.7	5.5
	범양파크	1990	510	2.44	3.7
검단동	검단우방아이유쉘	2017	555	3.87	4.8
	검단아이파크	2007	573		4.28
	검단피오레대주1차	2007	465		4.28
당하동	검단SK뷰	2017	530		6.4
	검단유승한내들에듀파크	2021	938		6.37
	검단힐스테이트6차	2013	454		6
	검단힐스테이트5차	2013	412		6
오류왕길동	검단자이2단지	2010	413		4.98
	검단e편한세상	2007	1003		4.75
	검단자이1단지	2010	418		4.5

연수구

	아파트	입주 연도	세대수	59m²	84m²
옥련동	옥련현대4차	1997	1011	4.47	5.6
	옥련현대2차	1995	1180	4.45	5.7
	옥련삼성	1996	612	3.87	5.4
선학동	금호타운	1992	540		5
	선학뉴서울	1992	720		4.55
	아주	1992	390		3.98
연수동	우성2차	1995	2044	5.5	6.6
	연수경남	1993	620		5.55
	대림	1993	640	4.5	5.5
청학동	연수하나1차	1995	724	3.55	5.2
	성호	1993	488		4.6
	연수서해	1993	294		3.7
동춘동	송도파크자이	2019	1023		7.5
	송도파크레인동일하이빌	2019	1180		7.03
	연수서해그랑블1단지	2017	1043		6.85

경기도 아파트 지도

초판 1쇄 발행 2022년 2월 5일

지은이 이재범(핑크팬더)
발행인 이재진 **단행본사업본부장** 신동해
편집장 김예원 **책임편집** 김보람 **도움** 최세현
디자인 this-cover.com **교정** 이정현
마케팅 이화종 권영선 **홍보** 최새롬 **제작** 정석훈

브랜드 리더스북
주소 경기도 파주시 회동길 20
주문전화 02-3670-1595
문의전화 031-956-7352(편집) 031-956-7500(마케팅)
홈페이지 www.wjbooks.co.kr
페이스북 www.facebook.com/wjbook
포스트 post.naver.com/wj_booking

발행처 ㈜웅진씽크빅 **출판신고** 1980년 3월 29일 제406-2007-000046호

한국어판 출판권 ⓒ ㈜웅진씽크빅, 2022
ISBN 978-89-01-25547-7 03320